ARD-Ratgeber Recht

Herausgeber
Matthias-Josef Zimmermann



dtv
nomos

Eine Produktion des Westdeutschen Rundfunks Köln
und des Südwestrundfunks
in Zusammenarbeit mit den Verbraucher-Zentralen

»Scheiden tut weh«, sagt der Volksmund. Hier wäre zu ergänzen: »... und kann teuer werden!«

Trennungen von Ehen und Lebenspartnerschaften haben laut Statistik in den vergangenen Jahren deutlich zugenommen, Tendenz steigend! Gleichzeitig wachsen die Probleme, mit denen die Betroffenen konfrontiert werden. Dazu zählen vor allem Unterhaltsregelungen und Vermögensaufteilungen, die von den scheidenden Partnern selten allein und einvernehmlich vorgenommen werden können. Statt dessen ziehen Streitigkeiten um Geld, Zeit und Arbeit oftmals langwierige juristische Verfahren nach sich.

Der vorliegende Ratgeber durchforstet den Paragraphen-Dschungel und legt komplizierte steuer- und unterhaltsrechtliche Sachverhalte in anschaulichen Beispielen dar. Er soll dem Laien eine verständliche und praktische Orientierungshilfe in die Hand geben und dem Fachmann eine Übersicht über aktuelle Gesetzgebungsverfahren, etwa bei gleichgeschlechtlichen Lebenspartnerschaften, und einschlägige Urteile.

*Dr. Ute Lohrentz* ist Rechtsanwältin mit dem Tätigkeitsschwerpunkt Familienrecht. Außerdem ist sie in der Fortbildung für Verfahrenspfleger engagiert.

*Thomas Denno* ist Fachanwalt für Familienrecht und seit Jahren auf dem Gebiet des Familienrechts in der Praxis tätig. Er ist Sozius der Rechtsanwaltskanzlei Dr. Schmitz • Brakel • Tröber • Denno in Münster, Westfalen (www.kanzlei-schmitz.de).

Ute Lohrentz / Thomas Denno

# Unterhalt bei Trennung und Scheidung

Deutscher Taschenbuch Verlag

**Originalausgabe**
Deutscher Taschenbuch Verlag GmbH & Co. KG
Friedrichstraße 1a, 80801 München

Druck und Bindung: Druckerei C. H. Beck, Nördlingen
Satz: factor liborum
Umschlagkonzept: Balk & Brumshagen
Titelbild: © IFA Bilderteam/Comnet
ISBN 3-423-58044-5

*Liebe Leserin, lieber Leser,*
*liebe Zuschauerin und lieber Zuschauer des Ratgeber Recht,*

täglich erreichen uns in der Redaktion viele Briefe von Menschen, die uns um Rechtsrat bitten und um Hilfe nachsuchen. Leider ist es uns nicht möglich, auf individuelle rechtliche Probleme unserer Zuschauer einzugehen. Unsere Aufgabe sehen wir vor allem darin, für unsere Zuschauer Rechtsprobleme, juristische Fragen und Antworten allgemeinverständlich aufzuarbeiten. Um Ihre ganz persönlichen Rechtsprobleme juristisch zu lösen, haben wir weder die nötige Kompetenz, noch sind wir dazu berechtigt.

Aus diesem Dilemma hilft uns nunmehr die vorliegende Buchreihe heraus, die unter Verantwortung der ARD-Fernsehredaktion von dtv und dem Nomos Verlag in Zusammenarbeit mit den Verbraucher-Zentralen herausgegeben wird. Ein allgemeinverständlich geschriebenes, dazu erschwingliches Buch zu den juristischen Problemen, die in unseren Sendungen immer wieder thematisiert werden, scheint uns eine gute Alternative zu unseren manchmal halbherzigen Ratschlägen oder gar Formbriefen, die wir bisher an unsere Zuschauer verschicken mussten. Für Ratsuchende in den Verbraucher-Zentralen ist diese Reihe ein vertiefendes Ergänzungsangebot zu deren bereits vorliegenden Publikationen.

Mit Hilfe der von namhaften Juristen geschriebenen Ratgeber-Bücher kann sich der Interessierte nun selbst orientieren und Probleme, samt deren Lösungen, die in unseren Sendungen oft nur angerissen werden können, weiter vertiefen. Besonderen Wert haben wir darauf gelegt, dass die Reihe nicht allein für fachsimpelnde Juristen taugt, sondern dem juristischen Laien – und das sind unsere Zuschauer ja in der Mehrzahl – als Handwerkszeug dienen kann. Der problembezogene Aufbau der Bücher gewährleistet einen sicheren Zugriff auf die jeweilige Rechtsfrage und die entscheidenden Hintergrundinformationen. Musterbriefe von Experten geben wertvolle Hilfestellung. Tipps und Ratschläge helfen dem Leser, sich eine günstige Rechtsstellung zu verschaffen.

Wir hoffen, dass Sie in diesem Buch wie auch in allen weiteren Ausgaben der Ratgeber Recht-Reihe die Ihnen durch unsere Sendung vertraute Verständlichkeit finden, dass diese Bücher Ihnen somit helfen, Ihre ganz persönlichen rechtlichen Probleme zu lösen.

Matthias-Josef Zimmermann Redaktion ARD-Ratgeber Recht

# Inhalt

A. **Unterhalt für minderjährige und volljährige Kinder** ... 17

*I. Grundlagen des Kindesunterhalts* ... 17

*II. Unterhaltsbedarf des Kindes – Höhe des Kindesunterhalts* ... 18

1. Bestimmung des angemessenen Unterhalts ... 19
2. Anwendung von Tabellen und Leitlinien ... 19
3. Regelbetrag des Kindesunterhalt ... 21
4. Bedarf des Kindes ... 22
a) Allgemeiner Lebensbedarf des Kindes ... 22
b) Mehrbedarf des Kindes ... 23
c) Sonderbedarf ... 23
5. Unterhaltsbedarf des volljährigen Kindes ... 25
a) Sonderstellung der Volljährigen bis zum 21. Lebensjahr ... 26
b) Unterhaltsbedarf während der Berufsausbildung ... 28
(a) Ausbildungsunterhalt ... 28
(b) Weiterbildung ... 29
(c) Zweitausbildung ... 30

*III. Bedürftigkeit des Kindes* ... 31

1. Bedürftigkeit des minderjährigen Kindes ... 31
2. Bedürftigkeit des volljährigen Kindes ... 33

*IV. Leistungsfähigkeit der Eltern* ... 35

1. Tatsächliche Einkünfte des Unterhaltspflichtigen .. 36
a) Arbeitseinkünfte von Arbeitern und Angestellten .. 36
b) Einkünfte von Selbstständigen oder Gewerbetreibenden ... 38
c) Einkünfte aus Vermögen ... 39
d) Pensionen oder Renten ... 42
e) Sozialstaatliche Zuwendungen ... 42
f) Zuwendungen eines Dritten ... 43
2. Fiktive Einkünfte aus zumutbarer Tätigkeit ... 44
3. Einkünfte aus unzumutbarer Tätigkeit ... 46
4. Unterhaltsrechtlich zulässige Abzüge ... 47

5. Eigenbedarf (Selbstbehalt) des Pflichtigen ............. 54

*V. Anrechnung des Kindergeldes auf die Unterhaltsverpflichtung* ............. 56

*VI. Auskunftsanspruch zur Ermittlung des unterhaltsrechtlich relevanten Einkommens* ............. 59

*VII. Verwirkung von Unterhaltsansprüchen* ............. 61

*VIII. Berechtigung zur Geltendmachung des Kindesunterhalts* 62

**B. Ehegattenunterhalt** ............. 64

*I. Familienunterhalt* ............. 65

1. Grundlagen der Unterhaltsverpflichtung ............. 65
2. Art und Umfang der Unterhaltsverpflichtung ........ 67

*II. Trennungsunterhalt* ............. 70

1. Allgemeines zum Trennungsunterhalt ............. 70
2. Voraussetzungen des Unterhaltes bei Getrenntleben (§ 1361 BGB) ............. 72
a) Bestehen einer wirksamen Ehe ............. 72
b) Getrenntleben der Ehegatten ............. 72
(a) Getrenntleben innerhalb der Ehewohnung ........... 73
(b) Versöhnungsversuch ............. 74
c) Bedarf und Bedürftigkeit des unterhaltsberechtigten Ehegatten ............. 74
(a) Bedarf des Unterhaltsberechtigten ............. 75
(b) Bedürftigkeit des Unterhaltsberechtigten ............. 78
(1) Erwerbsobliegenheit des Unterhaltsberechtigten ... 78
(2) Einkommen aus unzumutbarer Tätigkeit ............. 81
(3) Haushaltsführung für einen neuen Partner ............ 82
(4) Vermögen des Unterhaltsberechtigten ............. 82
(5) Wohnvorteil ............. 83
(6) Erziehungsgeld ............. 83
d) Leistungsfähigkeit des unterhaltspflichtigen Ehegatten ............. 83
e) Ausschluss des Unterhaltsanspruchs nach § 1361 Abs. 3 BGB in Verbindung mit § 1579 Nr. 2 bis 7 BGB ............. 83

*III.* *Nachscheidungsunterhalt* ........ 85

1. Allgemeines zum Nachscheidungsunterhalt ........ 85
a) Eigenverantwortung und nachwirkende Mitverantwortung ........ 86
b) Unterhaltskette ........ 87
2. Unterhaltstatbestände des nachehelichen Unterhalts ........ 88
a) Kinderbetreuungsunterhalt (§ 1570 BGB) ........ 88
(a) Allgemeines ........ 88
(b) Gemeinsames Kind ........ 89
(c) Dauer ........ 89
(d) Privilegierung ........ 91
c) Altersunterhalt (§ 1571 BGB) ........ 91
(a) Einsatzzeitpunkte ........ 91
(b) Altersgrenze ........ 92
d) Krankheitsunterhalt (§ 1572 BGB) ........ 93
(a) Einsatzzeitpunkte ........ 93
(b) Krankheitsbegriff ........ 94
e) Arbeitslosigkeitsunterhalt (§ 1573 Abs. 1 BGB) ........ 95
(a) Einsatzzeitpunkte ........ 95
(b) Unvermögen eine Erwerbstätigkeit zu finden ........ 96
f) Aufstockungsunterhalt (§ 1573 Abs. 2 BGB) ........ 97
(a) Allgemeines zum Aufstockungsunterhalt ........ 97
(b) Einsatzzeitpunkte ........ 97
(c) Vorrangige Unterhaltstatbestände ........ 98
(d) Einkommensgefälle ........ 98
g) Ausbildungsunterhalt (§1575 BGB) ........ 98
(a) Zweck des Ausbildungsunterhaltes ........ 98
(b) Voraussetzungen des Anspruchs ........ 99
(c) Zweitausbildung/Dauer ........ 99
(d) Fortbildung und Umschulung ........ 99
h) Billigkeitsunterhalt (§ 1576 BGB) ........ 100
(a) Zweck ........ 100
(b) Beispiele für sonstige schwerwiegende Gründe ........ 100
(c) Grobe Unbilligkeit ........ 100
3. Verpflichtung zur angemessenen Erwerbstätigkeit (§ 1574 BGB) ........ 101
4. Bedürftigkeit ........ 102
5. Leistungsfähigkeit ........ 103
6. Umfang des Unterhalts ........ 103

a) Maß des Unterhalts ... 103
(a) Eheliche Lebensverhältnisse ... 104
(b) Sättigung ... 104
(c) Erwerbsaufnahme nach Haushaltsführung ... 105
b) (Zeitliche) Begrenzung nach § 1573 Abs. 5 BGB und § 1578 Abs. 1 S. 2 BGB ... 106
c) Unterhaltsbestandteile ... 107
d) Art der Unterhaltsgewährung ... 107
7. Beschränkungen des nachehelichen Unterhaltes nach § 1579 BGB ... 108
a) Allgemeines zur negativen Härteklausel des § 1579 BGB ... 109
b) Ausschluss nach § 1579 Nr. 1 BGB (Kurze Ehedauer) ... 110
c) Ausschluss nach § 1579 Nr. 2 BGB (Verbrechen oder schweres vorsätzliches Vergehen ) ... 110
e) Ausschluss nach § 1579 Nr. 3 BGB (Mutwilliges Herbeiführen der Bedürftigkeit) ... 112
f) Ausschluss nach § 1579 Nr. 5 BGB (Grobe Verletzung der Unterhaltspflicht vor der Trennung) ... 113
g) Ausschluss nach § 1579 Nr. 6 BGB (Offensichtlich schwerwiegendes eindeutiges Fehlverhalten) ... 113
h) Ausschluss nach § 1579 Nr. 7 BGB (anderer Grund von gleichem Gewicht) ... 115
8. Wiederheirat oder Tod ... 115

**C. Unterhalt der Mutter oder des Vaters des nichtehelichen Kindes ... 117**

*I. Unterhaltsansprüche bei Geburt eines Kindes ... 117*

*II. Unterhaltsbedarf des betreuenden Elternteils ... 118*

1. Eigene Bedürftigkeit des betreuenden Elternteils ... 119
2. Höhe des Unterhaltsbedarfs des betreuenden Elternteils ... 120
3. Anrechenbare Eigeneinkünfte der Kindsmutter ... 121

*III. Leistungsfähigkeit des unterhaltsverpflichteten Elternteils ... 122*

*IV. Zeitlicher Rahmen* ... 123

*V. Ersatzanspruch des betreuenden Elternteils des nichtehelichen Kindes gegen ihre/seine Eltern* ... 124

*VI. Verjährung und Durchsetzung des Anspruchs* ... 124

**D. Unterhaltsansprüche bei eingetragener Lebenspartnerschaft** ... 125

*I. Allgemeines zur eingetragenen Lebenspartnerschaft* ... 125

*II. Eingetragene Lebenspartnerschaft und Unterhalt* ... 126

1. Unterhalt während intakter Lebenspartnerschaft ... 126
2. Unterhalt nach Trennung der Lebenspartner ... 128
a) Getrenntleben ... 128
b) Bedarf ... 130
c) Erwerbstätigkeit ... 130
d) Billigkeit ... 131
3. Unterhalt nach Aufhebung der Lebenspartnerschaft ... 132
a) Allgemeines ... 132
b) Zu erwartende Erwerbstätigkeit ... 132
c) Bedürftigkeit/Begrenzung/Verwirkung ... 133
d) Rang ... 134

*III. Prozessuales* ... 134

*IV. Internethinweise zur eingetragenen Lebenspartnerschaft* ... 135

**E. Rang und Konkurrenz von Unterhaltsansprüchen** ... 136

*I. Der Rang der Unterhaltsberechtigten* ... 136

*II. Mangelfall* ... 137

*III. Unterhaltsforderungen aus der »Zweitehe«* ... 138

**F. Geltendmachung und Durchsetzung von Unterhaltsansprüchen** ..... 141

*I. Beratungsangebote des Jugendamtes* ..... 141

*II. Einvernehmliche außergerichtliche Regelung* ..... 142

*III. Notariell beurkundete Vereinbarung* ..... 144

*IV. Beurkundung durch das Jugendamt, § 59 KJHG* ..... 145

*V. Festlegung des Kindesunterhalts durch den Rechtspfleger* ..... 147

*VI. Familiengerichtliches Verfahren* ..... 154

*VII. Geltendmachung von Unterhalt für die Vergangenheit* . 156

*VIII. Vollstreckung aus Unterhaltstiteln* ..... 157

**G. Abänderbarkeit von Unterhaltstiteln** ..... 159

*I. Abänderungsklage nach § 323 ZPO* ..... 159

*II. Abänderungsklage nach § 654 ZPO* ..... 162

*III. Abänderungsantrag nach § 655 ZPO* ..... 163

**H. Unterhalt und Steuern** ..... 164

*I. Steuerliche Veranlagung als Ehegatten während des Zusammenlebens* ..... 164

*II. Neue Gesetzesänderungen zum »Haushaltsfreibetrag«* 166

*III. Steuerliche Abzugsfähigkeit von Ehegattenunterhalt* .... 167

*IV. Steuerliche Abzugsfähigkeit von Kindesunterhalt* ..... 169

*V. Steuerliche Geltendmachung der Kosten des Scheidungsverfahrens* ..... 170

**I. Unterhaltsvorschuss und Leistungen des Sozialamtes ... 171**

**I. Recht des Kindes auf Unterhaltsvorschuss ... 171**
*II. Recht auf sozialstaatliche Unterstützung ... 173*

**J. Anhang: Unterhaltsleitlinien und -tabellen etc. . 175**
*I. Düsseldorfer Tabelle Euro Stand (01.01.2002) ... 175*
*II. Berliner Tabelle (01.01.2002) ... 194*
*III. Unterhaltsrechtliche Leitlinien der Familiensenate in Süddeutschland (01.01.2002) ... 200*

**Verzeichnis der Musterbriefe und -formulierungen ... 219**

**Stichwortverzeichnis ... 221**

## Abkürzungen

| | |
|---|---|
| Abs. | Absatz |
| AfA | Absetzungen für Abnutzungen |
| BAföG | Bundesausbildungsförderungsgesetz |
| BErzGG | Bundeserziehungsgeldgesetz |
| BGB | Bürgerliches Gesetzbuch |
| BGBl. | Bundesgesetzblatt |
| BGH | Bundesgerichtshof |
| BMF | Bundesministerium der Finanzen |
| BSHG | Bundessozialhilfegesetz |
| BStBl. | Bundessteuerblatt |
| BVerfG | Bundesverfassungsgericht |
| DDR | Deutsche Demokratische Republik |
| DDR-FGB | Familiengesetzbuch der DDR |
| Düss. | Düsseldorfer |
| EG-BGB | Einführungsgesetz zum Bürgerlichen Gesetzbuch |
| EheG | Ehegesetz |
| EheRG | Erstes Gesetz zur Reform des Ehe- und Familienrechts |
| EStG | Einkommensteuergesetz |
| etc. | et ceterea |
| EUR, € | Euro |
| f., ff. | folgende |
| FamRZ | Zeitschrift für das gesamte Familienrecht (Zeitschrift) |
| FuR | Familie und Recht (Zeitschrift) |
| GG | Grundgesetz |
| ggfs. | gegebenenfalls |
| grds. | grundsätzlich |
| GVG | Gerichtsverfassungsgesetz |
| KG | Kammergericht |
| KJHG | Kinder- und Jugendhilfegesetz |
| LPart-ErgG | Lebenspartnerschaftsergänzungsgesetz |
| LPartG | Lebenspartnerschaftsgesetz |
| NJW | Neue Juristische Wochenschrift (Zeitschrift) |
| NJW-RR | NJW-Rechtsprechungs-Report Zivilrecht (Zeitschrift) |
| Nr. | Nummer |
| OLG | Oberlandesgericht |
| OLGR | OLG-Report (Zeitschrift) |
| S. | Seite, Satz |
| SGB | Sozialgesetzbuch |
| sog. | sogenannt |
| StGB | Strafgesetzbuch |
| u.U. | unter Umständen |

| | |
|---|---|
| z.B. | Zum Beispiel |
| ZPO | Zivilprozessordnung |
| ZSEG | Gesetz über die Entschädigung von Zeugen und Sachverständigen |

# A. Unterhalt für minderjährige und volljährige Kinder

## I. Grundlagen des Kindesunterhalts

**Aufgabenteilung der Eltern**

Die Eltern haben das Recht und die Pflicht, für die Erziehung und Pflege ihrer Kinder Sorge zu tragen und deren Lebensbedarf sicherzustellen. Solange die Eltern gemeinsam mit ihren Kindern in einem Haushalt leben, deckt die Aufgabenverteilung von Mutter und Vater die Bedürfnisse der Kinder nach Betreuung und Versorgung. Das ändert sich jedoch mit der Trennung der Eltern. Die bis dato bestehende Gegenseitigkeit wandelt sich nun in zwei getrennte Leistungen um: in die Zahlung des Barunterhalts und in die Betreuung des Kindes durch den Elternteil, bei dem es fortan lebt.

**Rechtsstellung des Kindes**

Für das Recht auf Unterhalt ist es unerheblich, ob die Eltern bei der Geburt des Kindes verheiratet waren oder nicht. Mit dem Kindesunterhaltsgesetz vom 06.04.1998 wurden die rechtlichen Unterschiede zwischen den ehelichen und nichtehelichen Kindern abgebaut. Haben die Ehegatten ein Kind adoptiert, wird dieses auch unterhaltsrechtlich einem ehelichen Kind gleichgestellt. Das gilt auch in den Fällen, in denen der Ehemann von Rechts wegen als Vater angesehen wird, jedoch nicht der Erzeuger des Kindes ist. Solange diese »Scheinvaterschaft« nicht durch ein rechtskräftiges Urteil festgestellt wird, hat das Kind auch einen Unterhaltsanspruch gegen den Ehemann seiner Mutter.

**Verschiedene Arten des Unterhalts**

Wie in einer intakten Familien teilen die Eltern die notwendige Versorgung des Kindes auch nach der Trennung auf, dann jedoch in verschiedenen Haushalten. Dabei ist zwischen dem Betreuungsunterhalt und dem Barunterhalt zu unterscheiden. Der *Betreuungsunterhalt* bezeichnet die tatsächliche Versorgung des unterhaltsberechtigten Kindes mit Nahrung, Kleidung, Wohnung, Unterricht und Pflege im Krankheitsfall; der *Barunterhalt* bezeichnet die zum Unterhalt notwendigen Geldmittel. Nach der Regelung des § 1612 BGB ist der Barunterhalt regelmäßig durch Geldzahlungen zu erfüllen, und zwar monatlich im voraus.

§§

**Gleichwertigkeit der Unterhaltsleistungen**

Grundsätzlich sind beide Eltern ihrem Kind gegenüber zum Unterhalt verpflichtet. Daraus resultiert die Annahme, dass auch beide Eltern nach ihrer Trennung für die finanziellen Bedürfnisse des Kindes Sorge zu tragen haben. Dem steht jedoch die Regelung des § 1606 Abs. 3 S. 2 BGB entgegen, wonach der Elternteil, der ein minderjähriges Kind betreut, seine Verpflichtung, zum Unterhalt des Kindes beizutragen, in der Regel durch die Pflege und die Erziehung des Kindes erfüllt. Die Unterhaltsleistungen durch Barunterhalt und Betreuung der Kinder sind damit gleichwertig. Das hat zur Folge, dass der betreuende Elternteil bis zur Volljährigkeit seiner Kinder grundsätzlich keine Geldzahlungen für die Kinder schuldet. Eine Änderung tritt erst mit der Volljährigkeit der Kinder ein, da die Betreuung als Unterhaltsleistung mit dem 18. Geburtstag wegfällt.

Die Unterhaltspflicht besteht grundsätzlich während der Minderjährigkeit der Kinder. Den minderjährigen Kindern stehen die volljährigen unverheirateten Kinder bis zur Vollendung des 21. Lebensjahres gleich, solange sie im Haushalt der Eltern oder eines Elternteils leben und sich in der allgemeinen Schulausbildung befinden. Darüber hinaus sind volljährige Kinder nur unterhaltsberechtigt, wenn sie trotz ihrer Eigenverantwortlichkeit nicht in der Lage sind, sich finanziell zu unterhalten. Ein Recht auf Unterhalt hat daher auch das volljährige Kind, solange es sich in einer Berufsausbildung befindet. Nach dem Gesetz wird also das minderjährige Kind in der Regel als unterhaltsbedürftig angesehen, während bei dem volljährigen Kind bestimmte Umstände hinzutreten müssen.

## II. Unterhaltsbedarf des Kindes – Höhe des Kindesunterhalts

§§

Zur Höhe des Kindesunterhalts findet sich in § 1610 BGB die gesetzliche Vorgabe, dass »angemessener Unterhalt« zu zahlen ist. Der angemessene Barunterhalt umfasst nach § 1610 Abs. 2 BGB den gesamten Lebensbedarf des Kindes einschließlich der Kosten einer angemessenen Vorbildung zu einem Beruf, bei einer der Erziehung bedürftigen Person auch die Kosten der Erziehung.

## 1. Bestimmung des angemessenen Unterhalts

**Lebensstellung des Kindes**

Die Angemessenheit ist nicht allgemeingültig feststellbar, sondern bestimmt sich nach der Lebensstellung des Kindes. Da das Kind im allgemeinen bis zur Volljährigkeit keine eigene Lebensstellung begründet hat, leitet es diese von seinen Eltern ab. Entscheidend sind die wirtschaftlichen und persönlichen Verhältnisse insbesondere des barunterhaltspflichtigen Elternteils für die Bestimmung der Unterhaltshöhe. Als Kriterien werden das Einkommen und Vermögen herangezogen, berufliche Stellung und ausgeübter Beruf treten dahinter zurück. Dies gilt unabhängig davon, ob die Eltern in nichtehelicher oder ehelicher Lebensgemeinschaft leben, getrennt oder geschieden sind.

**Gehobene Einkommensverhältnisse**

Bei gehobenen Einkommensverhältnissen sind dem Unterhaltsanspruch des Kindes Grenzen gesetzt. Es hat zwar einen Anspruch auf Bezahlung seines gesamten auch gehobenen Lebensstandards, jedoch nicht mehr auf Teilhabe an dem Luxus des Barunterhaltspflichtigen.

Steigt der Lebensstandard des Elternteils jedoch während des Zeitraums, in dem er unterhaltspflichtig ist, so nimmt das Kind uneingeschränkt daran teil. Dies gilt für sämtliche Einkommenssteigerungen, auch für die Steuerentlastung bei Neuverheiratung des Unterhaltsverpflichteten.

Die Anknüpfung an die Lebensstellung der Eltern endet erst dann, wenn das Kind eine eigene erreicht hat, etwa mit Beendigung der Ausbildung. Dies gilt auch in dem Fall, in dem das Einkommen des Kindes weit unterhalb den Vermögensverhältnissen der Eltern liegt, etwa wenn die Tochter des Chefarztes den Beruf der Arzthelferin erlernt.

## 2. Anwendung von Tabellen und Leitlinien

**Düsseldorfer Tabelle**

Um den angemessenen Unterhalt eines noch bei einem Elternteil lebenden Kindes zu bestimmen, werden in der Praxis Unterhaltstabellen und Leitlinien, vor allem die Düsseldorfer Tabelle herangezogen. Diese Unterhaltstabellen dienen der Konkretisierung der Unterhaltsverpflichtung und Vereinheitlichung der Rechtsprechung. Die Düsseldorfer Tabelle hat keine Gesetzeskraft, sondern bietet dem Gericht eine praktische Richtlinie und Orientierungshilfe. Sie wird seit 1999 alle zwei Jahre (zuletzt am 01.01.2002) aktualisiert (vgl. die Leitlinien des OLG Düsseldorf S. 175 ff.).

| Anrechenbares Einkommen des Unterhaltspflichtigen in € | | 0-5 | 6-11 | 12-17 | ab 18 | Vomhundertsatz | Bedarfskontrollbetrag |
|---|---|---|---|---|---|---|---|
| 1. | bis 1300 | 188 | 228 | 269 | 311 | 100 | 730/840 |
| 2. | 1300 – 1500 | 202 | 244 | 288 | 333 | 107 | 900 |
| 3. | 1500 – 1700 | 215 | 260 | 307 | 355 | 114 | 950 |
| 4. | 1700 – 1900 | 228 | 276 | 326 | 377 | 121 | 1000 |
| 5. | 1900 – 2100 | 241 | 292 | 345 | 399 | 128 | 1050 |
| 6. | 2100 – 2300 | 254 | 308 | 364 | 420 | 135 | 1100 |
| 7. | 2300 – 2500 | 267 | 324 | 382 | 442 | 142 | 1150 |
| 8. | 2500 – 2800 | 382 | 342 | 404 | 467 | 150 | 1200 |
| 9. | 2800 – 3200 | 301 | 365 | 431 | 498 | 160 | 1300 |
| 10. | 3200 – 3600 | 320 | 388 | 458 | 529 | 170 | 1400 |
| 11. | 3600 – 4000 | 339 | 411 | 485 | 560 | 180 | 1500 |
| 12. | 4000 – 4400 | 358 | 434 | 512 | 591 | 190 | 1600 |
| 13. | 4400 – 4800 | 376 | 456 | 538 | 622 | 200 | 1700 |
| über 4800 nach den Umständen des Falles | | | | | | | |

**Einstufungen der Tabelle**

Die Tabelle gründet auf einer Unterhaltsverpflichtung gegenüber der getrennt lebenden Ehefrau und zwei Kindern. Sie umfasst 13 Einkommensgruppen des barunterhaltspflichtigen Elternteils und geht dabei von einem Einkommen von bis 1.300 € (Einkommensstufe 1) bis zu einem von 4.400,00 – 4.800,00 € (Einkommensstufe 13) aus. Bei einem noch höheren Einkommen wird der Kindesunterhalt nach den Umständen des Einzelfalls festgelegt. Die Düsseldorfer Tabelle umfasst vier Altersstufen der unterhaltsberechtigten Kinder. Aus Einkommensgruppe und Altersstufe lassen sich die unterschiedlichen Unterhaltsbeträge ablesen. Es handelt sich dabei um Festbeträge entsprechend der Zuordnung für die Geltungsdauer der Tabelle. Der Textteil der Tabelle enthält weitere Hinweise auf unterhaltsrechtlich bedeutsame Gesichtspunkte.

## 3. Regelbetrag des Kindesunterhalt

**Unterhaltsfestlegungen**

Seit dem 01.07.1998 hat das Kind drei Möglichkeiten, seinen Unterhalt zu regeln:

- Als Festbetrag, der sich aus der Unterhaltstabelle entsprechend der Einkommensgruppe und Altersstufe ergibt,
- Als Regelbetrag oder Vomhundertsatz des Regelbetrages für die derzeitige Altersstufe
- Als Regelbetrag oder Vomhundertsatz des Regelbetrages für alle drei Altersgruppen bis zum 18. Lebensjahr.

**Tipp**

**Unterhalt als Festbetrag**

Der vermeintliche Vorteil des Festbetrages liegt in der einfacheren Handhabung der Düsseldorfer Tabelle. Aber anlässlich der zweijährigen Erhöhungen des Tabellenbetrages bedarf es regelmäßig einer gerichtlichen Abänderungsklage auf höheren Unterhalt. Diesem sollte zunächst ein Aufforderungsschreiben an den unterhaltspflichtigen Elternteil auf höheren Unterhalt mit Verweis auf die Düsseldorfer Tabelle in der dann aktuellen Fassung vorangehen. Sofern keine Einigung erreicht wird, ist gerichtlichen Abänderungsklage nach § 323 ZPO zu erheben.

**Tipp**

**Dynamisierter Unterhalt**

Bei längerfristigen Unterhaltsverpflichtungen für ein minderjähriges Kind ist die Dynamisierung die einfachere Festlegung. Dazu sieht § 1612 a BGB vor, dass das Kind von einem Elternteil, mit dem es nicht in einem Haushalt lebt, den Unterhalt als Vomhundertsatz eines Regelbetrages verlangen kann. Der Regelbetrag ist in der Regelbetrag-Verordnung für alle drei Altersstufen fixiert und entspricht den Tabellenbeträgen der ersten Einkommensgruppe in den alten Bundesländern. Der Vorteil der Ausgestaltung der Unterhaltshöhe als Regelbetrag liegt in der automatischen Anpassung des Regelbetrages oder des Vomhundertsatzes des Regelbetrages an die Erhöhungen dieser Beträge alle zwei Jahre.

**Regelbeträge nach der Regelbetrag-Verordnung zum Stand 1.7.2001**

| Alter des Kindes | Alte Bundesländer | Neue Bundesländer |
|---|---|---|
| Bis vollendetem 6 Lebensjahr | 188 € | 174 € |
| Bis vollendetem 12 Lebensjahr | 228 € | 211 € |
| Bis vollendetem 18 Lebensjahr | 269 € | 249 € |

Zweijährige Anpassung der Beträge

Die Regelbeträge wurden zum 1.7.2001 angepasst und fungieren als Bezugsgröße für die Dynamisierung des Kindesunterhalts. In den jeweiligen Einkommensgruppen wird seit dem 1.7.1998 zusätzlich der sogenannte Vomhundertsatz gemäß § 1612 a BGB angeführt, z.B. Gruppe 4 = 121 % des Regelbetrages. Bei Dynamisierung der Regelbeträge ab dem 1.7.2003 erhöht sich somit im gleichen Verhältnis der Zahlbetrag des jeweiligen Vomhundertsatzes. Diese Regelbeträge werden im Zweijahresrhytmus dynamisiert. Demnach werden zum 01.07.2003 die Regelbeträge durch Rechtsverordnung neu bestimmt.

## 4. Bedarf des Kindes

Das Kind hat Anspruch auf Leistung eines angemessenen Unterhalts, wobei sich das Maß des Unterhaltsbedarfs nach der Lebensstellung des Kindes richtet, § 1610 BGB.

### a) Allgemeiner Lebensbedarf des Kindes

Grundbedürfnisse des Kindes

Von dem angemessenen Unterhaltsbetrag hat das Kind seine gesamten laufenden Aufwendungen für Grundbedürfnisse und persönlichen Bedürfnisse zu decken.

z.B.

Hierunter fallen:

- Ernährung
- Wohnen
- Kleidung
- Ferien, Freizeit und Erholung
- Pflege musikalischer und sportlicher Interessen
- Taschengeld
- Kindergartenbeiträge
- Kosten der Berufsausbildung

Krankenversicherung

Die Kosten der Kranken- und Pflegeversicherung stehen außerhalb des allgemeinen Lebensbedarfs und sind daher in den Tabellenbeträgen der Düsseldorfer Tabelle nicht erfasst. Allerdings wird der Krankenversicherungsschutz bei unterhaltsberechtigten Kindern regelmäßig durch den Anspruch des Unterhaltspflichtigen auf Familienhilfe bei der gesetzlichen Krankenversicherung abgedeckt. Ist das Kind bei keinem der Eltern in der Familienversicherung mitversichert (Beamte,

Selbständige), so hat es gegen den barunterhaltspflichtigen Elternteil einen Anspruch auf Finanzierung der Krankenversicherungsbeiträge.

**Zusätzliche Bedürfnisse des Kindes**

Nun gibt es weitere Situationen, in denen zusätzliche Bedürfnisse entstehen, welche von dem laufenden Unterhaltsbetrag nicht abgedeckt sind.

## b) Mehrbedarf des Kindes

**Vorhersehbare Kosten**

In diesem Fall hat das Kind regelmäßig und über einen längeren Zeitraum erhöhte – jedoch kalkulierbare – Kosten für seinen Lebensunterhalt. Als Beispiel ist zu nennen der krankheitsbedingte Mehrbedarf eines dauernd pflegebedürftigen, behinderten Kindes oder die Kosten einer ständig notwendigen Diät. Für diese Kosten haben beide Eltern je nach ihrer Leistungsfähigkeit anteilig einzustehen.

## c) Sonderbedarf

**Unvorhersehbare Kosten**

In Einzelfällen kann ein besondere Unterhaltsbedarf entstehen, der durch den laufenden Tabellenunterhalt nicht gedeckt ist. Bei diesem Sonderbedarf handelt es sich um einen unregelmäßig auftretenden, jedoch höheren Kostenaufwand. Dieser entsteht unvorhergesehen neben den laufenden Unterhaltsbedürfnissen des Kindes. Die Kosten müssen einmalig oder in einem zeitlich begrenzten Umfang anfallen, wobei die Höhe zunächst unbestimmt bleiben kann. Es handelt sich also um Ausnahmefälle.

§§

Die Einordnung der Kosten als Sonderbedarf hat folgende Konsequenzen:

- zum einen können die Kosten vom barunterhaltspflichtigen Ehegatten zusätzlich zu den laufenden Unterhaltszahlungen gefordert werden;
- zum anderen können die Kosten auch noch rückwirkend ein Jahr, nachdem sie entstanden sind, von dem Unterhaltsverpflichteten eingefordert werden.

Entscheidende Kriterien der Abgrenzung zum allgemeinen Unterhaltsbedarf sind

- die Unvorhersehbarkeit des Kostenanfalls
- die außergewöhnliche Höhe der Kosten.

**Was ist unvorhersehbar?**

Die Unvorhersehbarkeit bedeutet, dass der Bedarf nicht mit Wahrscheinlichkeit vorauszusehen war und deswegen bei der Bemessung der laufenden Unterhaltszahlungen nicht berücksichtigt werden konnte.

**Außergewöhnlich hohe Kosten**

Für die außergewöhnlich hohen Kosten gibt es keine feste Grenze. Vielmehr ist sie in Relation zum laufenden Unterhalt zu sehen. Unter besonders beengten wirtschaftlichen Verhältnissen liegt die Annahme des Sonderbedarfs daher häufiger vor.

Die Rechtsprechung trifft nicht zu allen Kostenpositionen einheitliche Entscheidungen. Die nachfolgenden Beispiele dienen der ersten Orientierung:

**z.B.**

**Sonderbedarf bejaht**

Als Sonderbedarf wurde angesehen:
- Krankheitskosten infolge eines Verkehrsunfalls
- Kieferorthopädische Behandlung, sofern sie nicht vorhersehbar war
- Nachhilfeunterricht, der wegen Schulschwierigkeiten angeraten wird
- Säuglings-Erstausstattung
- Anschaffung eines hochwertigen Musikinstruments zur Berufsausbildung
- Neues Bettzeug wegen Staubmilbenallergie
- Medizinisch verordneter Kuraufenthalt
- Medizinische oder heilpädagogische Behandlung
- Prozesskostenvorschuss

**Sonderbedarf verneint**

Abgelehnt wurde als Sonderbedarf:
- Kosten des Kindergartenbesuchs
- Schultüte
- Auslandsstudium
- Einrichtung einer eigenen Wohnung des studierenden Kindes
- Neueinrichtung eines Kinder- oder Jugendzimmers
- Brillenaufpreis
- Anschaffung eines Klaviers
- Kosten für Schullandheim

- Austausch-Schülerkosten
- Urlaubskosten

Zu den Einzelfällen etwa Kosten der Konfirmation und Kommunion oder Kosten der Klassenfahrten liegen unterschiedliche höchstrichterliche Entscheidungen vor. Für die Abweichungen ist die Höhe des laufenden Unterhalts und damit die wirtschaftlichen Verhältnisse des Unterhaltsverpflichteten entscheidend. Im Einzelfall sollte daher der Rechtsanwalt aufgesucht werden.

**Anteilige Kostentragung**

Lebt das Kind weder beim Vater noch bei der Mutter, müssen beide Eltern den Barunterhalt aufbringen, jeder nach seinem Einkommen. Reichen die Einkünfte der Eltern nicht aus, um die anderweitige Unterbringung zu finanzieren, tritt das Jugendamt ein.

## 5. Unterhaltsbedarf des volljährigen Kindes

**Eigenverantwortlichkeit des volljährigen Kindes**

Mit dem 18. Geburtstag überschreitet das Kind auch unterhaltsrechtlich die Schwelle in die Eigenverantwortlichkeit. Nach § 1602 Abs. 1 BGB ist unterhaltsberechtigt nur die Person, die nicht in der Lage ist, sich selbst zu unterhalten. Der Volljährige ist, soweit er sich nicht in einer Berufsausbildung befindet, für sich selbst verantwortlich und deshalb auch verpflichtet, durch seine Arbeitskraft für seinen notwendigen Lebensunterhalt selber zu sorgen. Berufsfremde Tätigkeiten und Arbeiten innerhalb der gewohnten Lebensstellung sind ebenfalls zumutbar, um den Lebensunterhalt zu verdienen. Die Verantwortung ist die eines Erwachsenen. Ausnahmen sind dagegen körperliche oder psychische Erkrankungen, die dauerhaft einer Erwerbstätigkeit entgegenstehen.

**Privilegiert volljährige Kinder**

Mit der Volljährigkeit des Kindes ändern sich auch die unterhaltsrechtlichen Verpflichtungen beider Eltern, da dem Kind nunmehr keine Betreuung mehr geschuldet wird, gleich ob es diese noch erhält. Das gilt auch bei Kindern, die noch bei einem Elternteil wohnen und sich in der allgemeinen Schulausbildung befinden, etwa bis zum 13. Schuljahr beim Besuch des Gymnasiums (zu der Sonderstellung vgl. unten »privilegiert volljährige Kinder«). Die Verpflichtung zur Leistung von

Barunterhalt trifft mit Volljährigkeit des Kindes beide Elternteile je nach ihrer Leistungsfähigkeit.

### a) Sonderstellung der Volljährigen bis zum 21. Lebensjahr

§§

Bei den privilegiert volljährigen Kindern handelt es sich um Schüler, die noch die allgemeine Schulausbildung absolvieren. Voraussetzung für die Sonderstellung ist ferner, dass sie unverheiratet sind, das 21. Lebensjahr noch nicht vollendet haben und im Haushalt eines Elternteils leben. Da sie aufgrund ihrer Lebenssituation noch nicht in der Lage sind, für sich selbst zu sorgen, werden sie unter zwei relevanten Gesichtspunkten den minderjährigen Kindern gleich gestellt:

- Die Eltern haben gegenüber den privilegiert volljährigen Kindern weiterhin eine gesteigerte Erwerbsobliegenheit.
- Den Eltern steht gegenüber den privilegiert volljährigen Kindern nur der verringerte Selbstbehalt zu, den sie auch gegenüber Unterhaltsansprüchen minderjähriger Kinder geltend machen können (840 € bei Erwerbstätigkeit und 730 € bei Erwerbslosigkeit).

**Rang des Unterhaltsanspruchs**

Sowohl die minderjährigen als auch die privilegiert volljährigen Kinder stehen in dem Rang vor den volljährigen Kindern. Das hat zur Folge, dass die Unterhaltsbedürfnisse der minderjährigen Kinder bei der Berechnung der Unterhaltsansprüche der volljährigen Kinder vorrangig berücksichtigt werden.

**Barunterhaltspflicht beider Elternteile**

Ein wesentlicher Unterschied gegenüber den minderjährigen Kindern liegt jedoch in dem Umstand, dass privilegiert volljährige Kinder keinen Anspruch gegen ihre Eltern auf Betreuung haben, sondern ausschließlich noch auf Barunterhalt. Daraus folgt, dass mit Volljährigkeit der Kinder beide Elternteile barunterhaltspflichtig werden.

**Allgemeine Schulausbildung**

Privilegiert sind die Kinder jedoch nur, solange sie sich noch in der allgemeinen Schulausbildung befinden. Bei der Qualifizierung der allgemeinen Schulausbildung kommt es auf den angestrebten Schulabschluss und nicht auf den Schultyp an. Erfasst wird die Ausbildung zum Abitur auf dem Gymnasium, aber auch die Ausbildung zur Erlangung der Fachoberschulreife (OLG Bremen, FamRZ 1999, S. 879). Sofern mit der Schulausbildung jedoch ein berufsbezogener Abschluss angestrebt wird, fällt dieser nicht mehr unter die allgemeine Schulausbildung (Berufsgrundbildungsjahr, da es Bestandteil des gewählten Berufs ist oder als Ausbildung dient, wenn das Kind keinen Ausbildungsplatz gefunden hat (OLG Celle OLGR 1999, S. 1758).

**Ermittlung der Unterhaltshöhe**

Die Höhe des Unterhaltsanspruchs ergibt sich aus der vierten Altersstufe der Unterhaltstabelle, ab dem 18. Lebensjahr. Für die Bestimmung der Einkommensgruppe wird das Einkommen beider Elternteile zusammengerechnet. Beide Elternteile sind anteilig unterhaltsverpflichtet, je nach ihrem Einkommen. Der Anteil errechnet sich nach Abzug des angemessenen Selbstbehalts und – sofern noch minderjährige Kinder vorhanden sind – nach Abzug der Zahlungen an die minderjährigen Kinder.

**Geltendmachung durch das Kind**

Mit seiner Volljährigkeit hat das Kind seinen Unterhaltsanspruch auch selber geltend zu machen. Eine Vertretung durch den Elternteil, bei dem es wohnt, ist nicht mehr möglich. Zur Ermittlung der Höhe des Unterhaltsanspruchs steht dem Kind ein Auskunftsanspruch gegen beide Elternteile zu.

**z.B.**

Regina betreut ihre beiden Kinder Sonja 9 Jahre und Tanja 18 Jahre, die beide das Gymnasium besuchen. Sie ist halbtags als Verkäuferin mit einem Nettoeinkommen von 1.000 € tätig. Oliver, der Vater der Kinder, erzielt als EDV Kaufmann ein monatliches Einkommen von 2.500 € netto. Wie hoch ist der Unterhaltsanspruch von Tanja gegenüber ihrem Vater Oliver?

**Berechnungsbeispiel**

Grundlage der Unterhaltshöhe ist zunächst das zusammengerechnete Einkommen der Eltern von 3.500 €. Der Unterhaltsbedarf (entsprechende der Düsseldorfer Tabelle) ergibt sich aus der Altersstufe 4. und 10. Einkommensgruppe und beträgt monatlich 529 €. Zur Ermittlung, wer von den beiden Eltern wie viel zu zahlen hat, ist das jeweilige Einkommen zunächst um den notwendigen Selbstbehalt zu reduzieren. Dieser beträgt nach den Düsseldorfer Leitlinien 840 € bei Erwerbstätigen. Hier zeigt sich bereits, das Regina nur noch 260 € übrig hat, um Tanja noch Unterhalt zahlen zu können. Da sie noch die minderjährige Sonja betreut, ist sie auch zu einer Mehrarbeit nicht verpflichtet. Für Oliver ergibt sich folgendes: von seinem Einkommen ist ebenfalls erst einmal der Selbstbehalt von 840 € und der Unterhaltsbetrag für Sonja von 365 € abzuziehen. Die verbleibenden 1295 € sind in die Berechnung einzustellen. Regina haftet daher mit einer Quote von 16,72 % und Oliver mit 83,27 % gegenüber Tanja. Dies ergibt zu Lasten von Oliver einen Unterhaltsbetrag von 440,29 € (83,27 % von 529 €). Sofern Tanja oder ihre Mutter das Kindergeld beziehen, ist als letztes von diesem Betrag das hälftige Kindergeld abzuziehen. Oliver schuldet Tanja somit monatlichen Unterhalt von 363,50 €.

**Anrechnung des Kindergeldes**

Bei volljährigen Kindern wird das Kindergeld den Eltern jeweils hälftig angerechnet, unabhängig von der Quote, in der die Eltern untereinander für den Unterhalt haften.

### b) Unterhaltsbedarf während der Berufsausbildung

§§

Das gesetzliche Band zu seinen beiden Eltern berechtigt das Kind nur so lange Unterhalt zu fordern, wie es nicht selber für sich sorgen kann oder sich in einer Ausbildung befindet. Volljährige Kinder, die sich nicht mehr in der Ausbildung befinden, können normalerweise für sich sorgen und sind damit nicht mehr bedürftig.

#### (a) Ausbildungsunterhalt

**Ausbildung und Nebentätigkeit**

Kinder haben Anspruch auf die Finanzierung einer angemessenen Vorbildung zu einem Beruf, einer Ausbildung, die ihrer Begabung, ihren Fähigkeiten und ihrem Leistungswillen entspricht. Die Eltern sind daher verpflichtet, dem Kind eine angemessene Ausbildung zu ermöglichen. Solange das Kind diese Berufsausbildung verantwortlich wahrnimmt, ist es zu einer Neben-/Erwerbstätigkeit nicht verpflichtet, selbst wenn es volljährig ist.

**Wann ist eine Ausbildung angemessen?**

Keine Probleme wirft die zielstrebig durchgeführte und in angemessener Zeit abgeschlossene Ausbildung auf. Beim Übergang zur Berufsausbildung und beim späteren Einstieg in den Beruf wird den Kindern ein Zeitraum von rund drei Monaten zugebilligt, in welchem sie sich orientieren können. Sofern die Aufnahme der Ausbildung oder des Berufs jedoch verzögert wird, etwa durch einen Wechsel der Studienfachrichtung nach mehr als zwei Fachsemestern, verliert das Kind seinen Anspruch auf Ausbildungsunterhalt. Die Grenzen der Unterhaltspflicht der Eltern sind auch erreicht bei einem »Bummelstudium«, der Volljährige verliert dann seinen Unterhaltsanspruch. Der Weg über die Grenzen Deutschland hinaus ist als Auslandsstudium nur dann zu finanzieren, wenn es für die Ausbildung sachlich sinnvoll ist.

**Kontrollrecht der Eltern**

Den Eltern steht während der Ausbildung ein »Kontrollrecht« zu, sie können sich die Zeugnisse sowie sonstige Leistungsnachweise vorzeigen lassen.

**Finanzierung einer zweiten Ausbildung**

Fragen wirft jedoch der Wunsch des Kindes auf, nach einer bereits abgeschlossenen Ausbildung eine zweite, wenn auch weiterführende Ausbildung anzuschliessen. Dabei ist zu unterscheiden, ob es sich bei der zusätzlichen Ausbildung um eine Weiterbildung oder um eine Zweitausbildung handelt.

## (b) Weiterbildung

**»Abitur – Lehre – Studium«**

Eine Weiterbildung kann in den Fällen angemessen sein, in denen sich der Volljährige nach der Berufsausbildung durch eine weitere Ausbildung qualifizieren möchte. Am häufigsten sind die Entscheidungen, nach dem Abitur zunächst eine Lehre zu beginnen und nach dessen Abschluss ein Studium anzuschließen. Entscheidend ist, ob zwischen den beiden Ausbildungen ein Zusammenhang besteht.

Der Zusammenhang wurde von den Gerichten in folgenden Fällen bejaht:

**z.B.**

| | | |
|---|---|---|
| Töpferlehre | und | Kunststudium |
| Bauzeichnerin | und | Architektur |
| Industrie- oder Bankkaufmann | und | Jura, BWL, Wirtschaftspädagogik |

In folgenden Fällen abgelehnt:

**z.B.**

| | | |
|---|---|---|
| Finanzinspektorin | und | Psychologie |
| Industriekaufmann | und | Medizin, Maschinenbau |
| Mechaniker mit Abitur | und | Ingenieur |
| Philologe | und | Psychologie mit Berufsziel Schulpsychologie |
| Speditionskaufmann | und | Jura |

**Zusammenhang zwischen den Ausbildungen**

Wenn kein Zusammenhang zwischen dem erlernten Beruf und der Weiterbildung besteht, sind die Eltern nicht mehr zur Finanzierung des Studiums verpflichtet.

Das gilt auch dann, wenn nach der ersten Ausbildung plötzlich ungeahnte Talente, Fähigkeiten und Neigungen des Kindes auftauchen, wenn die Anforderungen für einen bestimmten Beruf gesenkt oder jetzt erst aufgrund einer Wartezeit erreicht werden oder wenn die Erstausbildung nicht mehr dem Berufswunsch entspricht.

Es handelt sich dann um eine Zweitausbildung.

## (c) Zweitausbildung

Lediglich in Ausnahmefällen wird die Berechtigung des Volljährigen anerkannt, Unterhalt auch für eine Zweitausbildung zu fordern:

- Wenn der erlernte Beruf aus gesundheitlichen Gründen nicht mehr ausgeübt werden kann
- Wenn der Volljährige aus körperlichen oder geistigen Gründen den Anforderungen des Berufs nicht mehr gewachsen ist
- Wenn die Eltern das Kind in einen unbefriedigenden, nicht seiner Begabung entsprechenden Beruf gedrängt haben
- Wenn der Volljährige die erste Ausbildung auf Wunsch der Eltern beendet hat.

Nur in diesen Fällen ist die Forderung des Kindes auf Finanzierung einer zweiten Ausbildung gerechtfertigt.

## III. Bedürftigkeit des Kindes

Nach dem Gesetz ist unterhaltsberechtigt nur, wer außerstande ist, sich selbst zu unterhalten, § 1602 Abs. 1 BGB. Bei der Verantwortlichkeit, eigenes Einkommen oder Vermögen bei der Finanzierung seines eigenen Lebensunterhalts einzusetzen, wird zwischen den minderjährigen und volljährigen Kindern unterschieden. §§

### 1. Bedürftigkeit des minderjährigen Kindes

**Lebensstellung der Eltern**

Der Unterhaltsanspruch der minderjährigen Kinder wird geprägt durch ihre Bedürftigkeit, da sie altersbedingt noch keine Selbständigkeit und Eigenverantwortlichkeit erlangen können. Sie leiten ihre Lebensstellung daher ausschließlich von ihren Eltern ab.

**Einkünfte des Kindes**

Sofern das minderjährige Kind über eigene Einkünfte verfügt, entfällt oder verringert sich sein Unterhaltsanspruch gegen die Eltern. Die Einkünfte können etwa aus regelmäßigen Einkünften wie Berufsausbildung, Sparzinsen oder Aktiengewinnen und der Nutzung eines Eigenheims herrühren. Verfügt das minderjährige Kind über eigenes Vermögen, etwa aus einer Erbschaft, hat es nur die Zinsen für die Deckung seines Unterhaltsbedarfs einzusetzen. Den Stamm seines Vermögens braucht das minderjährige Kind jedoch zur Deckung seines Lebensbedarfs nicht anzugreifen.

**Gelegenheitstätigkeiten**

Solange das Kind versorgt werden muss oder sich in der Ausbildung befindet, werden ihm seine Einkünfte aus gelegentlichen Tätigkeiten neben der Schule oder dem Studium, wie etwa Ferienjobs grundsätzlich nicht angerechnet. Die Entscheidung ist jedoch im Einzelfall nach der Regelmäßigkeit und der Höhe der Nebeneinkünfte abzuwägen.

**Ausbildungsbedingter Mehrbedarf**

Erhält das Kind eine Ausbildungs- oder Lehrlingsvergütung, wird vor der Anrechnung auf seinen Unterhaltsanspruch ein Betrag für den ausbildungsbedingten Mehrbedarf abgezogen.

Dieser beträgt nach der Düsseldorfer Tabelle zum Stand 1.1.2002 monatlich 85 €, sofern das Kind noch im Haushalt eines Elternteils wohnt. Andere Leitlinien verzichten auf jede Bezifferung und fordern einen konkreten Nachweis der Aufwendungen.

**Renteneinkünfte und Kindergeld**

Bezieht das Kind bereits eine Rente, wie Waisenrente, BaföG-Leistungen oder ein Stipendium, so mindert das Einkommen seinen Barunterhaltsanspruch. Das Kindergeld ist kein Einkommen des Kindes, sondern dient der Entlastung der Eltern, die für den Unterhalt des Kindes aufkommen. Da das Kindergeld nur an einen Elternteil ausgezahlt wird, erfolgt der Ausgleich im Innenverhältnis je zur Hälfte. Praktisch wird der Ausgleich so durchgeführt, dass die Hälfte des Kindergeldes vom Barunterhaltsanspruch des Kindes abgezogen wird.

**Anrechnung der eigenen Einkünfte des Kindes**

Die Anrechnung eigener Einkünfte führt zur Verringerung seines Unterhaltsanspruchs gegen den barunterhaltspflichtigen Elternteil. Bei minderjährigen Kindern erfolgt eine Anrechnung des Einkommens des Kindes jeweils zur Hälfte auf den Bar- und den Betreuungsunterhalt. Da die Leistung des betreuenden Elternteils mit der des zahlenden Elternteils gleichwertig ist (§ 1606 Abs. 3 S. 2 BGB), sollen auch beide Elternteils durch das Einkommen des Kindes anteilig entlastet werden.

**z.B.**

**Beispiel für die Anrechnung bei minderjährigen Kindern**

Der 16 jährige Sascha hat eine Lehre als Einzelhandelskaufmann aufgenommen und bekommt im ersten Lehrjahr eine Ausbildungsvergütung von 250 €. Seine Eltern sind geschieden. Sascha wohnt gemeinsam mit seiner 7jährigen Schwester bei seiner Mutter. Diese erzielt aus ihrer Tätigkeit als Verkäuferin monatliche Einkünfte von 800 € netto. Der Vater von Sascha ist Bankkaufmann und hat ein unterhaltsrechtlich relevantes Einkommen von 2.500 €. Er ist nur seinen beiden Kindern unterhaltsverpflichtet. Die Mutter der Kinder bezieht das Kindergeld für beide.

Nach der Düsseldorfer Tabelle hat Sascha einen Unterhaltsbedarf von 431 € entsprechend der Höherstufung das unterhaltsverpflichteten Vaters in die 9. Einkommensgruppe. Von seinem Lehrlingslohn sind vorab ausbildungsbedingter Mehrbedarf von 85 € abzuziehen Die verbleibenden 175 € werden jeweils hälftig auf die Unterhaltsleistungen seiner Eltern angerechnet. Der Unterhaltsanspruch gegenüber seinem Vater wird um den hälftigen Betrag und damit 88,50 € gekürzt. Der vom Vater zu zahlende Unterhalt beträgt daher 431 € – 77 € Kindergeld – 88,50 € Einkommen von Sascha = 265,50 €.

## 2. Bedürftigkeit des volljährigen Kindes

§§

**Zeitraum der Ausbildung**

Das volljährige Kind hat dagegen nur noch Anspruch auf Unterhalt, wenn es nicht fähig ist, sich selbst zu unterhalten, § 1610 Abs. 1 BGB. Das ist der Fall, solange es berechtigterweise eine Berufsausbildung absolviert. Das volljährige Kind muss im Gegensatz zum minderjährigen Kind in zumutbarem Rahmen zur Deckung seines Unterhaltsbedarfs mitwirken. Für die Zeit der Berufsausbildung hat es noch Anspruch auf Barunterhalt. Im Gegenzug ist das Kind jedoch verpflichtet, die Ausbildung zielstrebig, intensiv und mit Engagement zu betreiben und sie innerhalb einer angemessenen und üblichen Dauer zu beenden.

**Verwertung des Vermögens**

Anders als bei minderjährigen Kindern haben volljährige Kinder nicht nur die Erträge sondern auch den Stamm ihres Vermögens für ihren Lebensbedarf einzusetzen. Es muss ihnen jedoch ein Sockelbetrag von ca. 4000 € als Schonvermögen verbleiben. Der Rest des Vermögens ist entsprechend auf den Zeitraum der erwarteten Unterhaltsbedürftigkeit zu verteilen.

z.B.

**Anrechnung des Vermögens bei volljährigen Kindern**

Die Abiturientin Maren erhält nach dem Abitur von ihren Großeltern einen Betrag von 8.000 €. Zudem wird ihr der Versicherungsbetrag aus der Ausbildungsversicherung i.H.v. von 20.000 € ausgezahlt. Maren beabsichtigt, in München Jura zu studieren. Hierfür ist eine voraussichtliche Ausbildungsdauer von 10 Semestern zu veranschlagen. Von ihrem Vermögen hat Maren 24.000 € für ihre Ausbildung einzusetzen. Umgerechnet auf die Ausbildungsdauer ergibt dies einen anrechenbaren Betrag von 400 € im Monat. Da der angemessene Unterhaltsbedarf einer Studierenden nach der Düsseldorfer Tabelle in der Regel monatlich 600 € beträgt, bleibt lediglich noch ein offener Unterhaltsbedarf von 200 € monatlich.

**Einkünfte aus Nebentätigkeit**

Erzielt hingegen ein Gymnasiast oder Werksstudent neben seiner Ausbildung Einkünfte durch eine reine Nebentätigkeit, so werden diese nicht unterhaltsmindernd angerechnet, etwa bei Nachhilfeunterricht, Ferienarbeit, Zeitungszustellung.

**Wehrsold**

Der Unterhaltsbedarf eines wehrpflichtigen Kindes wird hingegen durch die staatlichen Leistungen gedeckt. Der Wehrpflichtige erhält Verpflegung, Unterkunft, Dienstkleidung, Heilfürsorge sowie den Wehrsold. In aller Regel ist damit der Bedarf des volljährigen Kindes gedeckt. Das gilt gleichermaßen bei einem Zivildienstleistenden, sofern dieser bei seiner Dienststelle auch Unterkunft gestellt bekommt. Ist dies nicht der Fall, kann noch hinsichtlich des Wohnbedarfs ein Unterhaltsanspruch gegen die Eltern bestehen.

**Suche nach Arbeitsplatz**

Nach Abschluss seiner Ausbildung ist das volljährige Kind verpflichtet, sich intensiv um einen Arbeitsplatz zu bemühen. Aufgrund seiner Eigenverantwortlichkeit werden die gleichen Maßstäbe angesetzt, wie bei der Erwerbsobliegenheit der vormals unterhaltsverpflichteten Eltern. Der Volljährige ist verpflichtet, auch berufsfremde Tätigkeiten oder solche unter seinem Ausbildungsniveau aufzunehmen.

**Unterhalt bei Betreuung eines Kindes**

Verlangt die Mutter eines nichtehelichen Kindes von ihren Eltern Unterhalt, so muss sie nachweisen, dass sie keiner Arbeit, auch keiner Teilzeitbeschäftigung nachgehen kann. Vorrangig haftet jedoch der Kindsvater auf Unterhalt, die Eltern nur nachrangig bei mangelnder Leistungsfähigkeit des Kindsvaters.

**Wie berechnet man die Unterhaltshöhe bei volljährigen Kindern?**

Bei der Ermittlung des Unterhaltsanspruchs des volljährigen Kindes werden seine bedarfsdeckenden Einkünfte vorab in Abzug gebracht. Da beide Elternteile anteilig barunterhaltsverpflichtet sind, ist unter Berücksichtigung des jeweiligen Selbstbehalts der Mutter und des Vaters die Haftungsquote zu ermitteln. Das Kindergeld wird hingegen nicht als Einkommen des Kindes gewertet, sondern dient jeweils hälftig der Entlastung der Eltern.

**z.B.**

Der 21jährige Sven aus Erlangen studiert in Aachen Maschinenbau. Er erhält 225 € BAföG. Das Kindergeld wird weiterhin an seinen Vater ausgezahlt, der seit ca. 5 Jahren Erwerbsunfähigkeitsrente von monatlich 1500 € bezieht. Die Eltern von Sven sind seit mehr als 2 Jahren geschieden. Die Mutter hat zum zweiten Mal geheiratet und erzielt Nebeneinkünfte als Krankenschwester von 400 € monatlich. Der zweite Ehemann der Kindsmutter bezieht als Chefarzt jedoch ein überaus auskömmliches Einkommen, wovon auch die Mutter von Sven mitversorgt wird.

Da Sven als Student in einer eigenen Wohnung wohnt, beträgt sein Unterhaltsbedarf nach der Düsseldorfer Tabelle monatlich 600 €. Sein Vater hat seine Einkünfte als Rentner für den Kindesunterhalt einzusetzen, soweit sie den angemessenen Eigenbedarf von 1000 € übersteigen. Auch die Kindsmutter ist verpflichtet, ihre Nebeneinkünfte ihrem volljährigen Sohn gegenüber zu Unterhaltszwecken zu verwenden, da sie diese zur Deckung ihres eigenen Unterhaltsbedarfs nicht benötigt. Ihr neuer Partner gewährt ihr die Geldmittel, die sie zum Bestreiten eines eigenen angemessenen Lebensbedarfs benötigt. Es ergibt sich folgende Haftung der Eltern:

**Wie hoch ist der Unterhaltsbedarf eines Studenten?**

| | |
|---|---|
| Unterhaltsbedarf von Sven | 600 € |
| Bedarfsdeckende Einkünfte aus BAföG | 225 € |
| Einkünfte Vater nach Abzug Selbstbehalt | 500 € |
| Einkünfte der Mutter | 400 € |

Haftungsanteil des Vaters:
Eigene Einkünfte des Vaters von 500 € x ungedeckter Unterhaltsbedarf von Sven i.H.v. 375 € : durch die zusammengerechneten Einkünfte beider Eltern i.H.v. 900 € = 208,35 €.

**Wie werden die Haftungsanteile errechnet?**

Zahlt der Vater Sven das Kindergeld aus, verringert sich seine Haftung um den hälftigen Betrag des Kindesgeldes und damit um 77 €. Dieselbe Entlastung kommt auch der Kindsmutter zugute.

Zusammengefasst erhält Sven 225 € BAföG, 154 € Kindergeld, 131 € von seinem Vater und 89,65 € von seiner Mutter, gesamt: 600 €.

## IV. Leistungsfähigkeit der Eltern

Entscheidend für die Höhe des Unterhaltsanspruchs des Kindes sind die Einkommens- und Vermögensverhältnisse des unterhaltsverpflichteten Elternteils. Solange das Kind keine eigenen Einkünfte hat und noch unverheiratet ist, leitet es seine Lebensstellung von der seiner Eltern ab.

§§

**Welche Einkünfte werden berücksichtigt?**

Die Eltern sind nach § 1603 Abs. 1 BGB nur in dem Umfang unterhaltsverpflichtet, in dem sie auch leistungsfähig sind. Das setzt voraus, dass die Eltern unter Berücksichtigung ihrer sonstigen Verpflichtungen und ohne Gefährdung ihres eigenen angemessenen Unterhalts in der Lage sind, den Kindesunterhalt zu zahlen. Die Leistungsfähigkeit errechnet sich aus den tatsächlichen und den möglichen Einkünften. Der Unterhaltspflichtige hat seine tatsächlichen Einkünfte bis zur Grenze des angemessenen Selbstbehalts zu verwenden. Sofern die vorhandenen Geldmittel nicht ausreichen, trifft ihn besonders beim Kindesunterhalt die Verpflichtung, seine Arbeitskraft so effizient wie möglich einzusetzen. Moralische Kriterien spielen bei der Anrechnung des Einkommens keine Rolle. So werden etwa auch Einkünfte aus Prostitution, Schwarzarbeit oder Spekulation berücksichtigt. Auch ersparte Wohnkosten erhöhen die unterhaltsrechtliche Leistungsfähigkeit ebenso wie Zinsen aus einer möglichen Geldanlage oder ein nur fiktiver Verdienst aus einer zumutbaren Erwerbstätigkeit. Nicht zum Einkommen zählen dagegen das Hausgeld des Strafgefangenen, die Arbeitnehmersparzulage sowie freiwillige Leistungen Dritter, auf die kein Rechtsanspruch besteht und die nicht der Entlastung des Unterhaltsverpflichteten dienen sollen.

✓

**Entscheidungserhebliche Kriterien**

Die Leistungsfähigkeit des Unterhaltspflichtigen wird von vier Faktoren beeinflusst:

- Höhe der tatsächlichen Einkünfte
- Gesteigerte Erwerbsobliegenheit
- Zulässige Abzüge von den Einkünften
- Selbstbehalt

## 1. Tatsächliche Einkünfte des Unterhaltspflichtigen

In der Praxis sind die folgenden tatsächlichen Einkünfte unterhaltsrechtlich besonders relevant:

### a) Arbeitseinkünfte von Arbeitern und Angestellten

**Durchschnittliches Jahreseinkommen**

Das Einkommen aus unselbständiger Arbeit wird durch das durchschnittliche monatliche Nettoeinkommen nach den Bezügen des letzten vollen Kalenderjahres bestimmt. Jährlich einmalig gezahlte Sonderzuwendungen wie etwa Weihnachts-

und Urlaubsgeld werden anteilig auf alle zwölf Monate umgelegt. Erhält der Unterhaltspflichtige im laufenden Kalenderjahr eine Steuerrückerstattung, so erhöht auch diese, umgerechnet auf zwölf Monate, sein unterhaltsrechtlich relevantes Einkommen.

**Wie werden Überstunden berücksichtigt?**

Überstundenvergütungen werden üblicherweise dem Einkommen voll zugerechnet, soweit sie berufstypisch sind und das im Beruf des Unterhaltspflichtigen übliche Maß nicht überschreiten. Das gilt auch für Schicht-, Sonntags-, Feiertags- und Nachtarbeitszuschläge. Bei Berufskraftfahrern können sogar Überstunden bis zu 25 % der normalen Arbeitszeit als berufstypisch beurteilt werden, was zur Folge hat, dass sie zu 100 % anzusetzen sind (OLG Hamm FamRZ 2000, S. 605).

Erhält der Arbeitnehmer zusätzliche Sachbezüge wie verbilligtes oder freies Wohnen, Einkaufs- und Sonderrabatte oder einen Dienstwagen, sind diese Leistungen als Einkommen zu bewerten.

Auch der Ersatz für Spesen und Reisekosten sowie Auslösungen gelten als Einkommen. 1/3 der Aufwendungspauschalen werden als unterhaltsrechtliches Einkommen gewertet.

**Berücksichtigung von einmaligen Leistungen des Arbeitgebers**

Einmalige Leistungen, etwa Abfindungen nach Ausscheiden aus dem Arbeitsverhältnis, Gratifikationen oder Jubiliäumszuwendungen, werden auf einen angemessenen Zeitraum verteilt. Die Dauer des Umlagezeitraumes ist entscheidend für den Anteil, um den sich das Einkommen des Unterhaltspflichtigen in diesem Zeitraum erhöht. Die Angemessenheit bestimmt sich nach dem Zweck der einmaligen Zahlung, so soll etwa die Abfindung auch dazu dienen, die Einkünfte des Arbeitnehmers bis zur Aufnahme einer anderen Tätigkeit sicherzustellen. Unterhaltsrechtlich wird die Abfindung bei Beendigung des Arbeitsverhältnisses zumindest auf den voraussichtlichen Zeitraum des Bezuges von Arbeitslosengeld, etwa 12 bis 18 Monate nach Beendigung des Arbeitsverhältnisses, umgelegt.

**Kranken- oder Arbeitslosengeld**

Berücksichtigt werden auch die Zeiten der Arbeitsunfähigkeit infolge Krankheit oder Arbeitslosigkeit. Hat der Arbeitnehmer in diesem Zeitraum Sozialleistungen wie Kranken- oder Arbeitslosengeld bezogen, haben diese Lohnersatzfunktion und werden daher bei der Ermittlung des relevanten Einkommens angerechnet.

**Wie wird die Steuerlast berücksichtigt?**

Die Steuerbelastung des Unterhaltsverpflichteten wird nach der für den zukünftigen Unterhaltszeitraum maßgebenden Steuerklasse ermittelt. Bei Unterhaltszahlungen in dem Jahr nach der Trennung der Ehegatten ist die erhöhte Steuerbelastung durch die Veranlagung nach der Steuerklasse I zu berücksichtigen.

**Taschengeld des Ehegatten ist auch Einkommen**

Das Taschengeld, dass der nicht erwerbstätige oder lediglich hinzuverdienende Ehegatte erhält, ist ebenfalls für Unterhaltszwecke zu verwenden, soweit der Eigenbedarf des Unterhaltspflichtigen gewahrt bleibt. Wird der Lebensbedarf des unterhaltsverpflichteten Elternteils in der neuen Ehe ausreichend durch den Familienunterhalt gedeckt, so ist das Taschengeld des neu verheirateten Elternteils bei der gesteigerten Unterhaltspflicht gegenüber minderjährigen Kindern als Einkommen einzusetzen. Das Taschengeld wird in der Regel mit 5-7 % des Nettoeinkommens des anderen Ehegatten berechnet.

### b) Einkünfte von Selbstständigen oder Gewerbetreibenden

**Einkommensermittlung bei Selbstständigen**

Komplizierter ist die Einkommensermittlung bei Selbstständigen, Gewerbetreibenden und bei Einkommen aus Land- und Forstwirtschaft. Grundlage hierfür ist der Gewinn, d.h. der Betrag, um die die Betriebseinnahmen die Ausgaben des Betriebs übersteigen. Durch Betriebsinvestitionen, Abschreibungen auf vorhandenes Betriebsvermögen oder Immobilien kann der Unterhaltspflichtige seinen Gewinn erheblich reduzieren. Auch Teile des privaten Verbrauchs wie Auto oder Reisen lassen sich steuerlich geltend machen. Um zu ermitteln, wieviel der Zahlungspflichtige wirklich aufbringen kann, muss der andere Elternteil oder dessen Rechtsanwalt sich mit Gewinn- und Verlustrechnungen, Bilanzen, Steuerbescheiden und Steuererklärungen befassen. Häufig ist eine abschließende Klärung des unterhaltsrechtlich relevanten Einkommens nur durch Einschaltung eines Steuerberaters möglich.

**Tipp**

**Rat eines Steuerberaters erforderlich**

**Privatentnahmen der Selbstständigen**

Wegen der zumeist stark schwankenden Einkünfte von Gewerbetreibenden und Selbstständigen wird der Durchschnitt der Einkünfte in den letzten vergangenen drei Jahren zugrunde gelegt. Die Privatentnahmen stellen kein Einkommen im unterhaltsrechtlichen Sinne dar, sondern sind lediglich ein Anhaltspunkt für die tatsächlichen Lebensverhältnisse.

## c) Einkünfte aus Vermögen

**Miet- und Pachteinnahmen**

Erzielt der Unterhaltspflichtige *Miet- und Pachteinnahmen* aus seinem Mietobjekt, so sind diese dem unterhaltsrechtlich relevanten Einkommen zuzurechnen. Vorab sind die notwendigen Aufwendungen auf die Immobilie, etwa zu zahlende Kredit- und Finanzierungskosten oder notwendige Instandhaltungsarbeiten, abzuziehen. Die weiteren Hauslasten werden zumeist anteilig von den Mietern als Nebenkosten getragen. Der allgemeine Werteverzehr (Abschreibungen für Gebäudenutzungen) ist dagegen kein Abzugsposten. Der pauschalen Anrechnung eines Verschleißes liegt zumeist keine Wertminderung in demselben Ausmaß zugrunde.

**Wie wird das Eigenheim berücksichtigt?**

Nutzt der Unterhaltspflichtige sein Eigenheim selber, ist der Vorteil des mietfreien Wohnens geldwert. Grundsätzlich bemisst sich dieser *Wohnwert* nach dem objektiven Mietzins. Eine Ausnahme gilt für die Zeit der Trennung der Ehegatten. Nach dem Auszug eines Ehegatten aus der vorher gemeinsam genutzten Wohnung, kann der verbleibende Ehegatte den vollen Wohnwert nicht nutzen. Es handelt sich um »totes Kapital«. Erst mit der Scheidung steht fest, dass die Ehe endgültig gescheitert ist. Während der Trennungszeit besteht die, wenn auch nur geringe Wahrscheinlichkeit der Versöhnung und der Wiederherstellung der ehelichen Lebensgemeinschaft. Eine Verpflichtung des unterhaltspflichtigen Ehegatten, das Haus zu verkaufen oder zu vermieten besteht daher erst nach der Rechtskraft des Scheidungsurteils. Bis dahin wird dem in der Wohnung verbleibenden Ehegatten der subjektive Nutzungsvorteil als Einkommen angerechnet. Dafür ist der Betrag anzusetzen, den der Ehegatte auf dem örtlichen Wohnungsmarkt für die Anmietung einer den ehelichen Lebensverhältnissen angemessenen kleineren Wohnung aufwenden müsste. Im Verhältnis zu den Kosten der allgemeinen Lebensführung wird von dem Erfahrungswert ausgegangen, dass etwa 1/5 bis

**Höhe des Wohnvorteils**

höchstens 1/3 des Einkommens für den Wohnbedarf ausgegeben wird. Entscheidend sind die Einzelumstände und vor allem die Preise auf dem regionalen Wohnungsmarkt.

**Welche Belastungen sind vorweg abzuziehen?**

Von dem möglichen Wohnwert sind die Schulden und verbrauchsunabhängigen Lasten wie Grundsteuern, Gebäudehaftpflichtversicherung und notwendige Instandhaltungskosten abzuziehen. Für den Zeitraum der Trennung ist der verbleibende Ehegatte berechtigt, die für die Tilgung aufgewandten Zahlungen im Rahmen eines angemessenen Tilgungsplan abzuziehen. Das gilt nicht mehr für den nachehelichen Unterhalt, da sich der Ehegatte für die Vermögensbildung des anderen Ehegatten nicht mehr zu beschränken hat.

**Zinseinkünfte**

Weitere Vermögenserträge sind die Zinsen aus Kapitalvermögen gleich welcher Herkunft und Einkünfte aus Kapitalbeteiligungen an Gesellschaften. Der Unterhaltsverpflichtete ist gehalten, sein Vermögen ertragsgünstig anzulegen. Eine niedrigverzinsliche, jederzeit verfügbare Anlage ist nur für den »Notgroschen« von bis zu 10.000 € zulässig (OLG Hamm FamRZ 1999, S. 917).

**Verwertung des Vermögensstamms**

Besonderes Gewicht erhält die Frage, ob der Vermögensstamm zur Deckung des Unterhalts der Berechtigten angegriffen werden muss. Während der Trennungszeit haben die Ehegatten noch keine Verpflichtung, ihr Vermögen zu verwerten. Bis zur Ehescheidung sollen die wirtschaftlichen Grundlagen der Ehe aufrecht erhalten werden. Die Ehegatten tragen noch füreinander Verantwortung, und es soll offen gehalten werden, ob die Ehegatten zur ehelichen Gemeinschaft zurückfinden. Das ändert sich nach der Ehescheidung. Der unterhaltspflichtige Ex-Ehegatte kann die Verwertung seines Vermögens nur dann verweigern, wenn diese unwirtschaftlich ist oder unter Berücksichtigung der beiderseitigen Verhältnisse unbillig wäre, § 1581 BGB. Mit der Ehescheidung entfällt das Interesse an der Erhaltung der wirtschaftlichen Grundlagen der Ehe. Eine Verwertung zur Finanzierung des erhöhten Unterhaltsbedarfs beider Ex-Gatten ist daher eher zumutbar, wenn eigene Belange an Altersvorsorge und Risikoschutz gewahrt bleiben.

Zur Zahlung von Kindesunterhalt haben die Eltern nach § 1603 BGB alle verfügbaren Mittel einzusetzen. Allerdings gelten hier die folgenden Einschränkungen:

- das Vermögen wird für die Sicherung des eigenen angemessenen Unterhalts, etwa ein selbst genutztes Eigenheim verwandt.
- das Vermögen dient der Sicherung der Altersvorsorge (vermietete Eigentumswohnung, die für die eigene Altersvorsorge nötig ist).

**Verkauf des Familienheims**

Bei der Verwertung des Vermögens ist im Einzelfall abzuwägen, ob die kurzfristige Verfügbarkeit von Geldmitteln im Verhältnis zu den wirtschaftlichen Nachteilen steht, etwa beim Verkauf von Aktiendepots oder einer Immobilie bei ungünstiger Marktlage. Die Veräußerung des Familienheims kann in der Regel nicht verlangt werden, weil es den Wohnbedarf deckt und den ansonsten notwendig werdenden Mietaufwand erspart. Erzielt der Unterhaltspflichtige aus dem Vermögen laufende Erträge, so ist die Verwertung des Vermögens unter Umständen wirtschaftlich nicht vertretbar. Dem Pflichtigen muss jedoch immer der Eigenbedarf bleiben, der ihm auch künftig seinen eigenen Unterhalt sichert und zwar für die Dauer seiner voraussichtlichen Lebenserwartung.

**Vermögen muss bestmöglich genutzt werden**

Verfügt der Pflichtige dagegen über Vermögen, so hat er es zur Steigerung seiner Einkünfte auch einzusetzen. Er ist etwa gehalten, sein luxuriöses Haus zu vermieten und eine weniger kostspielige Wohnung anzumieten (BGH FamRZ 1988, S. 145), seine leer stehenden Ferienwohnungen zu vermieten, ererbte Baugrundstücke oder einzelne Grundstücke eines landwirtschaftlichen Anwesens zu veräußern (BGH FamRZ 1988, S. 159) oder seine Barmittel möglichst nutzbringend anzulegen. Nutzt oder verwertet der Unterhaltspflichtige sein Vermögen dennoch nicht, so wird er unterhaltsrechtlich so behandelt, als ob er über die daraus erzielbaren Finanzmittel verfügt.

## d) Pensionen oder Renten

**Kein Abzug von berufsbedingten Aufwendungen und kein Bonus für Erwerbstätige**

Rentenzahlungen sind, gleich welcher Zweckbestimmung, unterhaltsrechtlich relevantes Einkommen. Da die Bezüge nicht durch eine Erwerbstätigkeit erzielt werden, erfolgt auch keine Kürzung um die berufsbedingten Aufwendungen (5 % pauschal). Hat der Rentner einen konkreten Mehraufwand infolge einer Beeinträchtigung, etwa Kosten der Haltung eines Kraftfahrzeugs, so sind diese je nach Erforderlichkeit einkommensmindernd zu berücksichtigen.

**z.B.**

Einzelne Bezüge und Renten, die als Einkommen gewertet werden:

- Altersruhegelder, Pensionen
- Ruhestandsgehälter jeder Art und laufende Einkünfte aus privaten Versicherungen
- Waisen- und Halbwaisenrente
- Erwerbsunfähigkeitsrente
- Verletztenrente aus der gesetzlichen Unfallversicherung
- Schwerstbeschädigten- und Pflegezulage.

**Einbeziehung weiterer Einkünfte des Rentners**

Der Hinzuverdienst des Rentners bleibt anrechnungsfrei. Nach dem Erreichen des 65. Lebensjahres entfällt eine Erwerbsobliegenheit, auch bei Leistung von Kindesunterhalt. In Einzelfällen, etwa bei Selbstständigen, die häufig über das reguläre Ruhestandsalter hinaus erwerbstätig sind, und bei besonders engen finanziellen Verhältnissen erfolgt eine gründlichere Überprüfung.

## e) Sozialstaatliche Zuwendungen

**Zweck der Kindergeldzahlung**

Die häufigste Form ist der Bezug von Kindergeld. Die Zahlung von Kindergeld bezweckt familienpolitisch eine Begünstigung der Familie durch finanzielle Unterstützung der Familiengemeinschaft. Sie dient nicht der Finanzierung des Lebensbedarfs der Eltern und handelt sich daher nicht um Einkommen der Eltern. Anders ist es bei kindbezogenen Einkommensbestandteilen wie erhöhtem Ortszuschlag.

Die Zahlung von Erziehungsgeld für die persönliche Betreuung eines neugeborenen Kindes in den ersten Lebensmonaten bleibt auf Seiten des betreuenden Elternteils unberücksichtigt.

§ 9 BErzGG bestimmt, dass »Unterhaltsverpflichtungen durch die Gewährung von Erziehungsgeld nicht berührt« werden.

§§

**Pflegegeld**

Das Pflegegeld, das an den Pflegenden weitergeleitet wird, ist kein Einkommen, § 13 Abs. 6 SGB XI. Mit der sozialstaatlichen Leistung soll die häusliche Pflege durch Personen, die dem Pflegebedürftigen nahe stehen oder zur Nachbarschaft gehören, gefördert werden. Das Pflegegeld deckt nur zum Teil den Pflegebedarf, es ist zur Erhaltung der Pflegebereitschaft auch eines Angehörigen bestimmt und verfolgt damit den sozialpolitischen Zweck der Entlastung der Heime. Eine Ausnahme von der Anrechnungsfreiheit gilt bei Unterhaltsverpflichtungen gegenüber minderjährigen Kindern, § 1603 Abs. 2 BGB. Kann der Mindestbedarf der Kinder aus sonstigen Einkünften des Unterhaltspflichtigen nicht gedeckt werden, so hat auch der Pflegende den Einkommensanteil des Pflegegeldes für den Unterhaltsbedarf der minderjährigen Kinder einzusetzen. Ob und in welcher Höhe das Pflegegeld für die Versorgung bereits aufgebracht wurde oder für die Vergütung zur Verfügung steht, muss im einzelnen ermittelt werden.

Erhält die pflegebedürftige Person die Sozialleistungen für den eigenen Nutzen, so ist nach dem Grundsatz des § 1610 a BGB im Zweifel davon auszugehen, dass das Pflegegeld durch den benötigten Mehraufwand aufgezehrt wird. Dies gilt gleichermaßen bei der Leistung von Blindengeld.

Die Leistungen nach dem Bundesausbildungsförderungsgesetz (BAföG) sind als Einkommen anzurechnen, wenn sie als Regelleistungen gewährt werden. Dies gilt auch, wenn die Förderung als Darlehn gewährt wird (BGH NJW-RR 1986, S. 1262).

## f) Zuwendungen eines Dritten

**Freiwillige Zahlungen oder mietfreies Wohnen bei den Eltern**

Der Lebensstandard des Unterhaltspflichtigen wird nicht nur durch Einkünfte sondern zum Teil auch durch freiwillige Zuwendungen von Dritten – wie etwa der Großeltern – finanziert. Diese können in Bar- und Sachleistungen liegen, etwa bei mietfreiem Wohnen im Haus der Eltern oder bei nachweislich monatlichen Unterstützungsleistungen von nahen Angehörigen. Solche Zuwendungen werden losgelöst von einer rechtlichen Verpflichtung erbracht und können daher jederzeit wieder zurückgezogen werden. Zudem beabsichtigt der Schenkende nicht das Ziel, den Unterhaltspflichtigen zu entlasten. Vielmehr soll die finanzielle Situation des eigenen Familienangehörigen durch die weiteren Leistungen besser gestellt werden.

§§

**Einkünfte aus der nichtehelichen Lebensgemeinschaft**

Anders zu bewerten sind die Zuwendungen innerhalb einer nichtehelichen Lebensgemeinschaft. Erbringen und empfangen die beiden Partner gegenseitig Versorgungsleistungen wie mietfreies Wohnen, Haushaltstätigkeit und gemeinsame Urlaube, sind ihre Zuwendungen nicht mehr als »unentgeltlich« anzusehen. Es muss sich um solche Leistungen handeln, für die der neue Partner ansonsten fremde Hilfe in Anspruch nehmen und vergüten müsste. Das gilt sowohl für die häuslichen Instandhaltungs- und Pflegearbeiten in der Wohnung als auch für die Haushaltsführung und das Waschen der Wäsche. Die unterhaltsberechtigte Ex-Ehefrau hat sich – bei Bestehen einer solchen nichtehelichen Lebensgemeinschaft – Einkünfte von 300 € bis zu 500 € monatlich anrechnen zu lassen. Die Höhe hängt von dem Umfang der Versorgungsleistungen und der Leistungsfähigkeit des nichtehelichen Lebensgefährten ab.

## 2. Fiktive Einkünfte aus zumutbarer Tätigkeit

**Erwerbsobliegenheit = Einsatz aller Kräfte und Mittel, um Einkommen zu erzielen**

Gemäß § 1603 Abs. 2 BGB sind die Eltern ihren minderjährigen Kindern gegenüber verpflichtet, alle verfügbaren Mittel zu ihrem und der Kinder Unterhalt gleichmäßig zu verwenden. Diese gesteigerte Unterhaltspflicht zum Einsatz aller tatsächlichen oder erzielbaren Mittel beruht auf der besonderen Verantwortung der Eltern für ihre minderjährigen Kinder. Sofern die Kindsmutter die Kinder betreut, gilt die gesteigerte Erwerbsobliegenheit des unterhaltsverpflichteten Vaters auch für den Anspruch des betreuenden Elternteils auf Ehegattenunterhalt. Die Erwerbsobliegenheit verlangt von den Eltern einen besonderen Einsatz ihrer Arbeitskraft, der auch einen Ortswechsel oder die Aufnahme einer anderen höher bezahlten beruflichen Tätigkeit vorsieht. Zu den »verfügbaren Mitteln« gehören aber auch diejenigen, die die Eltern sich mit einem zumutbaren Aufwand verschaffen können. Bei Arbeitslosigkeit ist der zahlungspflichtige Elternteil verpflichtet, über die Meldung beim Arbeitsamt hinaus Bemühungen mit dem Umfang einer vollschichtigen Tätigkeit zu entfalten, um wieder eine Arbeit zu finden. Hat der Unterhaltsverpflichtete erhebliche Schulden zu begleichen, stellt sich die Frage nach zumutbaren Überstunden oder einem weiteren Gelegenheitsjob, um das Einkommen zu steigern. Kommt der Unterhaltspflichtige diesen Anforderungen an seine Erwerbspflicht nicht nach, wird er so behandelt, als ob die erzielbaren Einkünfte tatsächlich vorliegen. Es ist ein sogenanntes fiktives Einkommen anzusetzen.

**Nachweis der Bemühungen um einen Arbeitsplatz**

Bei *Arbeitslosigkeit* obliegt dem unterhaltspflichtigen Elternteil, sich über die Meldung beim Arbeitsamt hinaus selbständig um einen volle Arbeitsstelle zu bemühen. Die Meldung beim Arbeitsamt ist erforderlich, aber keineswegs ausreichend. Von dem arbeitslosen Unterhaltsverpflichteten werden intensive und konkrete Eigenbemühungen erwartet. Die Anforderungen an die Intensität der Arbeitssuche sind abhängig von den objektiven Erwerbsmöglichkeiten. Sofern der Elternteil auf Kindesunterhalt in Höhe des geringsten Regelbetrages (Mindestbetrag) in Anspruch genommen wird, haben die Arbeitsbemühungen den Umfang einer vollschichtigen Erwerbstätigkeit zu entsprechen (OLG Hamm FamRZ 1994, S. 1115). Im Einzelfall werden bis zu 30 schriftliche Bewerbungen im Monat für erforderlich gehalten (OLG Naumburg FamRZ 1997, S. 311). Führt die länger andauernde Arbeitssuche nicht zum Erfolg, kann dem Unterhaltsverpflichteten zugemutet werden, seinen Beruf oder den Wohnort zu wechseln. An den vom Arbeitsamt angebotenen Umschulungen und Trainingsmaßnahmen hat er teilzunehmen.

**»Verantwortungsloses oder zumindest leichtfertiges Handeln«**

Berufliche Veränderungen etwa Gehaltsausfälle oder Kündigungen sind dem Unterhaltspflichtigen nicht automatisch anzulasten. Für die Anrechnung fiktiver Einkünfte ist der Nachweis erforderlich, dass den Unterhaltspflichtigen der Vorwurf eines verantwortungslosen, zumindest leichtfertigen Handelns trifft. Es muss ihm bewusst sein, dass sich wegen dieses Fehlverhalten, seine Leistungsfähigkeit reduzieren könnte.

**Einzelfälle**

Fiktive Einkünfte werden zugerechnet bei
- Wechsel des Arbeitsplatzes, um eine neue Partnerschaft zu festigen (KG FamRZ 1997, S. 627),
- Aufgabe des Arbeitsplatzes ohne konkrete Aussicht auf Neueinstellung (OLG Hamm FamRZ 1997, S. 357),

- Unterlassung einer Kündigungsschutzklage bei offensichtlich unrechtmäßiger Kündigung (BGH FamRZ 1994, S. 372),
- Rollenwechsel mit Übernahme der Haushaltsführung und Kinderbetreuung, wenn die neue Lebenspartnerin ein weitaus geringeres Einkommen als der Unterhaltspflichtige erzielt.

**Wechsel zur Selbstständigkeit**

Die Aufgabe des festen Angestelltenverhältnisses zugunsten einer selbständigen Existenz führt nicht schon wegen einer damit verbundenen unterhaltsrechtlichen Einkommensunsicherheit zu fiktiven Einkünften. Der Unterhaltspflichtige hat jedoch zumindest für die ersten zwei Jahre der freiberuflichen Existenz die Unterhaltszahlungen aus angesparten Rücklagen zu zahlen.

**Vorzeitige Beendigung des Arbeitsverhältnisses**

Bei Vorruhestandsvereinbarungen ist entscheidend, ob ein vorzeitiges Ausscheiden aus dem Arbeitsverhältnis gerechtfertigt war. Grundsätzlich besteht eine Erwerbsverpflichtung bis zum 65. Lebensjahr. Wenn der Arbeitnehmer keine nachvollziehbaren und schwerwiegenden Gründe für die vorzeitige Beendigung des Arbeitsverhältnisses benennen kann und der Arbeitgeber auch kein Recht zur Kündigung hatte, muss ein Verstoß gegen die unterhaltsrechtliche Erwerbsobliegenheit angenommen werden.

## 3. Einkünfte aus unzumutbarer Tätigkeit

**Hälftige Anrechnung der Einkünfte**

Erzielt der Unterhaltsberechtigte Einkünfte, obwohl er nicht arbeiten müsste, stellt sich die Frage, ob diese zusätzlichen Geldmittel im vollen Umfang auf den Unterhaltsanspruch angerechnet werden. Begünstigt durch den nicht geschuldeten Arbeitseinsatz würde letztlich der Unterhaltsverpflichtete. In der Praxis stellt sich die Problematik häufig bei Einkünften von getrennt lebenden Ehegatten, die wegen der Betreuung kleinerer Kinder dazu nicht verpflichtet wären. Das Gesetz ist bei der Lösung mit der Regelung des § 1577 BGB nicht besonders hilfreich. In der Rechtsprechung findet sich folgende Faustregel: dem Unterhaltsberechtigten werden die Hälfte der nach Abzug von berufsbedingten Aufwendungen verbleibenden Einkünfte anrechnungsfrei belassen. Entscheidend für die

Frage der Zumutbarkeit bleiben daher die Umstände des Einzelfalls.

## 4. Unterhaltsrechtlich zulässige Abzüge

Häufiger Streitpunkt bei der Berechnung des unterhaltsrechtlich relevanten Einkommens sind die zulässigen Abzüge. Sie können in drei Bereiche eingeteilt werden:

- Vorsorgeaufwendungen
- berufsbedingte Aufwendungen
- Aufwendungen für sonstige Verbindlichkeiten

**Aufwendungen zur Daseinsvorsorge abziehbar**

Die Aufwendungen für die Kranken- und Pflegevorsorge, einer privaten wie gesetzlichen Versicherung, sind notwendiger Bestandteil der Daseinsvorsorge. Eine private Unfallversicherung ist dagegen grundsätzlich nicht notwendig und daher vom allgemeinen Selbstbehalt zu zahlen. Vorsorgeaufwendungen für die Altersvorsorge werden einkommensmindernd berücksichtigt, soweit sie nicht allein der Kapitalbildung dienen. Soweit die Zahlungen für die Lebensversicherung bereits während der Ehe vom Einkommen des Pflichtigen erfolgten, sind sie im Rahmen des Angemessenen vom Nettoeinkommen abzuziehen. Die gesetzlichen Sozialabgaben wie die Arbeitslosenversicherung werden uneingeschränkt berücksichtigt.

In der nachfolgenden Zusammenstellung werden in alphabetischer Reihenfolge einige der häufigsten Abzugspositionen aufgelistet:

**Abschreibungen bei Einkommen Selbstständiger**

Abschreibungen sind steuerliche Absetzungen für den Verschleiß von Gegenständen des Anlagevermögens. Sie sind unterhaltsrechtlich nur anzuerkennen, wenn sie mit einer tatsächlichen Reduzierung der für den Lebensbedarf zur Verfügung stehenden Geldmittel verbunden sind. Unterhaltsrechtlich wird nur die nachweisbare Wertminderung nicht die steuerlich zulässige pauschale Absetzung berücksichtigt (BGH FamRZ 1998, S. 357).

**Arbeitsmittel**

Kosten für Arbeitsmittel (Arbeitskleidung, Arbeitsmittel) sind in tatsächlicher Höhe vom Einkommen grundsätzlich abzugsfähig; Kosten für Fachliteratur, Werkzeuge und berufsbedingte

Gegenstände wenn sie nicht vom Arbeitgeber gestellt werden und für die Berufsausübung notwendig sind.

Raten zur BAföG-Rückzahlung eines BAföG-Darlehens sind abzuziehen (BGH FamRZ 1985, S. 916).

**Berufsbedingte Aufwendungen**

Der berufsbedingte Aufwand, der notwendigerweise mit der Erwerbstätigkeit verbunden ist, kann unter Berücksichtigung eventueller Eigenersparnis vorab vom Einkommen abgezogen werden. Der Aufwand wird zum Teil pauschal zusätzlich zum Erwerbstätigenbonus mit einem Abzug von 5 % des Nettoeinkommens für berufsbedingte Aufwendungen berücksichtigt. In anderen Gerichtsbezirken wird nur ein konkret dargelegter und nachgewiesener Berufsaufwand einkommensmindernd abgezogen (vgl. dazu die Tabelle 1 S. 52 ff.).

Beiträge zu Berufsverbänden, auch Gewerkschaftsbeiträge sind grundsätzlich abziehbar.

**Büro- und Betriebsmaterial**

Kosten für Büro- und Betriebsmaterial sind als Arbeitsmittel absetzbar (KG FamRZ 1979, S. 66).

**Diät**

Kosten für eine Diät können abzugsfähig sein, wenn der Mehraufwand gegenüber der Normalkost medizinisch erforderlich ist und nachgewiesen wird (OLG Schleswig OLG-Report 1996, S. 201).

Kosten für Fachliteratur sind als Arbeitsmittel abzugsfähig (OLG Frankfurt FamRZ 1977, S. 800).

**Bei hohen Fahrtkosten u.U. sogar Umzug zumutbar**

Notwendige Fahrtkosten zur Arbeitsstelle oder für berufsbedingte Reisen sind abzugsfähig, wenn sie nicht vom Arbeitgeber erstattet werden. An die Notwendigkeit der Kosten für einen PKW werden in der Regel strenge Anforderungen gestellt. Überprüft wird, ob die Benutzung öffentlicher Verkehrsmittel zumutbar ist. Für die Höhe der abzusetzenden PKW Kosten werden in der Praxis Kilometerpauschalen angewandt, die sämtliche Fahrzeugkosten auch die Anschaffungskosten enthalten. Sind die geltend gemachten Fahrtkosten außergewöhnlich hoch, ist unter Umständen sogar ein Wechsel des Wohnortes zumutbar (BGH FamRZ 1998, S. 1501). Die Unterhaltsleitlinien der Oberlandesgerichte sehen eine differenzierte Regelung der Fahrtkostenerstattung vor (vgl. dazu die Tabelle 1 S. 52 ff.).

**Fortbildungskosten**

Fortbildungskosten sind in angemessener Höhe absetzbar, wenn sie beruflich erforderlich oder nützlich sind. Weiterbildungskosten müssen in der Regel hinter den Unterhaltsansprüchen Berechtigter zurückstehen. Kosten der Umschulung sind abzugsfähig (OLG Hamm FamRZ 1998, S. 561).

Gewerkschaftsbeiträge sind grundsätzlich abziehbar; sie gehören zu den Beiträgen zu Berufsverbänden.

Kosten einer Haftpflicht- und Unfallversicherung gehören zum allgemeinen Lebensbedarf und sind daher nicht abzugsfähig.

**Kosten der Errichtung und Unterhaltung des Hauses**

Bei Einkommen aus Vermietung und Verpachtung sind die verbrauchsunabhängigen Nebenkosten und Hypothekenzinsen abzuziehen. Das gilt auch für Reparaturen und Rücklagen bei notwendigen Hausinstandsetzungen. Nicht absetzbar ist der Tilgungsanteil der Darlehnsraten wie auch die Steuerersparnis infolge von Verlusten bei Vermietung und Verpachtung.

Bei der Eigennutzung sind nach der Ehescheidung der Zinsanteil der Schuldentilgung und die verbrauchsunabhängigen Kosten abzugsfähig.

**Haushaltshilfe**

Kosten einer Haushaltshilfe sind nur abzugsfähig, wenn sie krankheitsbedingt notwendig sind (BGH FamRZ 1984, S. 151).

Aufwendungen wie Kreditkosten für die Anschaffung von Hausrat können unterhaltsrechtlich berücksichtigt werden, wenn sie als trennungsbedingter Mehrbedarf konkret belegt werden (BGH FamRZ 1998, S. 1501).

**Hausrat-, private Haftpflicht- und Rechtsschutzversicherung**

Diese Versicherungen gehören nicht zur Daseinsvorsorge und sind wegen ihrer nur geringen Prämie vom allgemeinen Lebensbedarf zu zahlen (OLG Brandenburg FamRZ 1996, S. 866).

Aufwendungen für Kindesunterhalt sind beim Ehegattenunterhalt vorab in Höhe des Tabellenbetrages abzuziehen (BGH NJW 1986, S. 985).

**Krankheitsbedingter Sonderaufwand** Unvermeidbarer Mehraufwand für konkret nachgewiesene, ärztlich als notwendig bestätigte, den allgemeinen Lebensbedarf übersteigende Kosten für Heilung oder Besserung einer Krankheit können einkommensmindernd berücksichtigt werden.

Ist eine Kur ärztlich verschrieben und sind die Kosten von der Krankenversicherung nicht gedeckt, ist der Mehrbedarf abzugsfähig (AG Bochum FamRZ 1991, S. 1092).

**Lebenshaltungskosten** Die allgemeinen Lebenshaltungskosten etwa TV-Anschaffung, Konsumkredite für Möbel, Pkw und anderen Hausrat, Spielschulden, Sparverträge oder Lebensversicherungen bei rentenversicherungspflichtigen Arbeitnehmern, Steuerberaterhonorar, Vereinsbeiträge, Zeitungsabonnements etc. sind nicht abzugsfähig.

**Lebensversicherung** Die Kosten einer Lebensversicherung zwecks Kapitalbildung sind keine abzugsfähigen Vorsorgeaufwendungen, wenn sie der Vermögensbildung dienen und die Altersvorsorge anderweitig gesichert ist (BGH NJW 1980, S. 770). Sind die Prämien durch eine freiwillige Altersvorsorge veranlasst, können diese im Einzelfall berücksichtigt werden, wenn keine Absicherung durch eine gesetzliche Versicherung besteht (OLG Zweibrücken NJW 1992, S. 1902).

**Prozesskostenhilferaten** Prozesskostenhilferaten sind – jedenfalls beim Kindesunterhalt – grundsätzlich nicht abziehbar (OLG Stuttgart FamRZ 1994, S. 1403). Beim Ehegattenunterhalt können notwendige Anwalts- und Gerichtskosten in angemessenen Raten berücksichtigt werden (OLG Karlsruhe FamRZ 1988, S. 400)

**Schulden** Die Abzugsfähigkeit von Schulden ist von einer umfassenden Interessenabwägung abhängig. Dabei sind zu berücksichtigen: Zweck der Verbindlichkeit, der Zeitpunkt und der Anlass ihrer Entstehung, die Kenntnis des Unterhaltspflichtigen von der ihn treffenden Unterhaltsbelastung bei Eingehung der Verbindlichkeit, die Möglichkeiten der Umschuldung und Streckung der Verbindlichkeit. Beruhte die Eingehung der Verbindlichkeit während der Ehe auf einer gemeinsamen Entscheidung der Ehegatten, so sind die Tilgungsraten im angemessenen Umfang zu berücksichtigen. Das gilt nicht für

Verbindlichkeiten, deren Eingehung allein der Finanzierung von Immobilien zur Vermögensbildung diente.

**Telefon- und Portokosten**

Kosten für Telefon und Porto sind als berufsbezogene Arbeitsmittel absetzbar (KG FamRZ 1979, S. 66); nicht jedoch, wenn es sich um allgemeinen Lebensbedarf für private Telefonate und Briefe handelt.

Die Kosten für die Ausübung des Umgangsrechts mit den gemeinsamen Kindern können nur in eng begrenzten Ausnahmefällen berücksichtigt werden, wenn sie den Umgangsberechtigten schlechthin unzumutbar belasten (BGH NJW 1995, S. 717).

**Vermögensbildung**

Vermögensbildung gleich welcher Art ist grundsätzlich keine einkommensmindernde Aufwendung, denn die dafür aufgewendeten Mittel sind dem Einkommen des Unterhaltsverpflichteten nicht verloren, sondern nur in anderer Form angelegt. Handelt es sich um Investitionen zur Befriedigung der notwendigen Lebensbedürfnisse – etwa Hausbau – kommt eine Berücksichtigung der Aufwendungen in Betracht, wenn der Nutzungsvorteil als Einkommen eingestellt wird. Ausnahmsweise kommt ein Abzug im Rahmen des Ehegattenunterhalts in Betracht, wenn die Aufwendungen zu Ehezeiten üblich und damit keine Einschränkungen des Lebensstandards verbunden waren (BGH NJW 1984, S. 1247).

**Vermögenswirksame Leistungen**

Die vermögenswirksamen Leistungen können dem Unterhaltsberechtigten nicht anspruchsmindernd entgegengehalten werden; abzugsfähig ist nur die vom Arbeitgeber gewährte Sparzulage (OLG Düsseldorf FamRZ 1994, S. 1049).

Die Aufwendungen der steuerlich anerkannten Werbungskosten können unterhaltsrechtlich nur nach konkreter Aufschlüsselung – mit Nachweis ihrer Erforderlichkeit – aus unterhaltsrechtlicher Sicht einkommensmindernd berücksichtigt werden.

**Zugewinnausgleich**

Schuldraten für einen Kredit zur Finanzierung des Zugewinnausgleichs sind nicht als unterhaltsrechtliche Belastung anzuerkennen (OLG Nürnberg OLG-Report 1997, S. 256).

Tabelle 1 zum Kapitel A.IV.4.

**Tipp**

**Örtliche Rechtsprechung des OLG-Bezirks beachten**

Pauschale berufsbedingte Aufwendungen und Fahrtkosten in den Unterhaltsleitlinien der Oberlandesgerichte in Deutschland

| OLG-Bezirk | Pauschale für berufsbedingte Aufwendungen zugelassen? | Monatlicher Mindest- oder Höchstbetrag angegeben? | Fahrtkostenregelung |
|---|---|---|---|
| Bamberg | ja; 5 % | keine Angaben | Angelehnt an § 9 S. 1 Nr. 1 ZSEG 0,27 € pro gefahrenem Kilometer. |
| Berlin | ja; 5 % | ja; 50 €/150 € | keine Angaben |
| Brandenburg | ja; 5 % | keine Angaben | 0,22 € pro gefahrenem Kilometer |
| Braunschweig | ja; 5 % | ja; 50 €/150 € | Angelehnt an § 9 S. 1 Nr. 2 ZSEG 0,21 € pro gefahrenem Kilometer. |
| Bremen | nein | keine Angaben | keine Angaben |
| Celle | ja; 5 % | keine Angaben | Angelehnt an § 9 S. 1 Nr. 1 ZSEG 0,27 € pro gefahrenem Kilometer. |
| Dresden | nein | keine Angaben | 0,22 € pro gefahrenem Kilometer |
| Düsseldorf | ja; 5 % | ja; 50 €/150 € | Angelehnt an § 9 S. 1 Nr. 2 ZSEG 0,21 € pro gefahrenem Kilometer. |
| Frankfurt | nein | keine Angaben | Angelehnt an § 9 S. 1 Nr. 1 ZSEG 0,27 € pro gefahrenem Kilometer; bei einfacher Entfernung über 30 km (eine Strecke) und Pkw-Nutzung an ca. 220 Tagen im Jahr Halbierung des Kilometersatzes für die Mehrkilometer. |
| Hamburg | nein | keine Angaben | keine Angaben |

| | | | |
|---|---|---|---|
| Hamm | nein | keine Angaben | 0,24 € pro gefahrenem Kilometer; bei Entfernungen über 30 km weitere Kilometer nur mit 0,09 € (bei der Mehrheit der Senate des OLG Hamm) |
| Jena | nein | keine Angaben | 0,22 € pro gefahrenem Kilometer; Entfernungen über 40 km (eine Strecke) werden in der Regel für nicht angemessen gehalten |
| Karlsruhe | ja; 5 % | keine Angaben | Angelehnt an § 9 S. 1 Nr. 1 ZSEG 0,27 € pro gefahrenem Kilometer. |
| Koblenz | ja; 5 % | ja; 50 €/150 € | Angelehnt an § 9 S. 1 Nr. 2 ZSEG 0,21 € pro gefahrenem Kilometer. |
| Köln | nein; Schätzung durch das Gericht möglich. | keine Angaben | Angelehnt an § 9 S. 1 Nr. 2 ZSEG 0,21 € pro gefahrenem Kilometer |
| München | ja; 5 % | keine Angaben | Angelehnt an § 9 S. 1 Nr. 1 ZSEG 0,27 € pro gefahrenem Kilometer. |
| Naumburg | ja; 5 % | keine Angaben | 0,22 € pro gefahrenem Kilometer (Finanzierungskosten darin nicht enthalten) |
| Nürnberg | ja; 5 % | keine Angaben | Angelehnt an § 9 S. 1 Nr. 1 ZSEG 0,27 € pro gefahrenem Kilometer. |
| Oldenburg | ja; 5 % | ja; 50 €/150 € | 0,30 € pro gefahrenem Kilometer |
| Rostock | nein | keine Angaben | 0,22 € pro gefahrenem Kilometer |
| Saarbrücken | ja; 5 % | ja; 50 €/150 € | keine Angaben |
| Schleswig | nein | keine Angaben | 0,26 € pro gefahrenem Kilometer; Fahrkosten über 15 % des Nettoeinkommens nur ausnahmsweise |

| | | | |
|---|---|---|---|
| Stuttgart | ja; 5 % | keine Angaben | Angelehnt an § 9 S. 1 Nr. 1 ZSEG 0,27 € pro gefahrenem Kilometer. |
| Zweibrücken | ja; 5 % | keine Angaben | Angelehnt an § 9 S. 1 Nr. 1 ZSEG 0,27 € pro gefahrenem Kilometer. |

Fundstellen für die vollständigen Leitlinien und Tabellen im Internet:

**Tipp**

**Aktuelle Leitlinien im Internet**

Düsseldorfer Tabelle: http://www.jm.nrw.de/webportal/pdf/euro_tabelle.pdf
Berliner Tabelle: http://www.rak-berlin.de/aktuelles/Themen/Unterhalt/Berl58.htm
OLG Hamm: http://www.olg-hamm.nrw.de/formular/hll05032002.pdf
OLG Jena (Thüringer Tabelle): http://www.thueringen.de/olg/d_utabelle2002.html
OLG Köln: http://www.olg-koeln.nrw.de/home/service/inhalte/Unterhaltsleitlinien.htm

## 5. Eigenbedarf (Selbstbehalt) des Pflichtigen

**Sicherung des eigenen Unterhaltsbedarfs des Pflichtigen**

Der Selbstbehalt ist der eigene Unterhaltsbedarf, der dem Unterhaltspflichtigen immer bleiben muss. Er muss so hoch sein, dass der Pflichtige bei Leistung von Unterhaltszahlungen nicht sozialhilfebedürftig wird. Je nach der Art des Unterhaltsanspruchs oder der unterhaltsberechtigten Person ist zwischen folgenden Selbstbehalten zu unterscheiden:

**Notwendiger Selbstbehalt**

Mindestbetrag, der den Eltern als Existenzminimum im Verhältnis zu ihren minderjährigen und volljährig privilegierten Kindern verbleiben muss.

Nach den Leitlinien des OLG Düsseldorf beträgt der notwendige Selbstbehalt

| | |
|---|---|
| Für Erwerbstätige | monatlich 840 € (Neue Bundesländer 775 €) |
| Für Nichterwerbstätige | monatlich 730 € (Neue Bundesländer 675 €) |

**Angemessener Selbstbehalt**

Der Selbstbehalt der Eltern wird entsprechend der Eigenverantwortlichkeit der volljährigen Kinder auf einen angemessenen Betrag angehoben. Dieser beträgt nach den Düsseldorfer Leitlinien

| | |
|---|---|
| Für Erwerbtätige und Nichterwerbstätige | monatlich 1000 € (Neue Bundesländer 925 €) |

Der angemessene Selbstbehalt wird ebenfalls bei den Unterhaltsforderungen der Mutter oder des Vaters des nichtehelichen Kindes angewandt.

**Erhöhung bei nachweislichen Mietkosten**

Eine Erhöhung des Eigenbedarfs ist begründet, wenn der unterhaltsverpflichtete Elternteil unvermeidbar hohe Kosten für seine Wohnung zu zahlen hat. Bei dem notwendigen Eigenbedarf ist ein Mietanteil in Höhe von 360 € , beim angemessenen Eigenbedarf ein Mietanteil bis zu 440 € berücksichtigt worden. Sind die Kosten für die Unterkunft einschließlich umlagefähiger Nebenkosten und Heizung (Warmmiete) erheblich höher, kann der Selbstbehalt angemessen erhöht werden, wenn keine preiswertere Unterkunft gefunden werden kann.

**Eheangemessener und billiger Selbstbehalt**

Gegenüber dem geschiedenen Ehegatten verbleibt dem Zahlungspflichtigen ein eheangemessener Betrag entsprechend den ehelichen Lebensverhältnissen im Sinne von § 1578 BGB. Die Höhe des Unterhalt bestimmt sich nach einer Billigkeitsprüfung, § 1581 BGB. Die Reduzierung des Unterhaltspflichtigen auf den notwendigen Selbstbehalt, um dem Ex-Ehegatten den eheprägenden Lebensstandard zu finanzieren, ist im Regelfall nicht vertretbar. Anders wird das beurteilt, wenn der geschiedene Ehegatte gemeinsame minderjährige Kinder betreut, dann wird der notwendige Selbstbehalt zugrunde gelegt.

Die Leitlinien des OLG Hamm, des OLG Celle und des Kammergerichts Berlin beziffern den billigen Selbstbehalt

| | |
|---|---|
| für Erwerbstätige und Nichterwerbstätige mit | monatlich 920 €. |

Diese Grundsätze gelten entsprechend beim Trennungsunterhalt. Zu berücksichtigen ist, dass während der Zeit des Getrenntlebens noch eine größerer Verantwortlichkeit gegenüber dem anderen Ehegatten besteht.

## V. Anrechnung des Kindergeldes auf die Unterhaltsverpflichtung

Die Höhe des Kindergeldes verändert sich fortlaufend. Zur Rückschau die Erhöhungen jeweils zum 1.1. des Jahres (Zahlbeträge in DM):

| Jahr | 1. Kind | 2. Kind | 3. Kind (ab 4. Kind) |
|---|---|---|---|
| 1979 | 50 | 80 | 200 |
| 1983 | 50 | 100 | 220 (240) |
| 1990 | 50 | 130 | 220 (240) |
| 1992 | 70 | 130 | 220 (240) |
| 1996 | 200 | 200 | 300 (350) |
| 1997 | 220 | 220 | 300 (350) |
| 1999 | 250 | 250 | 300 (350) |
| 2000 | 270 | 270 | 300 (350) |

Ab dem 1. Januar 2002 beträgt das Kindergeld monatlich:

Für das erste bis dritte Kind 154,00 €

Für das vierte und jedes weitere Kind 179,00 €

**Ausgleichsfunktion des Kindergeldes**

Das Kindergeld steht den Eltern zu und soll ihnen die Finanzierung des Lebensunterhalts des Kindes erleichtern. Familienpolitisch dient es daher dem Ausgleich für die Lasten der Familie durch die Kindererziehung. Da beide Eltern – gleich ob sie das Kind betreuen oder den Unterhalt durch Geldmittel finanzieren – gleichberechtigt sind, steht ihnen das Kindergeld auch zu gleichen Teilen zu. Das Kindergeld ist daher nicht Einkommen des unterhaltsverpflichteten Elternteils.

**Hälftige Anrechnung des Kindergeldes beim Unterhaltsanspruch**

Wenn ein Elternteil das Kindergeld bezieht, erfolgt bei der Unterhaltszahlung für minderjährige Kinder ein interner Ausgleich der Zahlung wie folgt: sofern der betreuende Elternteil das Kindergeld erhält, verringert sich der Kindesunterhaltsbetrag grundsätzlich um den hälftigen Kindergeldbetrag; wenn der barunterhaltspflichtige Elternteil das Kindergeld bezieht, ist der Unterhaltszahlbetrag um den hälftigen Kindergeldbetrag zu erhöhen. Das gilt auch für volljährige Kinder. Schulden beide Elternteile – gleich in welcher Höhe – dem Kind Barunterhalt, kommt ihnen jeweils der hälftige Kindergeldbetrag zugute. Wird das Kindergeld dem Unterhaltsberechtigten ausgezahlt, wird dies bei der Forderungshöhe entsprechend hälftig abgezogen. Die Anrechnung des Kindesgeldes erfolgt seit dem 1.7.1998 nicht mehr entsprechend der Unterhaltsquote, sondern hälftig für beide Elternteile im gleichen Maße.

§§

Bei der Unterhaltsforderungen für minderjährige Kinder sieht das Gesetz seit dem 01.01.2001 eine weitere Korrektur vor. Die Anrechnung des hälftigen Kindergeldbetrages erfolgt seit dem 01.01.2001 nicht mehr bei sämtlichen Einkommensgruppen. Nach der Neuregelung des § 1612 b Abs. 5 BGB unterbleibt die Kindergeldanrechnung, soweit der Unterhaltsverpflichtete nicht in der Lage ist, 135 % des Regelbetrages nach der Regelbetrag-Verordnung zu zahlen. Vor dem 01.01.2001 wurde das Kindergeld nur dann nicht angerechnet, wenn der Regelbetrag=Mindestbetrag der Düsseldorfer Tabelle (1. Einkommensgruppe) nicht geleistet werden konnte.

**Sicherung des Existenzminimums des Kindes**

Mit der Neuregelung soll den Kindern das Existenzminimum gesichert werden, das bei einem Unterhaltsbetrag entsprechend der 6. Einkommensgruppe der Düsseldorfer Tabelle liegt. Wenn das Einkommen des Unterhaltsverpflichteten geringer ist, wird weniger als die Hälfte des Kindergeldes bis hin zu 0,00 € angerechnet. Das Existenzminimum des Kindes entspricht demnach 135 % des Regelbetrages abzüglich des hälftigen Kindergeldes.

**z.B.**

Die Höhe des anzurechnenden Kindergeldes ergibt sich aus folgender Berechnung:

Regelbetrag West Kind (Stand 01.01.2002)
+ hälftiges Kindergeld (derzeit 77 €)
Summe

Abzgl. 135 % des Regelbetrages in der Altersstufe des Kindes
Höhe des anzurechnenden Kindergeldes

Ab der 6. Einkommensgruppe wird das Kindergeld daher stets zur Hälfte auf den sich aus der Unterhaltstabelle ergebenden Unterhalt angerechnet. Die anzurechnenden Kindergeldbeträge ab dem 01.01.2002 ergeben sich aus der nachfolgenden

Tabelle (Anlage zu Teil A Anmerkung 10 der Düsseldorfer Tabelle)

Anrechnung des (hälftigen) Kindergeldes für das 1. bis 3. Kind von je 77 EUR

| Einkommensgruppe | 1 – 5 Jahre | 6 – 11 Jahre | 12 – 17 Jahre |
|---|---|---|---|
| 1 = 100 % | 188 – 11 = 177 | 228 – 0 = 228 | 269 – 0 = 269 |
| 2 = 107 % | 202 – 25 = 177 | 244 – 13 = 231 | 288 – 1 = 287 |
| 3 = 114 % | 215 – 38 = 177 | 260 – 29 = 231 | 307 – 20 = 287 |
| 4 = 121 % | 228 – 51 = 177 | 276 – 45 = 231 | 326 – 39 = 287 |
| 5 = 128 % | 241 – 64 = 177 | 292 – 61 = 231 | 345 – 58 = 287 |
| 6 = 135 % | 254 – 77 = 177 | 308 – 77 = 231 | 364 – 77 = 287 |

Anrechnung des (hälftigen) Kindergeldes für das 4. Kind von 89,50 EUR

| Einkommensgruppe | 1 – 5 Jahre | 6 – 11 Jahre | 12 – 17 Jahre |
|---|---|---|---|
| 1 = 100 % | 188–23,5=164,5 | 228- 9,5=218,5 | 269- 0 =269 |
| 2 = 107 % | 202–37,5=164,5 | 244-25,5=218,5 | 288-13,5=274,5 |
| 3 = 114 % | 215–50,5=164,5 | 260-41,5=218,5 | 307-32,5=274,5 |
| 4 = 121 % | 228–63,5=164,5 | 276-57,5=218,5 | 326-51,5=274,5 |
| 5 = 128 % | 241–76,5=164,5 | 292-73,5=218,5 | 345-70,5=274,5 |
| 6 = 135 % | 254–89,5=164,5 | 308–89,5=218,5 | 364-89,5=274,5 |

Für die neuen Bundesländer sind noch zwei Einkommensgruppen vorgeschaltet. Die vierte Altersstufe ist nicht ausgewiesen. Auch die Prozentsätze sind nicht angegeben.

| Einkommensgruppe | 1 – 5 Jahre | 6 – 11 Jahre | 12 – 17 Jahre |
|---|---|---|---|
| bis 1000 | 174 | 211 | 249 |
| 1000 –1150 | 181 | 220 | 259 |

## VI. Auskunftsanspruch zur Ermittlung des unterhaltsrechtlich relevanten Einkommens

§§

**Auskunft über Einkünfte und Vermögen**

Um die Höhe des Unterhalts berechnen zu können, benötigt das Kind Informationen des Unterhaltsverpflichteten über dessen Einkommen. Hierzu räumt das Gesetz dem Kind einen Auskunftsanspruch gegen den möglichen Unterhaltsverpflichteten ein. Nach § 1605 BGB sind Verwandte in gerader Linie einander verpflichtet, auf Verlangen über ihre Einkünfte und ihr Vermögen Auskunft zu erteilen, soweit dies zur Feststellung des Unterhaltsanspruchs oder einer Unterhaltsverpflichtung erforderlich ist. Der Auskunftsanspruch erstreckt sich auf alle Umstände, die für den Unterhaltsanspruch von Bedeutung sind. Er besteht nur in seltenen Ausnahmefällen nicht, etwa wenn der Berechtigte bereits ausreichende Kenntnisse über die Einkommens- und Vermögensverhältnisse hat. Allein der Einwand der Verwirkung des Unterhaltsanspruchs reicht für den Ausschluss des Auskunftsanspruchs nicht aus, da die wirtschaftlichen Verhältnisse für die Frage der Billigkeit des Unterhalts von Bedeutung sind. Die Auskunft betrifft nur die Einkommens- und Vermögensverhältnisse des Pflichtigen, nicht jedoch die der neuen Ehefrau oder des Lebensgefährten des unterhlatspflichtigen Elternteils.

**Auskunftsbegehren bei Bezug von Sozialhilfe**

Bezieht der Berechtigte Sozialhilfe, geht der Unterhalts- und damit auch der Auskunftsanspruch auf das Sozialamt über, § 91 BSHG. Der Berechtigte kann neben dem Träger der Sozialhilfe Auskunft verlangen, da er für die Zukunft Inhaber des Unterhaltsanspruchs bleibt und unter Umständen einen über die geleistete Sozialhilfe hinausgehenden Unterhaltsanspruch beanspruchen kann.

**Wie ist die Auskunft zu erteilen?**

Die Auskunft ist durch eine systematische Aufstellung der Einkünfte und des Vermögens zu erstellen. Über die Höhe der Einkünfte sind auf Verlangen auch Belege, insbesondere Bescheinigungen des Arbeitgebers, vorzulegen.

Vorzulegen sind daher insbesondere:

1. bei Lohn- und Gehaltsempfängern der Arbeitsvertrag oder die Verdienstbescheinigungen der letzten 12 Monate und eine Kopie der Einkommensteuer-Erklärung und des zuletzt erhaltenen Steuerbescheides.

2. für Selbstständige die Vorlage der Bilanzen oder Gewinn- und Verlustrechnungen der letzten drei vollen Kalenderjahre.

Sofern der Verpflichtete Ausgaben geltend machen will, sind diese ebenfalls zur Überprüfung durch den Berechtigten zu belegen. Bei fremdsprachigen Bescheinigungen sind diese auf Kosten des Schuldners zu übersetzen.

**Erneute Auskunftserteilung erst wieder nach zwei Jahren**

Sobald die Einkommensnachweise vorliegen, kann der Unterhalt der Höhe nach errechnet werden und von dem Unterhaltsverpflichteten eingefordert werden. Eine erneute Verpflichtung zur Auskunftserteilung besteht dann erst wieder nach zwei Jahren. Eine früheres Auskunftsverlangen ist nur zulässig, wenn glaubhaft gemacht wird, dass der zur Auskunft Verpflichtete später wesentlich höhere Einkünfte oder weiteres Vermögen erworben hat.

Verweigert der Pflichtige die Auskunft oder erteilt er sie erst verspätet, so hat er nach § 93d ZPO die Kosten des durch sein Verhalten veranlaßtes gerichtlichen Verfahren über die Unterhaltsverpflichtung zu tragen.

**Gerichtliches Auskunftsverlangen**

In einem laufenden Unterhaltsverfahren kann das Gericht seit dem 1.7.1998 den Parteien aufgeben, Auskunft über ihre Einkommens- und Vermögensverhältnisse zu erteilen und entsprechende Belege vorzulegen, § 643 ZPO. Kommt eine Partei der Aufforderung des Gerichts nicht nach, so kann sich das Gericht unmittelbar an den Arbeitgeber, Sozialleistungsträger oder das Versicherungsunternehmen, z.B. bei Rentenbezug, wenden. Betrifft die Unterhaltsverpflichtung minderjährige Kinder, besteht ein Auskunftsrecht des Gerichts auch gegenüber dem Finanzamt.

**Versicherung an Eides statt**

Besteht Grund zu der Annahme, dass die Auskunft nicht mit der erforderlichen Sorgfalt erteilt wurden, so hat der Unterhaltsverpflichtete auf Verlangen hin zu Protokoll an Eides Statt zu versichern, dass er nach bestem Wissen die Auskunft vollständig abgegeben hat, als er dazu im Stande ist. Maßgebend für die Zweifel ist das Gesamtverhalten des Schuldners; es genügt nicht, dass er früher die Auskunft verweigert hat. Auch Unrichtigkeiten und Unvollständigkeiten begründen keinen Anspruch auf Abgabe der eidesstattlichen Versicherung, wenn sie auf entschuldbarer Unkenntnis oder einem unverschuldeten Irrtum beruhen. Dies findet dort seine Grenze, wo der Verpflichtete den Irrtum bei gehöriger Sorgfalt hätte vermeiden können. Die eidesstattliche Versicherung ist vor dem zuständigen Amtsgericht abzugeben. Wenn diese nachweislich fehlerhaft ist, begeht der Unterhaltsverpflichtete einer Straftat nach § 156 Strafgesetzbuch: »Wer eine falsche eidesstattliche Versicherung abgibt oder unter Berufung auf eine solche Versicherung falsch aussagt, wird mit Freiheitsstrafe bis zu drei Jahren oder mit Geldstrafe bestraft«.

## VII. Verwirkung von Unterhaltsansprüchen

Die Verwirkung liegt in einem vorwerfbaren Verhalten, welches sich gegen die berechtigten Interessen des Unterhaltsverpflichteten wendet. Es führt zum Verlust des Anspruchs auf Unterhalt.

§§

Der Unterhaltsanspruch eines minderjährigen Kindes kann gemäß § 1611 BGB nicht aus Gründen der Verwirkung herabgesetzt werden. Die Eltern haben eine gesteigerte Verantwortung für die Pflege und Erziehung ihrer minderjährigen Kinder. Eine Fehlentwicklung des Kindes entlässt die Eltern nicht aus ihrer Verantwortlichkeit.

**Verwirkung nur in Ausnahmefällen**

Auch bei volljährigen Kind beschränkt sich der Verwirkungseinwand aufgrund seiner Konsequenzen auf besonders schwere Ausnahmefälle. Dazu ist erforderlich, dass das Kind durch sein eigenes sittliches Verschulden bedürftig wurde. Im konkreten Fall ist eine differenzierte Betrachtung der Eltern-Kind-Beziehung und ihrer Entwicklung geboten, ob das Verhalten des Kindes angesichts dessen »irgendwie verständlich« ist.

**z.B.**

Anzunehmen ist die Verwirkung bei einer vorsätzlich schweren Verfehlung gegen den Unterhaltsverpflichteten oder einen nahen Angehörigen des Unterhaltspflichtigen (tätliche Angriffe, grobe Beleidigungen, falsche Anschuldigungen, Schädigung beruflicher und wirtschaftlicher Stellung). Unhöflichkeiten, wie die Anrede mit »Sie« oder »Herr« rechtfertigen keinen Ausschluss des Unterhaltsanspruchs.

Bei Alkoholismus oder Drogensucht kann die Behandlungsverweigerung eine Unterhaltsversagung rechtfertigen. Entscheidend ist, ob das Kind aufgrund seiner Erkrankung die Einsicht in seine Behandlungsbedürftigkeit hat und dennoch Maßnahmen zur Wiederherstellung der Gesundheit nicht wahrgenommen werden. Das OLG Hamburg (FamRZ 1984, S. 610) hat einem dreiundvierzigjährigem »Kind« einen monatlichen Unterhalt zugesprochen. Das Kind war vom 33. Lebensjahr an alkoholsüchtig, hatte keine Ausbildung und behauptet, jetzt abstinent leben zu können.

**Keine Unterhaltsverwirkung bei Kontaktverweigerung**

Die Kontaktverweigerung des Kindes mit dem unterhaltsverpflichteten Elternteil sind meist Ausdruck einer tief greifenden Beziehungsstörung, die ihre Ursache in dem elterlichen Trennungsgeschehen haben. Häufig werden Kinder in den Streit der Eltern miteinbezogen und haben über Jahre unter diesen Auseinandersetzungen gelitten. Eine Beurteilung kann nur unter Einbeziehung auch des eigenen Verhaltens des unterhaltspflichtigen Elternteils gegenüber dem Kind erfolgen. Ein lediglich einseitiges Verschulden des volljährigen Kindes wird in Anbetracht einer solchen Familiengeschichte nicht anzunehmen sein.

Auch Schulversagen oder andere schulische Versäumnisse rechtfertigen keine Herabsetzung des Kindesunterhalts.

## VIII. Berechtigung zur Geltendmachung des Kindesunterhalts

Machen Kinder eigene Rechte oder Ansprüche gegen Dritte geltend machen, werden sie grundsätzlich von beiden Elternteilen gemeinschaftlich vertreten (§ 1626 BGB). Anders ist es jedoch, wenn die elterliche Sorge nur einem Elternteil zusteht. In diesem Fall ist allein der sorgeberechtigte Elternteil zur Vertretung des Kindes berechtigt. Alleinig sorgeberechtigt ist die Mutter des nichtehelichen Kindes oder der Elternteil, dem das Sorgerecht anlässlich der Trennung zur alleinigen Wahrnehmung übertragen wurde.

**Vertretung des Kindes nach der Trennung**

Einer gesonderten Regelung bedarf die Situation, in der beide Eltern für das Kind gemeinsam sorgeberechtigt sind. Mit der Trennung der Eltern stellt sich die Frage, wer von ihnen die Ansprüche der Kinder auf Unterhalt gegen den anderen Elternteil geltend machen kann. Die Kinder werden von dem

Elternteil gesetzlich vertreten, in dessen Obhut sie leben. Sofern die Eltern verheiratet sind, handeln die Eltern dabei nicht als gesetzliche Vertreter der Kinder, sondern machen die Unterhaltsansprüche im eigenen Namen geltend gemacht (§ 1629 Abs. 3 BGB).

Die Vertretungsbefugnis der Eltern besteht nur bis zur Volljährigkeit des Kindes, gleich ob das Kind noch bei einem Elternteil lebt oder nicht. Danach hat das volljährige Kind seine Unterhaltsansprüche im eigenen Namen geltend zu machen. Eine Vertretung durch einen Elternteil ist ausgeschlossen, da mit Volljährigkeit des Kindes dessen Anspruch auf Betreuung wegfällt und beide Eltern – sofern die Voraussetzungen vorliegen – dem Kind Barunterhalt schulden.

## B. Ehegattenunterhalt

**Ehegattenunterhalt = Streitpunkt Nr. 1**

Kein Bereich ist bei Trennung und Scheidung derart umstritten wie der Ehegattenunterhalt. Dies ergibt sich daraus, dass die Eheleute – besonders kurz nach der Trennung – oft alles andere als gut aufeinander zu sprechen sind. Während der Kindesunterhalt bei Zahlungsfähigkeit des Unterhaltsverpflichteten meistens wenig Probleme bereitet, zahlt kaum ein Ehegatte seinem ehemaligen Lebenspartner bereitwillig Unterhalt. Häufig kommt es gerade auf diesem Gebiet zu (gerichtlichen) Auseinandersetzungen der Ehegatten.

§§

Es gibt drei verschiedene Arten des Ehegattenunterhaltes. Die drei gesetzlich geregelten Unterhaltsansprüche gelten für die verschiedenen Abschnitte des ehelichen Zusammenlebens. Das sind:

- Familienunterhalt (§ 1360 BGB)
- Trennungsunterhalt (§ 1361 BGB)
- Nachscheidungsunterhalt (§§ 1569 ff. BGB)

Familienunterhalt schuldet der Unterhaltspflichtige während bestehender Ehe und solange zwischen den Ehegatten noch eine eheliche Lebensgemeinschaft besteht.

Trennungsunterhalt ist dagegen während der Ehe bis zur Scheidung zu zahlen. Diese Unterhaltsart löst den Familienunterhalt ab, sobald die Ehegatten sich getrennt haben.

Nachscheidungsunterhalt kann dem ehemaligen Ehegatten schließlich für die Zeit ab Rechtskraft der Ehescheidung geschuldet sein.

Die drei (Ehegatten-) Unterhaltsarten müssen streng voneinander getrennt gesehen werden. Sie überschneiden sich zeitlich nicht und sind nicht identisch. Bedeutsam kann das insbesondere dann werden, wenn der Unterhaltsberechtigte bereits einen vollstreckbaren Unterhaltstitel erlangt hat, und glaubt, damit schon ausreichend vorgesorgt zu haben.

**Fall**

Gerda hat nach ihrer Trennung gegen ihren Ehemann Egon ein Urteil erstritten, das Egon verpflichtet, ihr monatlichen Trennungsunterhalt in Höhe von 1.000 € zu zahlen. Egon hält diese Zahlungsverpflichtung stets pünktlich ein. Nach zweijähriger Trennungszeit haben die Eheleute ein einvernehmliches Ehescheidungsverfahren betrieben. Das Familiengericht hat die Ehe geschieden. Das Scheidungsurteil ist am 28. Februar 2002 rechtskräftig geworden. Anfang März 2002 bleibt die Unterhaltszahlung aus.

Der Vollstreckungstitel über den Trennungsunterhalt hilft Gerda hier nicht weiter. Sie muss den Nachscheidungsunterhalt einfordern und notfalls einklagen.

Grundsätzlich gilt:
- Der Anspruch auf Familienunterhalt endet mit der Trennung der Ehegatten.
- Der Anspruch auf Trennungsunterhalt endet mit rechtskräftigen Scheidung der Ehegatten.

**Zunehmendes Maß an Eigenverantwortung**

Außerdem ist festzuhalten, dass denjenigen, der Unterhalt geltend macht, ein zunehmendes Maß an Eigenverantwortung trifft. Dies liegt daran, dass die Verpflichtung zur Solidarität zwischen den Ehegatten während des Getrenntlebens (während des Zusammenlebens erst recht) stärker ausgeprägt ist, als nach der Ehescheidung.

## I. Familienunterhalt

Streitigkeiten über den Familienunterhalt sind äußerst selten, wenn Eheleute in intakter Ehe und häuslicher Gemeinschaft leben.

### 1. Grundlagen der Unterhaltsverpflichtung

§§

Geschuldet wird grundsätzlich der angemessene Unterhalt (§§ 1360, 1360a, 1360b BGB). Jeder der Ehegatten hat in gleicher Weise zum Unterhalt der Familie durch seine Arbeit und mit seinem Vermögen beizutragen.

Die Eheleute sind also gleichermaßen anspruchsberechtigt und verpflichtet. Wie der Ehegatte seinen Beitrag zum Familienunterhalt leistet, bestimmt der Einzelfall (Doppelverdienerehe, Haushaltsführungsehe, Hinzuverdienerehe).

**Haushaltsführung ist gleichwertig!**

Das gesetzliche Leitbild ist heute nicht mehr von der »Hausfrauenehe« geprägt. Aufgabe der Eheleute ist es vielmehr, sich über die Haushaltsführung im gegenseitigen Einvernehmen zu verständigen (§ 1356 BGB). Zugleich bestimmt das Gesetz, dass der Ehegatte, der nach interner Absprache die Haushaltsführung übernommen hat, seine Verpflichtung, zum Unterhalt der Familie beizutragen, durch die Haushaltsführung erfüllt (§ 1360 Satz 2 BGB). Die Haushaltsführung wird als gleichwertiger Beitrag zum Familienunterhalt angesehen. Das schließt nicht aus, dass derjenige, der den Haushalt führt, nicht auch verpflichtet sein kann, zusätzlich erwerbstätig zu sein. Das kann zum Beispiel erforderlich sein, wenn das Einkommen des anderen Ehegatten nicht ausreicht, die Familie angemessen zu versorgen. Eine zusätzliche Erwerbstätigkeit kann erforderlich sein, wenn der haushaltsführende Ehegatte gehalten ist, im Betrieb des anderen Ehegatten mitzuarbeiten (BGH FamRZ 1980, S. 776).

**Fall**

Frieda heiratet Bernd, der eine kleine Bäckerei übernommen hat. Frieda hatte Bernd vor der Ehe versprochen, als Verkäuferin in dem Laden mitzuarbeiten, weil der Betrieb die Einstellung einer weiteren Arbeitskraft nicht ermöglicht. Ein halbes Jahr nach der Eheschließung fühlt sich Frieda an die Absprache nicht mehr gebunden und erklärt, ihre Haushaltsführung müsse ausreichen. In dem Fall hätte Frieda nicht Recht, denn die Eheleute hatten einvernehmlich abgesprochen, wie der beiderseitige Beitrag zum Familienunterhalt aussehen solle. Friedas Verpflichtung entfällt aber, wenn sie durch eine anderweitige Berufstätigkeit im selben Maße zum Familienunterhalt beiträgt.

Haben beide Eheleute Einkünfte, so ist ihr Anteil an der wirtschaftlichen Versorgung der Familie nach dem Verhältnis dieser Einkünfte zu bestimmen. Verdient der haushaltsführende Ehegatte, hat er auch einen finanziellen Beitrag zum Familienunterhalt zu leisten. Der Anteil ist aber ggf. niedriger anzusetzen, als es rechnerisch korrekt wäre (BGH NJW 1957, S. 537).

Ausgleichsansprüche wegen finanzieller Mehrleistungen eines Ehegatten sind grundsätzlich ausgeschlossen (§ 1360b BGB).

## 2. Art und Umfang der Unterhaltsverpflichtung

Angemessener Familienunterhalt umfasst nach der gesetzlichen Regelung alles, was nach den Verhältnissen der Ehegatten erforderlich ist, um die Kosten des Haushaltes zu bestreiten und die persönlichen Bedürfnisse der Ehegatten und den Lebensbedarf der gemeinsamen unterhaltsberechtigten Kinder zu befriedigen (§ 1360a Abs. 1 BGB).

**Kosten**

Zu den Kosten des Haushaltes gehören:

- Aufwendungen für Lebensmittel
- Heizkosten
- Kosten des erforderlichen Wohnraumes (Miete)
- Anschaffung und Erhaltung der Wohnungseinrichtung
- Kur- und Ferienkosten
- Kosten für Hausangestellte
- Erziehungs- und Ausbildungskosten der Kinder
- Kosten der Alterssicherung der Ehegatten

**Persönliche Bedürfnisse**

Zu den persönlichen Bedürfnissen der Ehegatten zählen:

- Aufwendungen für Bekleidung
- Kosten zur Pflege der gesellschaftlichen und kulturellen Interessen
- Ausgaben für Fortbildung
- Kosten für eine bei der Eheschließung bereits begonnene, noch nicht abgeschlossene Ausbildung.

Besondere Bedeutung haben der sogenannte Taschengeldanspruch und der Anspruch auf Zahlung eines Prozesskostenvorschusses (§ 1360a Abs. 4 BGB).

**Taschengeldanspruch u.U. pfändbar**

Das Taschengeld kann für persönliche Zwecke frei verwandt werden und ist Bestandteil des Familienunterhaltes. Unter Ehegatten ist es üblich, dass das Taschengeld nicht separat, sondern zusammen mit dem Haushalts- und Wirtschaftsgeld gezahlt wird. Die Höhe des Taschengeldanspruchs des Ehegatten hängt von den (wirtschaftlichen) Verhältnissen des Einzelfalles ab. In der Regel ist der Anspruch mit ca. 5-7 % der Nettoeinkünfte des anderen Ehegatten anzusetzen (BGH NJW 1998, S. 1553).

In der Praxis ergibt sich die besondere Bedeutung des Taschengeldanspruchs hauptsächlich aus dem Umstand, dass er für

Gläubiger des Ehegatten, der den Taschengeldanspruch hat, pfändbar ist (jedenfalls nach herrschender Meinung in der Rechtsprechung). Das Bundesverfassungsgericht hat entschieden (BVerfG FamRZ 1986, S. 773), dass die Pfändbarkeit nicht gegen das Grundgesetz verstößt.

Der Anspruch ist nur in engen Grenzen pfändbar, allerdings unabhängig davon, ob das Taschengeld tatsächlich gezahlt wird oder nicht. Genutzt wird diese – häufig letzte – Pfändungsmöglichkeit von Gläubigern dennoch gern, um innerfamiliär Unruhe zu stiften und so die »freiwillige« Zahlungsbereitschaft vielleicht doch noch zu fördern.

**Fall**

Werner erzielt Nettoeinkünfte in Höhe von 2.000 € im Monat. Elisabeth ist nicht erwerbstätig, sondern führt nach Absprache der Eheleute den Haushalt. Sie hat per Katalog einige Kosmetikartikel für insgesamt 250 € bestellt, aber nicht bezahlt. Der Versandunternehmer hat einen Vollstreckungsbescheid gegen Elisabeth erwirkt und will nun den Taschengeldanspruch pfänden. Beziffert man diesen mit 5 % des Nettoeinkommens von Werner, beläuft er sich auf 100 €. Davon könnten (nach § 850 c ZPO) 7/10, also 70 € pfändbar sein, wenn das Vollstreckungsgericht das für angemessen hält. Im Beispiel würde die Pfändung wohl daran scheitern, dass das Versandunternehmen nicht darlegen können wird, dringend auf den Betrag in Höhe von 250 € angewiesen zu sein.

**§§**

**Prozesskostenvorschuss**

Der Anspruch des bedürftigen Ehegatten auf Zahlung eines Prozesskostenvorschusses ist in § 1360a Abs. 4 BGB gesetzlich geregelt. Danach ist der (zahlungsfähige) Ehegatte verpflichtet, seinem (bedürftigen) Partner die Kosten eines Rechtsstreits vorzuschießen, wenn

- der Rechtsstreit eine persönliche Angelegenheit betrifft,
- die beabsichtigte Rechtsverfolgung Aussicht auf Erfolg hat (BGH NJW 2001, S. 1646) und
- die Vorschusspflicht der Billigkeit entspricht.

**Persönliche Angelegenheiten**

Zu den persönlichen Angelegenheiten gehören regelmäßig höchstpersönliche Ansprüche und Verpflichtungen (familienrechtliche Streitigkeiten; Ehrverletzungen; Schmerzensgeldansprüche; Arzthaftungssachen), wobei viele Einzelfälle umstritten sind und daher im Einzelfall ein Rechtsanwalt befragt werden sollte oder die Frage gerichtlich entschieden werden muss (etwa im Rahmen der Prüfung, ob Prozesskostenhilfe zu bewilligen ist).

Die Frage der Erfolgsaussicht ist nicht so streng zu beurteilen, dass praktisch erwartet werden muss, dass der Prozess gewonnen wird. Eine gewisse Wahrscheinlichkeit für einen Erfolg als Ergebnis der überschlägigen Beurteilung in der Sache reicht aus. Mutwillig ist die beabsichtigte Rechtsverfolgung, und damit ein Anspruch auf Prozesskostenvorschuss abzulehnen, wenn ein nicht bedürftiger Dritter den Prozess nicht führen würde. So kann es der zur Zahlung eines Prozesskostenvorschusses in Anspruch genommenen Person unzumutbar sein, einen Zahlungsprozess zu finanzieren, der sich gegen einen völlig Vermögenslosen richtet, der den ausgeurteilten Anspruch vermutlich nie befriedigen könnte.

**Erfolgsaussicht heißt nicht sicher gewinnen**

Bedeutsam ist der Anspruch auf Prozesskostenvorschuss insbesondere, weil derjenige, der einen solchen Prozesskostenvorschussanspruch gegen seinen Ehegatten hat, für ein von ihm beabsichtigtes Gerichtsverfahren keine Prozesskostenhilfe, eine Art von »Sozialhilfe« für den Bereich der Rechtspflege, bekommen kann.

In § 1360a Abs. 3 BGB ist geregelt, dass für den Familienunterhalt die Vorschriften für den Verwandtenunterhalt in den §§ 1613 bis 1615 BGB entsprechend anzuwenden sind. Das bedeutet auch, dass

- der Unterhalt für die Vergangenheit nur eingeschränkt geltend gemacht werden kann (§ 1613 BGB),
- ein Anspruch auf Sonderbedarf (z. B. nicht vorhergesehene Operationskosten) in Betracht kommt (§ 1613 Abs. 2 S. 1 BGB),
- auf den Familienunterhalt nicht für die Zukunft verzichtet werden kann (§ 1614 Abs. 1 BGB),
- der Unterhaltsanspruch grundsätzlich mit dem Tod eines der Ehegatten erlischt (§ 1615 Abs. 1 BGB),
- der unterhaltspflichtige Ehegatte im Falle des Todes des unterhaltsberechtigten Ehegatten die Beerdigungskosten zu tragen hat, wenn die Erben nicht eintreten (§ 1615 Abs. 2 BGB).

§§

**§§ 1613 bis 1615 BGB anwendbar**

**Familienunterhalt grds. nicht als Geldrente**

Der Familienunterhalt ist nicht, wie herkömmliche Unterhaltsansprüche, in Form einer monatlichen Zahlung an den Unterhaltsberechtigten (vgl. § 1612 Abs. 1 Satz 1 BGB) zu leisten. Es kommt vielmehr auf die Gestaltung der ehelichen Lebenspartnerschaft an. Wegen des persönlichen Einschlags des Familienunterhalts wird ein Großteil durch Naturalleistungen (Haushaltstätigkeit; Wohnen im Haus des Ehegatten; Versicherungsschutz etc.) erbracht. Der verdienende Ehegatte hat das nötige Wirtschaftsgeld für einen angemessenen Zeitraum im Voraus zur Verfügung zu stellen (§ 1360a Abs. 2 BGB). Der haushaltsführende Ehegatte muss keine Rechenschaft darüber ablegen, wie er das Wirtschaftsgeld verwendet hat.

## II. Trennungsunterhalt

### 1. Allgemeines zum Trennungsunterhalt

Trennen sich die Eheleute, löst der Trennungsunterhaltsanspruch den Anspruch auf Familienunterhalt ab. Die umfangreiche gesetzliche Regelung des Unterhalts bei Getrenntleben ist in § 1361 BGB aufgeführt.

Die bisherige Praxis der Eheleute zur Gestaltung des Familienunterhalts und der persönliche Beitrag beider Ehegatten dazu, ist überholt. Naturalleistungen sind zwar weiterhin möglich, nach der Trennung aber nicht mehr üblich. An die Stelle der gegenseitigen Verpflichtung, zum Familienunterhalt beizutragen, tritt ein einseitiger Zahlungsanspruch des bedürftigen Ehegatten gegen den leistungsfähigen Ehegatten, sofern die Ehegatten nichts anderes vereinbart haben (BGH NJW 1997, S. 731).

**Trennungsunterhalt grds. als Geldrente**

Auf die Trennungsgründe kommt es nicht an. Eine Herabsetzung oder eine vollständige Versagung des Unterhaltsanspruches kommen nur ausnahmsweise in Betracht, weil trotz der Trennung der Eheleute die eheliche Verbindung weiter besteht. Die Lebensverhältnisse der Eheleute sollen nicht radikal verändert werden, damit die Chance erhöht wird, dass die Ehe erhalten werden kann und die Trennung der Eheleute nicht noch vertieft wird. Daher ist der bisher nicht erwerbstätige Ehegatte während des ersten Jahres der Trennungszeit im

Grundsatz nicht verpflichtet, eine Erwerbstätigkeit aufzunehmen. Gleichwohl führt die Trennung dazu, dass die Eigenverantwortung der Ehegatten steigt. Sie sind daher im Rahmen ihrer Möglichkeiten verpflichtet, ihren Unterhaltsbedarf selbst zu decken.

Die Trennungszeit ist dadurch geprägt, dass den Unterhaltspflichtigen bis zu einer eventuellen Scheidung ein höheres Maß an Verantwortung gegenüber dem Unterhaltsberechtigten trifft, der indes seinerseits weiterhin auf die Interessen seines Ehegatten Rücksicht zu nehmen hat. Daher gilt auch der Grundsatz: Der getrennt lebende Ehegatte kann unterhaltsrechtlich nicht schlechter gestellt sein, als der geschiedene (BGH FamRZ 1990, S. 283).

Der Trennungsunterhalt wird nach den Lebensverhältnissen und den Erwerbs- und Vermögensverhältnissen der Eheleute geschuldet (§ 1361 Abs. 1 S. 1 BGB).

**Verzicht nicht möglich für die Zukunft**

Ein Verzicht auf den Trennungsunterhalt ist (für die Zukunft) ausgeschlossen (§ 1360a Abs. 3, § 1361 Abs. 4 S. 4, § 1614 BGB). Zulässig ist hingegen ein formloser Verzicht für die Vergangenheit, wie auch Vereinbarungen über die Höhe des Unterhalts. Wird allerdings in der Vereinbarung der rechnerisch gegebene Unterhaltsanspruch deutlich unterschritten, kann darin ein Teilverzicht gesehen werden, der unzulässig und damit nicht wirksam ist. Das OLG Hamm (OLGR 2000, S. 70) hat das bei einer Unterschreitung des gesetzlich geschuldeten Trennungsunterhaltsbetrages um 1/3 angenommen. Daraus folgt, dass Vereinbarungen, die auf einen erheblichen Verzicht hinweisen, unwirksam sind.

**Teilverzicht kann unwirksam sein**

Die bloße Nichtgeltendmachung des Unterhaltsanspruchs führt nicht zum Verzicht. Der Trennungsunterhalt endet mit dem Tag der Rechtskraft der Ehescheidung. Da zwischen dem Trennungsunterhalt und dem Nachscheidungsunterhalt nach der Rechtsprechung des BGH *Wesensverschiedenheit* besteht, ist der Anspruch auf Nachscheidungsunterhalt gesondert geltend zu machen. Dies hat auch zur Folge, dass sich eine Mahnung während des Getrenntlebens nicht auf den Nachscheidungsunterhalt auswirkt, denn vor der Entstehung des Anspruches kann nachehelichen Unterhalt nicht angemahnt werden.

## 2. Voraussetzungen des Unterhaltes bei Getrenntleben (§ 1361 BGB)

Die Voraussetzungen für einen Anspruch auf Trennungsunterhalt sind:

- Bestehen der Ehe
- Getrenntleben der Ehegatten
- Bedürftigkeit des unterhaltsberechtigten Ehepartners
- Leistungsfähigkeit des unterhaltspflichtigen Ehepartners
- Kein Ausschluss des Unterhaltsanspruchs nach § 1361 Abs. 3 BGB in Verbindung mit § 1579 Nr. 2 bis 7 BGB

### a) Bestehen einer wirksamen Ehe

Zunächst muss zwischen den Ehegatten eine wirksame Ehe bestehen. Da der Trennungsunterhalt nicht mit dem Nachscheidungsunterhalt identisch ist, darf die Ehe noch nicht geschieden sein. Mit Rechtskraft der Scheidung werden Unterhaltstitel, die den Trennungsunterhalt zum Gegenstand haben, wirkungslos hinsichtlich des laufenden Unterhalts.

### b) Getrenntleben der Ehegatten

Die übliche Bezeichnung des Unterhalts als Trennungsunterhalt weist darauf hin, dass die Eheleute grundsätzlich nicht mehr in häuslicher Gemeinschaft zusammenleben dürfen. In dem Fall greift der bereits zuvor dargestellte Familienunterhalt, der nicht mit dem Trennungsunterhalt identisch ist.

§§

**Gesetzliche Definition des Getrenntlebens**

Eine Begriffsbestimmung für das Getrenntleben von Eheleuten hat der Gesetzgeber in § 1567 BGB getroffen. Diese gesetzliche Regelung ist zwar für das Scheidungsrecht geschaffen worden, gilt aber auch für den Trennungsunterhalt. In § 1567 BGB heißt es: Die Ehegatten leben getrennt, wenn zwischen ihnen keine häusliche Gemeinschaft besteht und ein Ehegatte sie erkennbar nicht herstellen will, weil er die eheliche Lebensgemeinschaft ablehnt. Die häusliche Gemeinschaft besteht auch dann nicht mehr, wenn die Ehegatten innerhalb der ehelichen Wohnung getrennt leben.

## (a) Getrenntleben innerhalb der Ehewohnung

Oft stellt sich für die Ehegatten, die sie sich zu einer Trennung entschieden haben, das Problem, diesen Entschluss auch tatsächlich umzusetzen. Einerseits ist es selten möglich, von heute auf morgen eine zweite Wohnung zu finden, andererseits sind zwei Haushalte teurer. Der Gedanke liegt dann nahe, dass man, zumindest vorübergehend, innerhalb der Ehewohnung getrennt leben sollte.

**Trennung auch in der Ehewohnung möglich**

Der zweite Satz in der gesetzlichen Regelung des § 1567 Abs. 1 BGB zeigt, dass eine Trennung der Eheleute auch innerhalb (der bisherigen) Wohnung vom Grundsatz her möglich ist. Sinn macht der Versuch eines Getrenntlebens innerhalb der bisherigen Ehewohnung aber nur, wenn die Emotionen anlässlich der Trennung nicht extrem hoch sind. Wenn etwa ein Ehepartner die Trennung noch nicht wahrhaben will, muss der trennungswillige Ehepartner regelmäßig davon ausgehen, sich so schnell wie möglich eine neue Wohnung suchen zu müssen. Ansonsten würde das Leben für beide, vielleicht auch für die Kinder, unerträglich

Für das Getrenntleben innerhalb der ehelichen Wohnung legt die Rechtsprechung hingegen einen strengen Maßstab an. Erforderlich ist danach, dass die häusliche Gemeinschaft in allen Lebensbereichen so weit wie möglich aufgehoben wird (Stichwort: »Trennung von Tisch und Bett«). Zwischen den Eheleuten dürfen keine wesentlichen persönlichen Gemeinsamkeiten bestehen bleiben. Trotz räumlicher Nähe muss ein Höchstmaß an Absonderung nach außen erkennbar sein, d.h. die Eheleute müssen die Wohnung soweit wie möglich aufteilen, getrennt schlafen, getrennt essen, sich getrennt versorgen (OLG Hamm FamRZ 1999, S. 723).

Geringe Gemeinsamkeiten, wie etwa Wäsche waschen oder putzen, stehen dem Getrenntleben unter Umständen nicht entgegen. Das gilt besonders, wenn sie aufgedrängt werden, also von einem Ehegatten nicht gewollt werden. Es spricht auch nicht gegen eine Trennung innerhalb der Wohnung, wenn sich Gemeinsamkeiten dadurch ergeben, dass die Kinder versorgt und erzogen werden, weil dies im Sinne der auch nach einer eventuellen Ehescheidung auszuübenden gemeinsamen elterlichen Sorge ist. Die Frage, ob die Ehegatten nach diesen Voraussetzungen bereits getrennt leben, ist jeweils im Einzelfall zu entscheiden.

Tipp

**Trennungswillen nach außen dokumentieren**

Wichtig ist darüber hinaus, dass zumindest einer der Ehegatten den Trennungswillen hat, der nach außen erkennbar werden muss. Das muss keine ausdrückliche Erklärung gegenüber dem anderen Ehepartner sein. Diese geht aber in den meisten Fällen mit einer tatsächlichen räumlichen Trennung der Eheleute einher. Das Verhalten des trennungswilligen Ehegatten muss aber eindeutig und auf die Auflösung der ehelichen Lebensgemeinschaft gerichtet sein.

Von erheblicher Bedeutung kann es etwa sein, den Trennungswillen zu dokumentieren, wenn aus beruflichen oder sonstigen Gründen (etwa Seemann, Strafhaft) eine Trennung der Eheleute schon längere Zeit bestand. Gleiches gilt für den Fall, dass die Eheleute nie zusammengezogen sind, denn der Anspruch auf Trennungsunterhalt setzt nicht voraus, dass die Eheleute einen gemeinsamen Haushalt geführt haben (BGH FamRZ 1989, S. 838).

### (b) Versöhnungsversuch

Tipp

**Kurzer Versöhnungsversuch unterbricht Trennung nicht**

Leben die Eheleute nach einer Trennung noch einmal über kürzere Zeit zusammen, um den Versuch einer Versöhnung zu unternehmen, endet das Getrenntleben damit zunächst nicht (§ 1567 Abs. 2 BGB), so dass grundsätzlich der Trennungsunterhaltsanspruch bestehen bleibt. Wirtschaften beide in dieser Zeit aber gemeinsam, kann der Unterhalt nicht nebenher durchgesetzt werden. Die zeitliche Obergrenze für den Begriff »kürzere Zeit« wird nach der Rechtsprechung bei circa drei Monaten angesetzt (OLG Zweibrücken FamRZ 1981, S. 146).

## c) Bedarf und Bedürftigkeit des unterhaltsberechtigten Ehegatten

Maßgeblich für den Unterhalt sind die Lebensverhältnisse der Ehegatten, wobei das Gesetz daneben auf die Erwerbs- und Vermögensverhältnisse abstellt (§ 1361 Abs. 1 S. 1 BGB). In einer Gesamtschau der Verhältnisse sind der Bedarf und die Bedürftigkeit des Unterhaltsberechtigten und die Leistungsfähigkeit des Unterhaltsverpflichteten zu ermitteln (BGH FamRZ 1980, S. 876).

### (a) Bedarf des Unterhaltsberechtigten

**Erwerbseinkünfte bestimmen die Lebensverhältnisse in erster Linie**

Zunächst ist der Unterhaltsbedarf festzustellen. Üblicherweise werden die Lebensverhältnisse der Ehegatten in erster Linie durch die beiderseitigen Erwerbseinkünfte bestimmt. Ist nur ein Ehegatte erwerbstätig, wird nur dessen Einkommen berücksichtigt. Man unterscheidet zwischen prägenden und nicht prägenden Einkünften.

Es kommt nur auf die Einkünfte an, die während des Zusammenlebens auch erzielt wurden. Fiktive Einkünfte, die ein Ehepartner zwar hätte erlangen können, jedoch tatsächlich nicht erlangt hat, können dagegen nicht für die Feststellung des Unterhaltsbedarfs berücksichtigt werden. Nicht vorhandenes Einkommen kann die Lebensverhältnisse nicht geprägt haben. Zu den zu berücksichtigenden Einkünften gehören auch die für den Lebensbedarf eingesetzten Vermögenswerte und Nutzungsvorteile (BGH NJW 1995, S. 869; BGH FamRZ 1994, S. 21).

**Prägende Einkünfte**

Eheprägende Einkünfte sind:

- Erwerbseinkünfte, auch wenn sich eine Änderung vor der Trennung ergeben hat.
- Wohnvorteile des Wohnens im eigenen Haus (abzüglich der damit verbundenen Kosten).
- Beihilfeansprüche in einer Beamtenehe.

**Nichtprägende Einkünfte**

Nichtprägende Einkünfte sind:

- Kindergeld.
- Einkünfte aus unzumutbarer Tätigkeit, es sei denn, dass diese bereits längerfristig ausgeübt wurde.
- Einkünfte, die lediglich der allgemeinen Vermögensbildung dienten.

**Halbteilungsgrundsatz**

Ausgangspunkt für die Aufteilung unter den Ehegatten ist der Halbteilungsgrundsatz, weil beide Ehegatten am ehelichen Lebensstandard in gleicher Weise teilnehmen, so dass bei Aufteilung der verfügbaren Einkünfte jedem die Hälfte zusteht (BGH NJW 1995, S. 963). Diese Halbteilung gilt ohne Einschränkungen bei Renteneinkünften und in allen anderen Fällen, in denen die Einkünfte nicht unmittelbar aus Erwerbstätigkeit stammen. Diese Beträge sind 1/2 zu 1/2 zwischen den Ehegatten aufzuteilen.

**Halbteilungsgrundsatz bei Erwerbseinkünften eingeschränkt**

Anders sieht es bei Erwerbseinkünften aus. Hier hat die Rechtsprechung einen sogenannten Erwerbstätigenbonus entwickelt. Es besteht Einigkeit, dass ein solcher Bonus hauptsächlich als Arbeitsanreiz zu gewähren ist. Uneinheitlich ist dagegen die Höhe der Erwerbstätigenquote in den unterschiedlichen unterhaltsrechtlichen Leitlinien und Tabellen der Oberlandesgerichte. Überwiegend wird ein Bonus von 1/7 des Nettoeinkommens gewährt (vom BGH akzeptiert: NJW 1979, S. 1985). Teilweise wird ein Bonus von 1/5 für angemessen gehalten, während die Oberlandesgerichte im Süden Deutschlands einen Bonus in Höhe von 1/10 für ausreichend halten.

*Übersicht zur Höhe des Erwerbstätigenbonus:*

**Tipp**

**Rechtsprechung im jeweiligen OLG-Bezirk beachten**

| | |
|---|---|
| 1/7 | OLG Düsseldorf; KG Berlin; OLG Brandenburg; OLG Braunschweig; OLG Bremen; OLG Celle; OLD Dresden; OLG Hamburg; OLG Hamm; OLG Jena; OLG Köln; OLG Koblenz; OLG Naumburg; OLG Oldenburg; OLG Rostock; OLG Saarbrücken; OLG Schleswig |
| 1/5 | OLG Frankfurt (mit Ausnahme des 2. Familiensenates in Kassel, der die Quote 3/7 zu 4/7 anwendet) |
| 1/10 | OLG Bamberg; OLG Karlsruhe; OLG München; OLG Nürnberg; OLG Stuttgart; OLG Zweibrücken |

Richtig ist, trotz des verständlichen Wunsches nach Vereinheitlichung, eine den Umständen des Einzelfalles gerecht werdende Lösung zu suchen. Die Anwendung bestimmter Quoten ist daher in besonders liegenden Einzelfällen abzulehnen, für den Regelfall aber akzeptabel.

**1. Beispiel (Doppelverdienerehe):**

Ursula und Günter sind beide schon vor ihrer jetzt vollzogenen Trennung erwerbstätig gewesen. Ursula ist IT-Expertin und erzielt 3.000 € anrechenbares Einkommen. Günter hat dagegen als Friseur insgesamt monatlich 1.600 € erwirtschaftet. Die Berechnung des Quotenunterhaltes sieht in diesem Fall so aus:

| | |
|---|---|
| Einkünfte Ursula | 3.000 € |
| Einkünfte Günter | 1.600 € |
| Differenz (3.000 – 1.600) | 1.400 € |
| 3/7 von 1.400 | 600 € |

Günter kann von Ursula danach Trennungsunterhalt in Höhe von 600 € monatlich beanspruchen.

**2. Beispiel (Alleinverdienerehe):**

Ursula verdient 3.500 € monatlich. Günter hat nach Absprache der Eheleute den Haushalt geführt und verfügt über keine eigenen Einkünfte. Die Berechnung sieht dann folgendermaßen aus:

| | |
|---|---|
| Einkünfte Ursula | 3.500 € |
| Einkünfte Günter | 0 € |
| Differenz (3.500 – 0) | 3.500 € |
| 3/7 von 3.500 | 1.500 € |

In diesem Fall steht Günter rechnerisch ein Unterhaltsanspruch in Höhe von 1.500 € zu.

**Einkommensveränderungen bieten Streitpotenzial**

Eine für beide Eheleute relevante Frage ist, ob und wie Einkommensveränderungen nach der Trennung zu berücksichtigen sind. Grundsätzlich sind für die Unterhaltsbemessung im Laufe der Trennungszeit die jeweils aktuellen Einkünfte maßgebend (BGH FamRZ 1985, S. 371). Die Eheleute sind nach wie vor miteinander verheiratet und nehmen daher an den Einkommenssteigerungen und auch Einkommenseinbußen des anderen Ehepartners grundsätzlich teil. Das gilt nicht, wenn einer der Ehegatten mutwillig, gerade um seine Unterhaltslast zu reduzieren, seine finanzielle Lage deutlich verschlechtert. Einkommensveränderungen spielen unterhaltsrechtlich auch dann ausnahmsweise keine Rolle, wenn sie »auf eine unerwartete und vom Normalverlauf erheblich abweichende Entwicklung beruhen (BGH FamRZ 1988, S. 256).«

Beispiele aus der Rechtsprechung für eine erheblich vom Normalverlauf abweichende berufliche Entwicklung:

z.B.

- vom Sachbearbeiter zum Abteilungsbereichsleiter (OLG Hamm FamRZ 1990, S. 65)
- vom Verkaufsleiter zum Geschäftsführer (OLG München FamRZ 1997, S. 613)
- vom angestellten Ingenieur zum Geschäftsführer einer GmbH (BGH NJW 1990, S. 1090)

Gegenbeispiele, in denen eine zu erwartende und damit in der Ehe angelegte Entwicklung angenommen wurde:

- Beförderung vom Major zum Oberstleutnant (BGH FamRZ 1982, S. 684)
- Außendienstmitarbeiter zum Bezirksleiter (BGH NJW 2000, S. 3140)
- vom Betriebsarzt zum Arbeitsmediziner (BGH FamRZ 1988, S. 1569).

§§

**Vorsorgeunterhalt ab Rechtshängigkeit des Scheidungsverfahrens**

Eine Besonderheit betrifft den sogenannten Vorsorgeunterhalt nach § 1361 Abs. 1 S. 2 BGB. Dabei handelt es sich um Kosten einer angemessenen Versicherung für den Fall des Alters oder einer verminderten Erwerbsfähigkeit. Der Vorsorgeunterhalt wird ab Rechtshängigkeit eines Scheidungsverfahrens (= Zustellung eines Scheidungsantrages) geschuldet, weil der im Zusammenhang mit dem Scheidungsverfahren durchzuführende Versorgungsausgleich (Siehe dazu den Ratgeber Krise, Trennung, Scheidung) nur bis zu diesem Zeitpunkt berechnet wird.

### (b) Bedürftigkeit des Unterhaltsberechtigten

Bedürftig und damit unterhaltsberechtigt ist ein Ehegatte nur dann, wenn er seinen Unterhaltsbedarf nicht durch eigenes Einkommen oder Einkünfte aus seinem Vermögen selbst decken kann. Diese Voraussetzungen hat der Ehegatte, der Unterhalt geltend macht, ggf. darzulegen und zu beweisen.

### (1) Erwerbsobliegenheit des Unterhaltsberechtigten

**Erwerbsobliegenheit des Unterhaltsberechtigten**

Der Hauptstreitpunkt zwischen den Eheleuten bei der Feststellung der Bedürftigkeit ist die Frage, ob der den Unterhalt beanspruchende Ehegatte nicht darauf verwiesen werden kann, seinen Unterhaltsbedarf durch eigene Erwerbstätigkeit zu decken. In dem Umfang, in dem er eigene Einkünfte erzielen kann, ist er nicht bedürftig und hat deshalb keinen (oder einen reduzierten) Unterhaltsanspruch gegen den anderen Ehegatten.

Die maßgebliche Regelung für die Zeit des Getrenntlebens beinhaltet § 1361 Abs. 2 BGB. Dort heißt es:

§§

*Der nichterwerbstätige Ehegatte kann nur dann darauf verwiesen werden, seinen Unterhalt durch eine Erwerbstätigkeit selbst zu verdienen, wenn dies von ihm nach seinen persönlichen Verhältnissen, insbesondere wegen einer früheren Erwerbstätigkeit unter Berücksichtigung der Dauer der Ehe, und nach den wirtschaftlichen Verhältnissen beider Ehegatten erwartet werden kann.*

Das Bestehen einer Erwerbsobliegenheit des Unterhaltsbegehrenden, ist nach den in § 1361 Abs. 2 BGB genannten Maßstäben zu beurteilen. Hier wird wieder der Grundsatz der zunehmenden Eigenverantwortlichkeit deutlich, denn ein getrenntlebender Ehegatte, der nicht erwerbstätig war, ist nur unter engeren Voraussetzungen als ein geschiedener Ehegatte (hier gilt § 1574 Abs. 2 BGB; siehe Kapitel B. III. 1.4) auf eine eigene Erwerbstätigkeit zu verweisen (BGH NJW 2001, S. 973).

✓

**Regeln für die Erwerbsobliegenheiten bei Ehegatten ohne Kinder**

Folgende Faustregeln können für die Frage der Erwerbsobliegenheit bei Trennung von Ehegatten, die keine Kinder (mehr) zu betreuen haben, genannt werden:

- Die Obliegenheit, eine Erwerbstätigkeit aufzunehmen oder auszuweiten, trifft den vor der Trennung längere Zeit nicht erwerbstätigen Ehegatten nicht im 1. Trennungsjahr.
- Anders kann der Fall liegen, wenn die Ehe nur von kurzer Dauer war. Dies hat der Bundesgerichtshof in einer aktuellen Entscheidung)bei einer Ehedauer von 2 1/2 Jahren bis zur Trennung der Eheleute angenommen(BGH NJW 2001, S. 973).
- Bei längerer Ehe kommt eine zweijährige Übergangszeit in Betracht (OLG Hamm FamRZ 1996, S. 1218).
- Bei einer nur kurzen Berufspause ist von einer kürzeren Übergangszeit auszugehen (OLG Koblenz FamRZ 1994, S. 1253).
- Für die Frage, wann die Ausweitung einer Teilzeitarbeit erwartet werden kann, gelten ähnliche Maßstäbe. Allerdings ist zusätzlich das Arbeitsplatzrisiko (Aufgabe einer sicheren Teilzeitbeschäftigung gegen Aufnahme einer befristeten

Vollzeittätigkeit) zu beachten (OLG München OLG-Report 1992, S. 216).

Weitere Merkmale sind

- Dauer der Nichterwerbstätigkeit,
- Wirtschaftlichen Verhältnisse der Ehegatten (bei eingeschränkten wirtschaftlichen Verhältnissen ist die Erwerbsobliegenheit verstärkt, während sie bei guten wirtschaftlichen Verhältnissen des Unterhaltspflichtigen abgeschwächt sein kann),
- Alter und Krankheit.

**Freiwillige Zahlung kann zur Ausweitung der Unterhaltsverpflichtung führen**

Der Zeitpunkt, von dem an eine Erwerbsobliegenheit angenommen werden kann, verschiebt sich unter Umständen nach hinten, wenn freiwillig Unterhalt gezahlt wird und der Unterhaltsberechtigte davon ausgehen konnte, einer Erwerbstätigkeit nicht nachgehen zu müssen.

Betreut der unterhaltsberechtigte Ehegatte gemeinsame Kinder, gelten im Grunde die gleichen, von der Rechtsprechung entwickelten Altersstufen wie beim Nachscheidungsunterhalt wegen Kinderbetreuung gemäß § 1570 BGB. Es ist aber eine großzügigere Beurteilung als nach der Ehescheidung vorzunehmen, weil die Betreuungssituation auf die ursprünglich gemeinsamen Planungen der Eheleute zurückzuführen ist. Für eine solche großzügigere Wertung ist allerdings kein Raum, wenn die wirtschaftlichen Verhältnisse eng sind und die Trennungszeit fortschreitet (OLG Hamm OLGR 1997, S. 95). Ein wesentlicher Unterschied zum Nachscheidungsunterhalt besteht darin, dass auch die Betreuung nicht gemeinsamer Kinder ausreicht, dass der Unterhaltsberechtigte nicht auf eine eigene Erwerbstätigkeit verwiesen werden kann.

**Trennungsunterhalt bei Studium**

Hat der Ehegatte, der nach der Trennung Unterhalt beansprucht, während der Ehe ein Studium aufgenommen, darf dieses fortgesetzt werden (OLG Hamm FamRZ 1995, S. 170). Voraussetzung dafür ist, dass es sich um ein planvolles Studium handelt. Der Unterhaltsanspruch ist aber auf die Regelstudienzeit begrenzt.

**Ggfs. fiktiv Einkünfte zurechenbar**

Kommt der Unterhalt beanspruchende Ehegatte seiner Obliegenheit, Einkünfte zu erzielen, nicht nach, können ihm fiktive Einkünfte zugerechnet werden. Er wird so behandelt, als stünden ihm die wirtschaftlichen Mittel zur Verfügung, die er erzielen könnte.

### (2) Einkommen aus unzumutbarer Tätigkeit

**Billigkeitsanrechnung**

Für Einkommen aus einer Tätigkeit, zu deren Aufnahme eine Obliegenheit nicht oder nicht in dem Umfang besteht, und die daher jederzeit eingeschränkt oder beendet werden kann, gelten die gleichen Anrechnungsmaßstäbe wie bei § 1577 Abs. 2 BGB. Das bedeutet, dass eine Anrechnung nur in Betracht kommt, wenn der volle Unterhaltsbedarf nicht erreicht wird und die Berücksichtigung des Einkommens der Billigkeit entspricht, also gerecht erscheint.

**Definition »unzumutbare« Tätigkeit**

Eine unzumutbare Tätigkeit wird angenommen, wenn der Berechtigte trotz der Betreuung kleiner Kinder nach der Trennung eine Erwerbstätigkeit aufnimmt (BGH FamRZ 1984, S. 364). Das gilt auch, wenn die Erwerbstätigkeit bereits während des Zusammenlebens der Ehegatten ausgeübt wurde, jetzt aber unter Berücksichtigung der Tatsache, dass die Mitbetreuung durch den anderen Ehepartner wegfällt, als unzumutbar einzustufen ist. Der Hauptanwendungsfall ist der, dass der Unterhaltsberechtigte gemeinsame minderjährige Kinder betreut und deshalb nicht verpflichtet ist, eine Erwerbstätigkeit aufzunehmen oder aufrecht zu halten. Arbeitet der die Kinder betreuende Ehegatte trotzdem, handelt es sich dabei um eine sogenannte *überobligationsmäßige* Tätigkeit.

**Rechtsprechung uneinheitlich**

Die rechtliche Behandlung des Einkommens aus dieser überobligationsmäßigen (also nicht geschuldeten) Tätigkeit wird in der Rechtsprechung uneinheitlich beurteilt. Das liegt an der Problematik, zu bestimmen, wann und in welcher Höhe es gerecht ist (»der Billigkeit entspricht«), den Mehrbetrag anzurechnen.

Teilweise wird dem Unterhaltsberechtigten lediglich das verbleibende Einkommen nach Abzug der Betreuungsaufwendungen und eines noch zu berücksichtigenden Freibetrages angerechnet. Verbreitet ist die Ansicht, pauschal 1/3 oder 1/2 anrechnungsfrei zu belassen, um dem Unterhaltsberechtigten die Möglichkeit zu geben, trotz trennungsbedingt eingeschränkter wirtschaftlicher Verhältnisse der Familie, seinen

Lebensstandard aufrecht zu erhalten In der Regel gilt, dass 50 % der aus unzumutbarer Tätigkeit stammenden Einkünfte berücksichtigt werden.

### (3) Haushaltsführung für einen neuen Partner

Führt der getrennt lebende Ehegatte einem neuen Partner den Haushalt, wird der wirtschaftliche Wert dieser Versorgungsleistungen grundsätzlich angerechnet. Dabei handelt es sich um die Anrechnung einer sogenannten fiktiven (= angenommenen) Vergütung und die Berücksichtigung ersparter Lebenshaltungskosten durch die Haushaltsgemeinschaft mit einem neuen Partner.

In den unterschiedlichen Leitlinien der Oberlandesgerichte zum Unterhaltsrecht werden Richtwerte zwischen 200 und 550 € angesetzt. Voraussetzung ist, dass der Dritte, dem die Versorgungsleistungen erbracht werden, leistungsfähig ist. Das fiktive Entgelt vermindert grundsätzlich in voller Höhe die Bedürftigkeit des unterhaltsbegehrenden Ehegatten (OLG Hamm NJW-RR 1997, S. 645).

### (4) Vermögen des Unterhaltsberechtigten

**Zinseinnahmen sind für den eigenen Unterhaltsbedarf einzusetzen**

Erträge aus dem Vermögen, wie Zinsen, sind zur Deckung des eigenen Unterhaltsbedarfs einzusetzen. Eine Vermögensumschichtung, um möglichst hohe Erträge zu gewährleisten, kann aber während des Getrenntlebens (noch) nicht verlangt werden (BGH FamRZ 1998, S. 87).

**Tipp**

**Vermögensstamm muss grds. nicht angegriffen werden**

Die Verwertung des Vermögensstammes kann regelmäßig nicht verlangt werden, ist aber nicht gänzlich ausgeschlossen. Es kommt darauf an, ob der Einsatz des Vermögens zumutbar ist. Das hängt davon ab, ob der Verbrauch des Vermögens die Wiederaufnahme der ehelichen Lebensgemeinschaft gefährden könnte. Da die Ehegatten während der Trennungszeit noch eine stärkere Verantwortung füreinander tragen, kann je nach Sachlage verlangt werden, dass das Vermögen des anderen Ehegatten geschont wird. Außerdem ist zu prüfen, ob die Verwertung des Vermögensstammes unwirtschaftlich und damit unangemessen ist.

### (5) Wohnvorteil

Der Nutzungswert des mietfreien Wohnens ist als Vermögensertrag zu berücksichtigen. Der Unterhaltsbedarf und die Bedürftigkeit des Unterhaltsberechtigten mindern sich, wenn er eine Wohnung bewohnt, die ihm allein gehört (BGH NJW 1989, S. 2809).

**Vorteil des Wohnen in der Eigentumswohnung reduziert Bedürftigkeit**

Der Unterhaltsberechtigte ist im 1. Trennungsjahr nicht verpflichtet, ein hinter der ehemaligen Ehewohnung stehendes Vermögen gewinnbringender einzusetzen, damit die Wiederherstellung der ehelichen Lebensgemeinschaft in der Ehewohnung nicht erschwert wird (BGH NJW 2000, S. 284).

Bewohnt der Unterhaltsberechtigte eine dem Unterhaltspflichtigen gehörende Wohnung, ist in Höhe der ersparten Kosten von einer Deckung seines Unterhaltsbedarfes durch Naturalleistung auszugehen.

### (6) Erziehungsgeld

Erziehungsgeld ist auf den Unterhaltsanspruch des betreuenden Elternteils nicht anzurechnen (BVerfG FamRZ 2000, S. 1149).

## d) Leistungsfähigkeit des unterhaltspflichtigen Ehegatten

Im Sinne des Unterhaltsrechts sind grundsätzlich alle Einkünfte zu berücksichtigen. Entscheidend ist, ob die Mittel zur Deckung des Lebensbedarfs zur Verfügung stehen. Die Leistungsfähigkeit erstreckt sich nur auf Einkommen, das auch während des Zusammenlebens dauerhaft vorhanden war. Im Einzelnen siehe zu diesem Punkt die Ausführungen zum Kindesunterhalt S. 35 ff.

## e) Ausschluss des Unterhaltsanspruchs nach § 1361 Abs. 3 BGB in Verbindung mit § 1579 Nr. 2 bis 7 BGB

Nach § 1361 Abs. 3 BGB kann die Herabsetzung oder der vollständige Ausschluss des Trennungsunterhalts in Betracht kommen, wenn ein Fall der in § 1579 Nr. 2 bis Nr. 7 BGB für den Nachscheidungsunterhalt gebildeten Ausschlusstatbestände vorliegt. Danach kann der Trennungsunterhalt versagt, herabgesetzt oder zeitlich begrenzt werden, wenn die Inanspruchnahme des Unterhaltspflichtigen grob unbillig wäre, weil

- der Berechtigte sich eines Verbrechens oder eines schweren vorsätzlichen Vergehens gegen den Verpflichteten oder einen nahen Angehörigen des Verpflichteten schuldig gemacht hat (§ 1579 Nr. 2 BGB),
- der Berechtigte seine Bedürftigkeit mutwillig herbeigeführt hat (§ 1579 Nr. 3 BGB),
- der Berechtigte sich über schwerwiegende Vermögensinteressen des Verpflichteten mutwillig hinweggesetzt hat (§ 1579 Nr. 4 BGB),
- der Berechtigte vor der Trennung längere Zeit hindurch seine Pflicht, zum Familienunterhalt beizutragen, gröblich verletzt hat (§ 1579 Nr. 5 BGB),
- dem Berechtigten ein offensichtlich schwerwiegendes, eindeutig bei ihm liegendes Fehlverhalten gegen den Verpflichteten zur Last fällt (§ 1579 Nr. 6 BGB) oder
- ein anderer Grund vorliegt, der ebenso schwer wiegt, wie die in den Nummern 2 bis 6 aufgeführten Gründe.

**Fehlverhalten von Gewicht**

Dem Katalog ist zu entnehmen, dass das Fehlverhalten des Unterhaltsberechtigten gewichtig sein muss.

Auffällig ist, dass § 1579 Nr. 1 BGB, der eine Unterhaltsbeschränkung bei kurzer Ehedauer ermöglicht, beim Trennungsunterhalt nicht gilt. Auch über den Umweg des § 1579 Nr. 7 BGB (andere gleichwertige Gründe) kann dieser Ausschlussgrund nicht herangezogen werden (BGH NJW 1982, S. 1460). Eine Rolle kann eine kurze Ehedauer aber bei der Frage spielen, ob schon frühzeitig eine Erwerbsobliegenheit angenommen werden kann.

**Belange eines gemeinsamen Kindes sind zu berücksichtigen**

Grundsätzlich gilt, dass auch bei Vorliegen einer der Gründe für einen Unterhaltsausschluss oder eine Unterhaltsbeschränkung, die Belange eines gemeinsamen Kindes, das von dem Unterhaltsberechtigten betreut wird, gewahrt werden müssen. Dessen Pflege und Betreuung darf nicht gefährdet werden.

Hertha und Friedrich sind bei ihrer Eheschließung beide erwerbstätig und einig, dass sie keine häusliche Gemeinschaft aufnehmen wollen. Die Ehe verläuft zunächst wie geplant. Als Friedrich mit der Situation nicht mehr einverstanden ist, teilt er Hertha mit, er wolle sich von ihr trennen. Hertha hat damit emotional zwar keine großen Probleme, möchte aber Trennungsunterhalt.

**Fall**

**Beispiel zu §§ 1361 Abs. 3, 1579 Nr. 7 BGB**

Der von Hertha geltend gemachte Unterhaltsanspruch ist aber gemäß §§ 1361 Abs. 3, 1579 Nr. 7 BGB ausgeschlossen (so in einem vergleichbaren Fall der BGH).

## III. Nachscheidungsunterhalt

### 1. Allgemeines zum Nachscheidungsunterhalt

Zum 01. Juli 1977 ist das 1. EheRG in Kraft getreten. Mit diesem Gesetz wurde speziell das Ehegattenunterhaltsrecht neu gestaltet worden. Die Regelungen der §§ 1569 bis 1586 b BGB haben mit Inkrafttreten des neuen Rechts die Regelungen der §§ 58 bis 72 EheG ersetzt. Nach dem alten Recht galt das sogenannte Verschuldensprinzip (§ 58 EheG), wonach derjenige, dem allein oder überwiegend die Schuld am Scheitern der Ehe gegeben wurde, dem anderen Unterhalt zu gewähren hatte. Umgekehrt konnte nur derjenige, dem nach dem Schuldspruch im Scheidungsurteil keine oder nur geringe Schuld an dem Scheitern der Ehe gegeben wurde, überhaupt Unterhalt beanspruchen. Die Abkehr vom Verschuldensprinzip hin zum nachehelichen Unterhaltsrecht, losgelöst von der Scheidungsschuldfrage, ist vom Bundesverfassungsgericht für verfassungsgemäß erklärt worden (BVerfG FamRZ 1981, S. 745).

**§§**

**Entwicklung der Gesetzeslage**

**Abkehr vom Verschuldensprinzip verfassungsgemäß**

Wie jeder Unterhaltsanspruch setzt der Nachscheidungsunterhalt voraus, das der Anspruchsteller bedürftig und der in Anspruch Genommene leistungsfähig ist.

## a) Eigenverantwortung und nachwirkende Mitverantwortung

**Grundsatz: Eigenverantwortlichkeit nach Scheidung**

Der nacheheliche Unterhalt oder auch Nachscheidungsunterhalt ist von den Schlagworten »Eigenverantwortung« und »nachwirkende Mitverantwortung« geprägt. Nach § 1569 BGB kann ein geschiedener Ehegatte allenfalls dann Unterhalt beanspruchen, wenn er nach der Scheidung nicht für sich selbst sorgen kann. Der Nachscheidungsunterhalt ist also von dem Grundsatz der Eigenverantwortung bestimmt. Nachehelich ist prinzipiell jeder Ehegatte verpflichtet, für seinen Unterhalt selbst zu sorgen.

**Eigenverantwortlichkeitsgrundsatz wird durch nachwirkende Mitverantwortung eingeschränkt**

Das Bundesverfassungsgericht hat in seiner eingangs genannten Entscheidung bereits festgehalten, dass der Eigenverantwortlichkeitsgrundsatz durch den sogenannten Grundsatz der nachwirkenden Mitverantwortung eingeschränkt wird. Der Grundsatz der nachehelichen Mitverantwortung schlägt sich in den Anspruchstatbeständen nieder, die im Gesetz in den §§ 1570 bis 1576 BGB aufgezählt sind. Dort sind Umstände genannt, bei deren Vorliegen der Eigenverantwortlichkeitsgrundsatz zurücktritt und ein Unterhaltsanspruch besteht. Diese Umstände sind:

- Betreuung eines gemeinsamen Kindes
- Alter
- Krankheit oder Gebrechen
- fehlende Erwerbsmöglichkeit
- nicht bedarfsdeckende Eigeneinkünfte (Aufstockungsunterhalt)
- Ausbildung, Fortbildung und Umschulung
- sonstige Billigkeitsgründe

**Kein Regel-Ausnahme-Verhältnis**

Zwischen den zwei Grundsätzen der Eigenverantwortung und der nachwirkenden Mitverantwortung besteht kein Regel-Ausnahme-Verhältnis, sondern sie sind gleichwertig nebeneinander zu sehen.

Das Konzept des Gesetzgebers war an sich so angelegt, dass die Anbindung an das Verschulden gekappt wird. An Stelle dessen sollte ein Unterhaltsanspruch nur »ausnahmsweise« bei Vorliegen der vorgenannten Umstände bestehen (BGH FamRZ 1981, S. 242).

In der Praxis hat es sich dagegen gezeigt, dass in der Regel zumindest einer der Unterhaltstatbestände einschlägig ist, so dass das ursprüngliche gesetzgeberische Konzept umgedreht ist. Die Regel ist, dass ein Anspruch besteht, während nur ausnahmsweise kein Unterhaltstatbestand gegeben ist.

## b) Unterhaltskette

**Unterhaltskette grds. erforderlich**

Eine Besonderheit der nachehelichen Unterhaltsberechtigung wird mit dem Begriff »*Unterhaltskette*« zusammengefasst. Ab Rechtskraft der Ehescheidung muss ein ununterbrochener Anspruch auf Unterhalt bestehen. Das folgt aus dem Grundsatz der Eigenverantwortung und lässt sich an den im Gesetz genannten Einsatzzeitpunkten der einzelnen Unterhaltstatbestände ablesen.

Mit Hilfe des Erfordernisses der Unterhaltskette soll erreicht werden, dass sich die Unterhaltstatbestände lückenlos aneinanderreihen. Hat der Unterhaltsberechtigte zwischenzeitlich eine eigene wirtschaftliche Selbständigkeit erreicht, wird die erforderliche Unterhaltskette unterbrochen. Eine spätere Bedürftigkeit steht dann grundsätzlich nicht mehr in Zusammenhang mit der Ehe, ist nicht mehr ehebedingt. Ein neuerlicher Unterhaltsanspruch gegen den ehemaligen Ehepartner auf Nachscheidungsunterhalt ist dann ausgeschlossen. Das gilt auch, wenn schicksalhafte Ereignisse einen Ehegatten nach der Scheidung treffen, so dass dessen Folgen vom anderen Ehegatten in aller Regel nicht mehr mitgetragen werden müssen.

**Ausnahmen möglich**

Von diesen Grundsätzen gibt es Ausnahmen. Danach kommt ein Unterhaltsanspruch bei folgenden Umständen in Betracht:

- Der Unterhaltsberechtigte ist nicht wirklich finanziell unabhängig, weil eine schon während der Ehe vorhandene, aber nicht ausgebrochene Krankheit kurz nach Rechtskraft der Ehe ausbricht.
- § 1573 Abs. 4 S. 1 BGB: Die zunächst erzielten Einkünfte stellen sich als nicht nachhaltig gesichert heraus.
- Ein gemeinsames Kind der geschiedenen Ehegatten, dessen Betreuung nicht mehr erforderlich war, später wieder betreut werden muss.

- § 1586a BGB: Der Unterhaltsanspruch des Ehegatten, der ständig die gemeinsamen Kinder betreut hat kann wieder aufleben, wenn der Unterhaltsanspruch zunächst gemäß § 1586 BGB wegen einer weiteren Ehe erloschen war, diese Ehe aber auch geschieden wird.

**Fall**

**Unterhaltskette**

Maria und Stefan haben sich scheiden lassen. Maria bekommt zunächst Unterhalt wegen Betreuung des gemeinsamen Sohnes Herbert (§ 1570 BGB). Kurz bevor Herbert das 16. Lebensjahr erreicht, erkrankt Maria schwer und kann daher ihren Unterhaltsbedarf nicht durch eigenes Einkommen abdecken (§ 1572 BGB). Von dieser Krankheit erholt sie sich nur langsam. Nach Gesundung steht ihr ein Aufstockungsunterhalt (§ 1573 Abs. 2 BGB) zu.

Bei diesem Verlauf kann Maria ein lebenslanger Unterhaltsanspruch zustehen.

Wäre Maria erst einige Jahre, nachdem Herbert das 16. Lebensjahr erreicht hatte, erkrankt, hätte Stefan seiner Unterhaltsverpflichtung gegenüber Maria endgültig nicht mehr nachkommen müssen. Anders wäre es dagegen, wenn Marias Bedürftigkeit darauf beruhte, dass der inzwischen 17-jährige Herbert wegen eines schweren Moped-Unfalles wieder betreut werden müsste.

## 2. Unterhaltstatbestände des nachehelichen Unterhalts

**§§**

**Katalog in §§ 1570 bis 1575 BGB**

Für den Nachscheidungsunterhalt hält das Gesetz keine Generalklausel parat, sondern in den §§ 1570 bis 1576 BGB einen Katalog von Unterhaltstatbeständen, wobei allerdings der Billigkeitsunterhalt nach § 1576 BGB in Richtung einer Generalklausel geht.

### a) Kinderbetreuungsunterhalt (§ 1570 BGB)

#### (a) Allgemeines

Der häufigste und wichtigste Unterhaltstatbestand ist der in § 1570 BGB genannte Betreuungsunterhalt. Danach kann ein geschiedener Ehegatte Unterhalt verlangen, solange und so weit von ihm wegen der Pflege und Erziehung eines gemeinsamen Kindes nicht erwartet werden kann, dass er einer Erwerbstätigkeit nachgeht.

**Bei nachträglichem Unterhalt nur Betreuung gemeinsamer Kinder**

Ein wichtiger Unterschied zum Trennungsunterhalt nach § 1361 BGB ist, dass beim nachehelichen Unterhalt nur die Pflege und Erziehung eines gemeinsamen Kindes zählt (BGH NJW 1984, S. 1538). Ein Unterhaltsanspruch aus Billigkeitsgründen gemäß § 1576 BGB kommt in diesem Fall aber in Betracht (BGH FamRZ 1983, S. 800).

### (b) Gemeinsames Kind

**Gemeinsame Kinder**

Zu den gemeinsamen Kindern gehören
- die in und vor der Ehe geborenen Kinder, wenn die Vaterschaft anerkannt oder festgestellt wird,
- sogenannte »scheineheliche Kinder«, bis zur rechtskräftigen Feststellung der Vaterschaft eines anderen Mannes und
- gemeinsam adoptierte Kinder (§ 1754 BGB).

Nicht zu den gemeinsamen Kindern gehören
- Kinder eines Ehegatten aus einer früheren Ehe,
- nacheheliche gemeinsame Kinder (BGH FamRZ 1998, S. 426),
- Pflegekinder.

Hat ein Ehegatte sich entschieden, die Pflege und Erziehung der gemeinsamen Kinder persönlich zu übernehmen, ist diese Entscheidung vor dem Hintergrund des Artikel 6 Abs. 2 GG (»Pflege und Erziehung der Kinder sind das natürliche Recht der Eltern und die zuvörderst ihnen obliegende Pflicht.«) zu achten.

### (c) Dauer

Die Dauer des Betreuungsunterhalts ist im Gesetz nicht ausdrücklich geregelt. Es kommt auf den Einzelfall an, wie etwa
- die persönliche Situation des unterhaltsbeanspruchenden Elternteils (Alter, Gesundheitszustand, Berufsausbildung, Arbeitsmarktchance),
- eine etwaige frühere Berufstätigkeit des Unterhaltsberechtigten,

- Dauer der Ehe,
- wirtschaftliche Gesamtsituation der (geschiedenen) Ehegatten,
- mögliche Hilfe Dritter (z.B. Großeltern),
- außergewöhnlich hoher Betreuungsaufwand (Problemkind; Behinderung oder Krankheit eines Kindes).

Es gibt also keine starren Altersgrenzen. In der Rechtsprechung hat sich aber folgende Richtschnur herausgebildet:

**Altersgrenzen in der Rechtsprechung**

- Keine Erwerbsobliegenheit trifft den betreuenden Elternteil regelmäßig bei der Betreuung
- eines bis 8 Jahre alten Kindes (BGH FamRZ 1992, S. 1045); diverse Leitlinien der Oberlandesgerichte),
- eines Kindes bis zum Ende der Grundschule (OLG Hamm FamRZ 1994, S. 1115; z.B. Leitlinien des OLG Celle und des OLG Hamm),
- zweier Kinder bis 14 Jahre (BGH FamRZ 1997, S. 873),
- dreier Kindern bis 18 jeweils nach dem Umständen des Einzelfalles (BGH FamRZ 1990, S. 283),
- eines über 8 Jahre alten »Problemkindes«, wenn dieses ebenso betreuungsbedürftig ist, wie ein Kind bis 8 Jahre (BGH FamRZ 1985, S. 50; OLG Hamm FamRZ 1994, S. 963 und 1115).

**Teilerwerbsobliegenheiten**

Eine teilweise Erwerbsobliegenheit (stundenweise bis halbschichtig) trifft den betreuenden Elternteil regelmäßig bei der Betreuung,

- eines Kindes von 9-15 bzw. oder 9-16 (uneinheitlich in den Leitlinien und der Rechtsprechung gehandhabt),
- zweier Kindern bis 18 (BGH FamRZ 1999, S. 372).

**Volle Erwerbsobliegenheit**

Eine volle Erwerbsobliegenheit trifft den betreuenden Elternteil regelmäßig bei der Betreuung,

- eines Kindes ab 15 (OLG Celle FamRZ 1994, S. 963; Leitlinien des KG Berlin) oder 16 (BGH FamRZ 1997, S. 671; OLG Naumburg FamRZ 1998, S. 552; Leitlinien des OLG Düsseldorf),
- mehrerer volljähriger Kinder.

### (d) Privilegierung

Der Anspruch auf Betreuungsunterhalt nach § 1570 BGB ist gegenüber anderen nachehelichen Unterhaltsansprüchen wie folgt bevorzugt.

**Herabsetzung eingeschränkt**

Während der Betreuung gemeinsamer Kinder ist die Herabsetzung oder Versagung des Unterhalts gemäß § 1579 BGB nur eingeschränkt möglich.

Die Kindererziehungszeiten werden bei der Berechnung der Ehedauer berücksichtigt, so dass eine Einschränkung oder ein Unterhaltsausschluss wegen kurzer Ehedauer bei Kinderbetreuung erschwert ist.

**Wiederaufleben möglich**

Der Betreuungsunterhaltsanspruch kann (anders als sonstige Ansprüche auf nachehelichen Unterhalt) wiederaufleben, auch wenn zunächst bei Scheidung kein Anspruch auf nachehelichen Unterhalt bestand, weil der Unterhalt des Berechtigten durch sein Vermögen zunächst gesichert war, dieses Vermögen aber später wegfällt (verbraucht ist).

**Vorrang gegenüber neuem Ehegatten**

Der geschiedene Ehegatte hat Vorrang gegenüber Unterhaltsansprüchen eines neuen Ehegatten gemäß § 1582 Abs. 1 S. 2 und 3 BGB.

Der Grund für die besondere Behandlung des Unterhaltsanspruchs nach § 1570 BGB liegt nicht in der Person des Unterhaltsberechtigten, sondern darin, dass die Interessen der Kinder möglichst weitreichend geschützt werden sollen.

## c) Altersunterhalt (§ 1571 BGB)

### (a) Einsatzzeitpunkte

Für den in § 1571 BGB geregelten Unterhalt des geschiedenen Ehegatten wegen Alters nennt das Gesetz drei Einsatzzeitpunkte:

- Scheidung,
- Beendigung der Pflege und Erziehung eines gemeinsamen Kindes oder

- Wegfall eines Unterhaltsanspruchs gemäß § 1572 BGB (Krankheitsunterhalt) oder § 1573 BGB (Unterhalt bis zur Erlangung einer angemessenen Erwerbstätigkeit).

Der geschiedene Ehegatte kann danach zum Einsatzzeitpunkt Unterhalt beanspruchen, wenn von ihm zu diesem Zeitpunkt eine Erwerbstätigkeit nicht mehr erwartet werden kann. Der Unterhaltsanspruch setzt damit eine Unterhaltskette im Sinne einer ununterbrochenen Bedürftigkeit voraus. Fehlt dem Unterhaltspflichtigen zwischendurch die Leistungsfähigkeit, unterbricht dies die Unterhaltskette nicht; umgekehrt führt die zwischenzeitlich fehlende Bedürftigkeit des Unterhaltsberechtigten zu einer Unterbrechung der Unterhaltskette, so dass ein weiterer nachehelicher Unterhaltsanspruch ausgeschlossen ist.

**z.B.**

In der Praxis kommt folgender Ablauf häufiger vor: Der Unterhaltsberechtigte erhält zunächst Nachscheidungsunterhalt wegen Betreuung gemeinsamer Kinder, an den sich der Unterhaltsanspruch wegen Arbeitslosigkeit anschließt, bis er schließlich in den Altersunterhalt nach § 1571 BGB übergeht.

### (b) Altersgrenze

**Keine gesetzliche Regelung zur Altersgrenze**

Wie beim Betreuungsunterhalt Angaben zum Alter der Kinder im Gesetz nicht genannt sind, fehlt zur Altersgrenze in § 1571 BGB ebenso eine gesetzliche Regelung. Es kommt wiederum auf den Einzelfall an. Spätestens mit dem Erreichen der allgemeinen Rentenaltersgrenze mit dem 65. Lebensjahr kann eine Erwerbstätigkeit vom Unterhalt beanspruchenden geschiedenen Ehegatten nicht mehr erwartet werden (BGH FamRZ 1992, S. 43). Regelmäßig ist das auch der Fall, wenn bereits eine Rente bezogen wird. Allein reicht aber der Rentenbezug nicht aus, wenn er etwa darauf beruht, dass der (vermeintlich) Unterhaltsberechtigte aufgrund des Erreichens einer flexiblen Altersgrenze früher in den Ruhestand geht (BGH NJW 1999, S. 1547).

Die vorzeitige Pensionierung aus gesundheitlichen Gründen muss hingegen im Allgemeinen akzeptiert werden (BGH FamRZ 1984, S. 662), zumal in diesen Fällen ohnehin auch der Anspruch aus § 1572 BGB als Krankheitsunterhalt herzuleiten sein dürfte. Darüber hinaus existiert keine feste Altersgrenze unter 65. Die Arbeitsfähigkeit muss im Einzelfall bestimmt werden.

**Frühzeitiger Altersunterhalt im Einzelfall möglich**

Relativ frühzeitige Altersunterhaltsansprüche kommen in Betracht, wenn der Unterhaltsberechtigte bei einer langen Ehedauer durchgängig den Haushalt geführt oder Kinder betreut und der Verpflichtete eine sehr gute berufliche Stellung hat. In einem solchen Fall kann auch ein Altersunterhaltsanspruch schon vor dem 60. Lebensjahr in Betracht kommen (BGH NJW 1991, S. 1049). Das OLG Hamburg hat einen Altersunterhaltsanspruch bei einer 53-jährigen Frau zugesprochen, wenn eine Ausbildung keinen Erfolg mehr verspricht (OLG Hamburg FamRZ 1991, 445). Andere Gerichte halten einen Anspruch auf Altersunterhalt mit knapp über 50 noch nicht für möglich.

### d) Krankheitsunterhalt (§ 1572 BGB)

#### (a) Einsatzzeitpunkte

§§

Der nacheheliche Unterhalt wegen Krankheit und Gebrechen ist in § 1572 BGB geregelt. Danach steht dem geschiedenen Ehegatten Unterhalt zu, wenn ihm vom Zeitpunkt

- der Scheidung,
- der Beendigung der Pflege und Erziehung eines gemeinsamen Kindes oder
- der Beendigung einer Ausbildung, Fortbildung oder Umschulung oder
- des Wegfalls eines Unterhaltsanspruchs nach § 1573 BGB (Unterhalt bis zur Erlangung einer angemessenen Erwerbstätigkeit)

an wegen Krankheit oder anderer Gebrechen oder Schwäche seiner körperlichen oder geistigen Kräfte nicht erwartet werden kann, eine Erwerbstätigkeit auszuüben.

**Tipp**

**Zeitlicher Zusammenhang erforderlich**

Auch für diesen Unterhaltstatbestand gilt, dass eine ununterbrochene Unterhaltskette vorliegen muss. Die Kette ist aber nicht unterbrochen, wenn eine zum Einsatzzeitpunkt vorhandene Krankheit sich in nahem zeitlichen Zusammenhang entsprechend verschlimmert, so dass erst dadurch die Unzumutbarkeit einer Erwerbstätigkeit ausgelöst wird (OLG Düsseldorf FamRZ 1998, S. 1519). Dieser zeitliche Zusammenhang kann auch nach Ablauf von knapp 2 Jahren noch gegeben sein (BGH NJW 2001, S. 3260).

**Späte Unterhaltsrelevanz unterbricht die Kette**

Führt eine bei der Scheidung bereits bestehende Psychose erst 4 Jahre später zur Erwerbsunfähigkeit, ist die erforderliche Unterhaltskette jedenfalls unterbrochen (OLG Karlsruhe FamRZ 1994, S. 105). Ein Krankheitsunterhaltsanspruch nach § 1572 BGB scheidet dann aus, weil hier der Eigenverantwortlichkeitsgrundsatz durchgreift.

Die Einsatzzeitpunkte können sich dadurch verschieben, dass der Unterhaltsverpflichtete den Unterhalt uneingeschränkt weiter zahlt, ohne Erwerbsbemühungen einzufordern, die der Berechtigte dann auch unterlässt (BGH FamRZ 1990, S. 496).

Schließt sich der Krankheitsunterhalt an den Betreuungsunterhalt an, ist er auf dessen Höhe begrenzt (OLG Düsseldorf FamRZ 1994, S. 965). War der Unterhaltsberechtigte in der Endphase der Kinderbetreuung also teilweise erwerbstätig, verändert sich der Unterhaltsanspruch der Höhe nach nicht, auch wenn die Krankheit zur Folge hat, dass er nun keinerlei eigene Einkünfte mehr erzielen kann.

### (b) Krankheitsbegriff

**Krankheitsbegriff wie im Sozialversicherungsrecht**

Der Krankheitsbegriff entspricht dem im Sozialversicherungsrecht. Krankheit ist danach jeder regelwidrige Körper- und Geisteszustand, der behandlungsbedürftig ist und/oder Arbeitsunfähigkeit zur Folge hat. Alkohol- und Drogensucht sowie Medikamentenabhängigkeit werden in der Regel ebenfalls als Erkrankung angesehen. Unter Gebrechen versteht man etwa Taubheit oder Blindheit. Eine Schwäche der körperlichen Kräfte liegt bei erheblich eingeschränkter körperlicher Konstitution vor. Eine geistige Schwäche wird etwa bei auffallender intellektueller Minderbegabung angenommen.

Für alle Einschränkungen gilt:

**Krankheit muss behandelt werden**

Der Berechtigte ist grundsätzlich verpflichtet, seine Erkrankung behandeln zu lassen oder sich einer entsprechenden Kur zu unterziehen, um seine Arbeitskraft wiederherzustellen.

Umstritten ist in Grenzbereichen die Auslegungsfähigkeit des Krankheitsbegriffes. Die Erkrankung darf nicht nur vorübergehender Natur sein, sondern muss den Erkrankten dauernd beeinträchtigen, was wiederum nicht gleichbedeutend mit Unheilbarkeit ist.

**Tipp**

**So genannte Unterhaltsneurosen sind problematisch**

Die Gerichte hatten sich speziell mit den sogenannten Unterhaltsneurosen (»krankhafte Schwellenangst«) zu befassen, bei denen es darauf ankommt, ob die Steuerungsfähigkeit noch bejaht werden kann. Die Abgrenzung zwischen psychischer Erkrankung und Simulation ist hier besonders schwierig. Die psychischen Belastungen durch Trennung und Scheidung rechtfertigen regelmäßig keinen dauerhaften nachehelichen Unterhalt gemäß § 1572 BGB (OLG Hamm FamRZ 1995, S. 996).

Im Prozess ist die Erkrankung durch ein aussagekräftiges ärztliches Attest nachzuweisen, wobei ein Gutachten eines medizinischen Sachverständigen einzuholen ist, wenn der in Anspruch genommene Unterhaltsschuldner die Erkrankung bestreitet. Lässt der Kranke sich nicht behandeln, kommt ein Ausschluss des Unterhalts gemäß § 1579 Nr. 3 BGB (mutwillige Herbeiführung der Bedürftigkeit) in Betracht.

### e) Arbeitslosigkeitsunterhalt (§ 1573 Abs. 1 BGB)

#### (a) Einsatzzeitpunkte

**§§**

**Arbeitslosigkeitsunterhalt (§ 1573 Abs. 1 BGB)**

Die Regelung zum nachehelichen Unterhalt wegen Arbeitslosigkeit findet sich in § 1573 Abs. 1 und 3 BGB. Danach steht dem geschiedenen Ehegatten solange und soweit Unterhalt zu, wie er vom Zeitpunkt

- der Scheidung,
- des Wegfalls des Unterhaltsanspruches nach § 1570 BGB (Betreuungsunterhalt),
- des Wegfalls des Unterhaltsanspruches nach § 1571 BGB (Altersunterhalt),
- des Wegfalls des Unterhaltsanspruches nach § 1572 BGB (Krankheitsunterhalt) oder
- des Wegfalls des Unterhaltsanspruches nach § 1575 BGB (Ausbildungsunterhalt).

an keine angemessene Erwerbstätigkeit zu finden vermag.

**Sinn und Zweck des Anspruchs ist Erhaltung des Lebensstandards**

Wenn ihre Voraussetzungen noch vorliegen, gehen die genannten Unterhaltstatbestände vor (BGH FamRZ 1990, S. 494). Sinn und Zweck des Unterhaltsanspruchs nach § 1573 Abs. 1 und 3 BGB ist es, dem bedürftigen geschiedenen Ehegatten die Möglichkeit zu geben, den ehelichen Lebensstandard zu erhalten. Das Gesetz trägt damit dem Umstand Rechnung, dass die von den Eheleuten während der Ehe erreichte Lebensstellung auf einer gemeinsamen Leistung beider beruht, unabhängig von der Aufteilung der Erwerbstätigkeit während der Ehe.

**z.B.**

Hat zum Beispiel ein Ehegatte zugunsten des anderen auf ein berufliches Fortkommen verzichtet, wäre es nicht gerechtfertigt, ihm die daraus resultierenden Nachteile allein aufzubürden, während der andere Ehegatte weiter von der damaligen Lebensgestaltung der Partnerschaft profitiert. Die Bedeutung der ehelichen Lebensverhältnisse steigt mit zunehmender Ehedauer. Bei relativ kurzer Ehe kann sich der Unterhalt begehrende Ehegatte naturgemäß nicht in dem Maße darauf berufen, das von dem anderen Erreichte positiv mitgestaltet zu haben, wie es bei einer langjährigen Ehe der Fall wäre.

### (b) Unvermögen eine Erwerbstätigkeit zu finden

Voraussetzung für den Arbeitslosenunterhalt ist, dass der Berechtigte bei Rechtskraft der Ehescheidung nicht oder nur zum Teil in angemessener Weise erwerbstätig war (BGH FamRZ NJW 1985, S. 430). Die Bedürftigkeit aufgrund der mangelnden Erwerbsmöglichkeit muss zum Zeitpunkt der Einsatzzeitpunkt vorliegen, weil der geschiedene Ehepartner das Arbeitsplatzrisiko nur mittragen muss, wenn es sich im Zusammenhang mit der Ehe verwirklicht hat. Besteht keine Unterhaltskette, trifft den arbeitslosen Ehegatten das Arbeitsplatzrisiko als allgemeines Lebensrisiko allein.

## f) Aufstockungsunterhalt (§ 1573 Abs. 2 BGB)

### (a) Allgemeines zum Aufstockungsunterhalt

**Regelung vom Verfassungsgericht überprüft**

Reichen die Einkünfte des Unterhaltsberechtigten aus einer angemessenen Erwerbstätigkeit nicht aus, seinen vollen, von den ehelichen Lebensverhältnissen bestimmten Unterhaltsbedarf zu decken, kann er den Unterschiedsbetrag zwischen den Einkünften und dem vollen Unterhalt verlangen (§ 1573 Abs. 2 BGB). Mit der Regelung soll erreicht werden, dass dem geringer verdienenden Ehegatten der eheliche Lebensstandard erhalten werden kann. Das Bundesverfassungsgericht hat entschieden, dass diese Vorschrift und der mit ihr verfolgte Zweck verfassungsgemäß ist (BVerfG NJW 1981, S. 1771).

Weiterer Sinn der Vorschrift ist es, dem Unterhaltsberechtigten einen Ansporn zu geben, eine nur teilweise seinen Lebensstandard gewährleistenden Erwerbstätigkeit beizubehalten oder eine solche aufzunehmen.

**Tipp**

Macht der Unterhaltsberechtigte den Anspruch zeitweise nicht geltend, soll darin kein Verzicht zu sehen sein (OLG Braunschweig OLGR 1995, S. 62).

Der Aufstockungsunterhaltsanspruch nach § 1573 Abs. 2 BGB kommt in der Praxis häufig vor.

**Fall**

Ariane ist Arzthelferin und von dem sehr gut verdienenden Rechtsanwalt Bernhard geschieden worden. Ich Unterhaltsbedarf ist mit 2.000 € zu bemessen. Es kann durchaus sein, dass Ariane den Unterhaltsbedarf nie durch ihre eigene Erwerbstätigkeit sichern kann, auch wenn sie diese vollschichtig ausübt. Der Aufstockungsunterhalt besteht daher und kann unter Umständen das lebenslang zu zahlen sein.

### (b) Einsatzzeitpunkte

Beim Aufstockungsunterhalt gelten die selben Einsatzzeitpunkte wie beim Arbeitslosenunterhalt nach § 1573 Abs. 1 und 3 BGB (OLG Hamm FamRZ 1994, S. 1392).

### (c) Vorrangige Unterhaltstatbestände

Aufstockungsunterhalt kommt erst dann in Frage, wenn nicht schon ein Anspruch auf
- Betreuungsunterhalt,
- Altersunterhalt oder
- Krankheitsunterhalt

besteht. Dies bedeutet, dass der Aufstockungsunterhalt gegenüber diesen Unterhaltstatbeständen nachrangig (subsidiär) ist.

### (d) Einkommensgefälle

**Kein mathematisch genauer Ausgleich bezweckt**

Der gesetzliche Regelung zum Aufstockungsunterhalt bezweckt nicht, einen mathematisch genauen Ausgleich zwischen den Eheleuten. Geringfügige Einkommensunterschiede sind hinzunehmen. Was nun geringfügig sein soll, ist dem Gerechtigkeitsempfinden zu überlassen. Vertreten wird, dass die Grenze wegen des Sinns der Vorschrift bei 10 % der Gesamteinkünfte liegen soll (OLG Düsseldorf FamRZ 1996, S. 947). Einigkeit besteht darin, dass diese Einschränkung auf keinen Fall auf die anderen Unterhaltstatbestände des Nachscheidungsunterhalts anwendbar ist.

## g) Ausbildungsunterhalt (§1575 BGB)

**Ausbildungsunterhalt (§ 1575 BGB)**

Der § 1575 BGB bestimmt, dass ein geschiedener Ehegatte, der in Erwartung der Ehe oder während der Ehe eine Schul- oder Berufsausbildung nicht aufgenommen oder abgebrochen hat, gegen seinen geschiedenen Ehegatten einen Anspruch auf Ausbildungsunterhalt hat.

### (a) Zweck des Ausbildungsunterhaltes

**Ausgleich ehebedingter Nachteile**

Mit der Regelung des § 1575 BGB wird dem geschiedenen Ehegatten nicht generell ein Unterhaltsanspruch zur Finanzierung einer Ausbildung zugebilligt. Zweck der Regelung ist lediglich der Ausgleich ehebedingter Nachteile.

### (b) Voraussetzungen des Anspruchs

**Voraussetzungen im Einzelnen**

- Die Ausbildung muss in unmittelbarem Zusammenhang mit der Eheschließung oder in der Ehe abgebrochen worden sein (etwa wegen der Geburt eines Kindes). Die Aufnahme der Ausbildung erst während der Trennungszeit reicht nicht aus (BGH FamRZ 1984, S. 561), weil dann kein ehebedingter Nachteil vorliegt.
- Die aufzunehmende Ausbildung muss im Niveau des Ausbildungsziels mit der abgebrochenen vergleichbar sein.
- Die Ausbildung muss sobald wie möglich aufgenommen werden, wobei eine Überlegungsfrist einzuräumen ist. Ein exakter Einsatzzeitpunkt existiert nicht. Bei schuldhaftem Zögern geht der Anspruch verloren.
- Der erfolgreiche Abschluss der Ausbildung muss zu erwarten sein.
- Die Ausbildung muss, bei erfolgreichem Abschluss, geeignet sein, eine Erwerbstätigkeit zu erlangen, die den Unterhalt nachhaltig sichert.

### (c) Zweitausbildung/Dauer

**Nur Erstausbildung zählt**

Der Anspruch ist nicht gegeben, wenn es sich um eine Zweitausbildung handelt, denn nur eine Erstausbildung soll finanziert werden. Eine Altersbegrenzung besteht nicht. Der Anspruch besteht allerdings höchstens für die Regelausbildungszeit. Daher ist eine zeitliche Begrenzung auf die voraussichtliche Ausbildungszeit möglich (BGH NJW 1986, S. 985).

### (d) Fortbildung und Umschulung

Dasselbe gilt für Fortbildung und Umschulung. Das betrifft vorwiegend die Fälle, in denen das Berufsbild des erlernten Berufes in der Zeit, in der der Berechtigte ihn ehebedingt nicht ausgeübt hat, eine erhebliche (technische) Weiterentwicklung erfahren hat. Ohne eine Anpassung des eigenen Ausbildungsstandes bestünde dann keine oder eine deutlich geringere Chance auf einen Arbeitsplatz.

## h) Billigkeitsunterhalt (§ 1576 BGB)

§§

Ein Nachscheidungsunterhaltsanspruch kommt schließlich nach § 1576 BGB in Betracht. Voraussetzung ist, dass

- sonstige schwerwiegende Gründe existieren, dass dem Berechtigten eine Erwerbstätigkeit nicht zugemutet werden kann, und
- die Versagung des Unterhaltes unter Berücksichtigung der Belange beider Ex-Ehegatten grob unbillig wäre.

### (a) Zweck

**Ausnahme-regelung**

Es handelt sich um eine Ausnahmeregelung mit der Härtefälle aufgefangen werden sollen, die nicht vom gesetzlichen Unterhaltskatalog erfasst werden (BGH NJW 1998, S. 1065). Eine Besonderheit ist, dass die Gründe für die Unzumutbarkeit der Erwerbstätigkeit nicht ehebedingt sein müssen (BGH FamRZ 1983, 800). Einer solchen Ehebedingtheit kommt aber eine sogenannte Indizwirkung zu, die ein wichtiger Anhaltspunkt für die Frage ist, ob ein schwerwiegender Grund vorliegt.

### (b) Beispiele für sonstige schwerwiegende Gründe

**z.B.**

Als schwerwiegende Gründe im Sinne der Auffangregelung des § 1576 BGB können in Betracht kommen:

- Die Betreuung eines Stief- oder Pflegekindes.
- Aufnahme und Betreuung des Kindes eines gemeinsamen Kindes (so AG Werne FamRZ, S. 1016).
- Besondere Leistungen für den anderen Ehegatten während der Ehe (z.B. Pflege von Angehörigen des anderen; erhebliche Vermögensopfer zugunsten des Verpflichteten).
- Die Mitverantwortung des Unterhaltspflichtigen für eine Erkrankung des Bedürftigen (OLG Zweibrücken FuR 2001, S. 418), bei der die Voraussetzungen für einen Anspruch nach § 1572 BGB (Krankheitsunterhalt) nicht vorliegen.

### (c) Grobe Unbilligkeit

Grobe Unbilligkeit bedeutet, dass die Versagung des Unterhalts dem Gerechtigkeitsempfinden in unerträglicher Weise widersprechen muss. Diese Formulierung macht deutlich, dass die Schwelle sehr hoch ist. Ob sie überschritten wird, kann von der Natur des Unterhaltsanspruches nur unter Berücksichtigung sämtlicher Umstände des Einzelfalles entschieden werden.

Für den (positiven) Billigkeitsunterhalt greift die (negative) Härteklausel des § 1579 BGB nicht ein, denn es kann nicht grob unbillig sein, einen Unterhaltsanspruch zu versagen, und zugleich grob unbillig sein, den Verpflichteten in Anspruch zu nehmen.

**Für Billigkeitsunterhalt gilt Härteklausel des § 1579 BGB nicht**

## 3. Verpflichtung zur angemessenen Erwerbstätigkeit (§ 1574 BGB)

In der für sämtliche Unterhaltstatbestände geltende Regelung des § 1574 Abs. 1 BGB ist festgehalten, dass der geschiedene Ehegatte nur eine ihm angemessene Erwerbstätigkeit auszuüben hat. Diese Vorschrift grenzt den in § 1569 BGB festgeschriebenen Grundsatz der Eigenverantwortlichkeit ein. Die Angemessenheit ist Grundvoraussetzung dafür, dass eine Erwerbsobliegenheit angenommen werden kann. Ist das nicht der Fall, kann von dem geschiedenen Ehegatten keine Erwerbstätigkeit verlangt werden (BGH NJW 1983, S. 1483).

**§ 1574 Abs. 1 BGB gilt für sämtliche Unterhaltstatbestände des Nachscheidungsunterhalts**

Nach der gesetzlichen Begriffsbestimmung in § 1574 Abs. 2 BGB ist eine Erwerbstätigkeit angemessen, die

- der Ausbildung,
- den Fähigkeiten,
- dem Lebensalter und
- dem Gesundheitszustand des geschiedenen Ehegatten
- sowie den ehelichen Lebensverhältnissen entspricht.

Im Hinblick auf die zu berücksichtigenden ehelichen Lebensverhältnisse weist das Gesetz ausdrücklich darauf hin, dass die Dauer der Ehe und die Dauer der Pflege oder Erziehung eines gemeinsamen Kindes zu berücksichtigen sind.

Als angemessen anzusehen ist die Tätigkeit in dem Beruf, in dem der Unterhaltsberechtigte ausgebildet ist. In Ausnahmefällen kann es unangemessen sein, in einen einfachen, weit unterhalb des ehelichen Lebensstandards liegenden Beruf zurückzukehren, wenn die ehelichen Lebensverhältnisse außer-

**Ausbildung**

gewöhnlich gut waren (Beispiel: Ehegattin eines Chefarztes soll wieder als Haushälterin arbeiten). Umstellungsschwierigkeiten sind hinzunehmen, aber bei der Abwägung zu berücksichtigen.

Besondere Fähigkeiten sind auszunutzen und bei der Frage der Angemessenheit der Erwerbstätigkeit zu berücksichtigen.

**Alter**

Die Altersfrage stellt sich, wenn zwar aufgrund des Alters eine Erwerbstätigkeit nicht ausgeschlossen ist, wegen der Art der anzustrebenden Tätigkeit aber fraglich ist, ob diese noch altersangemessen ist (etwa Mannequin; Tennistrainer). Häufig kommt aber zumindest eine Teilzeitbeschäftigung in Betracht.

Die Problematik stellt sich, wenn der Gesundheitszustand des Unterhaltsberechtigten nicht schon eine Erwerbstätigkeit vollständig ausschließt. Hier gilt ebenfalls, dass meist eine Teilzeitbeschäftigung, evtl. Geringverdienerbereich, zumutbar sein dürfte.

**Eheliche Lebensverhältnisse**

Die Bezugnahme auf die ehelichen Lebensverhältnisse veranschaulicht, dass ein unangemessener sozialer Abstieg des Berechtigten mit der Norm verhindert werden soll (BGH FamRZ 1988, S. 1145). Je länger die Ehe angedauert hat, desto gewichtiger sind die ehelichen Lebensverhältnisse für die Frage der Angemessenheit einer Erwerbstätigkeit des Berechtigten. Bei einer langen Ehe und gehobenen wirtschaftlichen Verhältnissen wird die Schwelle für die den Berechtigten angemessenen Berufstätigkeiten höher angesiedelt, als bei beengten wirtschaftlichen Verhältnissen.

**Fiktive Anrechnung möglich**

Kommt der Unterhaltsberechtigte einer ihm zumutbaren und angemessenen Erwerbstätigkeit nicht nach, können ihm – wie dem Unterhaltspflichtigen bei der Frage seiner Leistungsfähigkeit – fiktiv die Einkünfte zugerechnet werden, die er mit der angemessenen Erwerbstätigkeit hätte erzielen können.

### 4. Bedürftigkeit

Zur Bedürftigkeit vgl. zunächst die Ausführungen zur Frage der Bedürftigkeit beim Anspruch auf Trennungsunterhalt nach § 1361 BGB auf S. 70 ff.

Wegen der zunehmenden Eigenverantwortlichkeit kann dem geschiedenen Unterhaltsberechtigten viel eher zugemutet werden, sein Vermögen für seinen Lebensunterhalt zu verwenden. Dies ergibt sich aus der Regelung des § 1577 Abs. 3 BGB. Danach braucht der Berechtigte den Stamm seines Vermögens nur dann nicht anzugreifen, soweit die Verwertung unwirtschaftlich wäre oder unter Berücksichtigung der beiderseitigen wirtschaftlichen Verhältnisse unbillig wäre.

Unwirtschaftlich kann die Verwertung des Vermögens sein, wenn der Unterhaltsberechtigte damit eine langfristige Sicherung seines Unterhaltsbedarfs auch nur zum Teil gefährden müsste (OLG München FamRZ 1994, S. 1459) oder kein angemessener Veräußerungserlös erzielt werden kann (OLG Frankfurt a.M. FamRZ 1987, S. 1179).

**z.B.**

**Rechtsprechungsbeispiele zur Frage der Vermögensverwertung**

Beispiele für die Unbilligkeit der Vermögensverwertung:

- Verwertung des selbstbewohnten Eigenheims (OLG Köln FamRZ 1992, S. 55).
- Verbrauch einer angemessenen Rücklage für Notfälle, »Notgroschen« (BGH NJW 1998, S. 978).
- Verwertung von Schmerzensgeld (BGH FamRZ 1988, S. 1031).
- Verwertung von Hausrat, evtl. aber außergewöhnlich wertvolle Gegenstände (OLG Köln FamRZ 1982, S. 1018).

## 5. Leistungsfähigkeit

Zur Leistungsfähigkeit vgl. zunächst die Ausführungen zur Frage der Leistungsfähigkeit des Unterhaltsschuldners in Kapitel A.

## 6. Umfang des Unterhalts

Das Maß des Unterhaltes, seine Bestandteile und eventuelle zeitliche Schranken bestimmen den Umfang des Unterhalts.

### a) Maß des Unterhalts

**Eheliche Lebensverhältnisse**

Das Maß des Unterhalts bestimmt sich nach den ehelichen Lebensverhältnissen (§ 1578 Abs. 1 S. 1 BGB).

## (a) Eheliche Lebensverhältnisse

**Lebensverhältnisse werden durch Einkommens- und Vermögensverhältnisse geprägt**

Die gesetzliche Regelung bezweckt, dem unterhaltsberechtigten Ehegatten eine Lebensstandsgarantie zu geben. Die ehelichen Lebensverhältnisse werden durch alle wirtschaftlich relevanten beruflichen, gesundheitlichen oder familiären Faktoren mitbestimmt. Sie umfassen alles, was während der Ehe für den Lebenszuschnitt der Ehegatten nicht nur vorübergehend tatsächlich von Bedeutung war, wobei der eheliche Lebensstandard insbesondere durch die Einkommens- und Vermögensverhältnisse der Ehegatten geprägt wird (BGH NJW 2001, S. 2254).

Nichtprägend sind dagegen Einkünfte, die auf erst nach der Ehescheidung eintretende, außergewöhnliche Einkommensverbesserungen beruhen. Entscheidend ist, dass die Veränderungen zum Zeitpunkt der Ehescheidung nicht zu erwarten waren, so dass die Ehegatten zu Ehezeiten ihren Lebenszuschnitt auf die nicht zu erwartenden Einkünfte nicht ausrichten konnten (BGH FamRZ 1985, S. 791).

**Wegfall von Unterhaltsverpflichtungen**

Ein wichtiger Fall, der zu einer Erhöhung des Ehegattenunterhalts führen kann, ist der Wegfall von Unterhaltsverpflichtungen für Kinder. Eine solche Reduzierung der Belastungen ist zu berücksichtigen, weil die Veränderung in der Regel vorhersehbar ist (BGH NJW 1990, S. 2866).

## (b) Sättigung

**Sättigungsgrenze existiert nicht**

Eine Obergrenze im Sinne einer sogenannten Sättigungsgrenze für den Unterhaltsanspruch existiert nicht. Bei außergewöhnlich guten wirtschaftlichen Verhältnissen des Unterhaltspflichtigen wird davon ausgegangen, dass nicht sämtliche Einkünfte während der Ehe für den allgemeinen Lebensunterhalt verbraucht wurden.

**Konsumentenverhalten darzulegen**

In solchen Fällen ist der Unterhaltsanspruch darauf begrenzt, was nach objektiven Maßstäben eine Einzelperson auch unter Berücksichtigung gehobener Bedürfnisse ausgeben kann. Entscheidend ist der konkrete Lebenszuschnitt und die dafür notwendigen Aufwendungen. Der Ehegatte, der einen besonders hohen Unterhaltsanspruch durchsetzen will, muss dazu im Einzelnen ganz genau sein besonderes Konsumverhalten darlegen.

### (c) Erwerbsaufnahme nach Haushaltsführung

**Wichtige Rechtsprechungsänderung zur Unterhaltsberechnung**

In einem grundlegenden Urteil hat der BGH (NJW 2001, S. 2254) entschieden, dass auch Einkünfte, die ein Ehegatte aus einer erst nach der Ehescheidung erst aufgenommenen Erwerbstätigkeit erzielt, die ehelichen Lebensverhältnisse geprägt haben, wenn diese Einkünfte sozusagen den Ersatz für eine bisher ausgeübte Haushaltsführung darstellen. Bislang galt, dass die Einkünfte, die der bisher haushaltsführende Ehegatte später erst erzielte, auf seinen Bedarf, der nur aus dem Einkommen des anderen Ehegatten berechnet wurde, vollständig angerechnet wurden. Nach der Änderung der Rechtsprechung des BGH werden auch diese Einkünfte als Einkommen behandelt, das die ehelichen Lebensverhältnisse geprägt hat, so dass sich in der Regel ein höherer Anspruch errechnet. Die neue Rechtsprechung begünstigt den haushaltsführenden Ehegatten bei der Berechnung des nachehelichen Unterhalts.

**Fall**

**Beispiel zur Rechtsprechungsänderung**

Vereinfachtes Beispiel, wie sich die Änderung der Rechtsprechung auswirken kann:

Erna war während der Ehe mit Andreas nicht erwerbstätig, weil sie die beiden gemeinsamen Kinder und den Haushalt betreut hat. Nach der Scheidung nimmt sie einen Job als »Model« an, bei dem sie zu berücksichtigende Nettoeinkünfte in Höhe von 1.500 € erzielt. Das berücksichtigungsfähige Nettoeinkommen von Andreas beträgt 3.000 €.

Vor dem BGH-Urteil wurden die Einkünfte von Erna wie folgt berücksichtigt:

| | |
|---|---:|
| eheprägende Einkünfte von Andreas | 3.000 € |
| : 2 | 1.500 € |
| abzgl. Einkommen Erna | 1.500 € |
| Unterhaltsanspruch (Erna) | 0 € |

Nach dem BGH-Urteil ergibt sich folgende Anrechnung:

| | |
|---|---|
| eheprägende Einkünfte von Andreas und Erna zusammen | 4.500 € |
| : 2 | 2.250 € |
| abzgl. Einkommen Erna | 1.500 € |
| Unterhaltsanspruch (Erna) | 750 € |

### b) (Zeitliche) Begrenzung nach § 1573 Abs. 5 BGB und § 1578 Abs. 1 S. 2 BGB

**Zweck der Vorschriften ist Einzelfallgenauigkeit**

Nach § 1573 Abs. 5 und § 1578 Abs. 1 S. 2 BGB kann der Unterhaltsanspruch begrenzt werden, soweit insbesondere unter Berücksichtigung der Dauer der Ehe sowie der Gestaltung von Haushaltsführung und Erwerbstätigkeit eine zeitlich unbegrenzte Unterhaltszahlung unbillig wäre. Das gilt in der Regel nicht, wenn der Unterhaltsberechtigte nicht nur vorübergehend ein gemeinsames Kind allein oder überwiegend betreut hat oder betreut. Die Voraussetzungen die Herabsetzung oder zeitliche Beschränkung des Unterhaltsanspruchs sind in den beiden Vorschriften sind gleichartig. Beide Regelungen sollen die Einzelfallgerechtigkeit und Eigenverantwortlichkeit fördern.

§§

**Unterschiede der Begrenzungsregelungen**

Zu beachten sind folgende wesentliche Unterschiede:
- § 1578 Abs. 1 S. 2 BGB gilt für alle Unterhaltstatbestände.
- § 1573 Abs. 5 BGB gilt nur für den Arbeitslosenunterhalt (§ 1573 Abs. 1 BGB) und für den Aufstockungsunterhalt (§ 1573 Abs. 2 BGB).
- § 1578 Abs. 1 S. 2 BGB erlaubt nur eine teilweise zeitliche Begrenzung des nach den ehelichen Lebensverhältnissen zu zahlenden Unterhalts, ein angemessener Unterhalt ist danach weiter zu zahlen.
- § 1573 Abs. 5 BGB gestattet hingegen eine vollständige zeitliche Begrenzung des Unterhaltsanspruches, so dass der Unterhalt danach entfällt.

**Billigkeitsabwägung**

Beide Begrenzungsmöglichkeiten setzen eine vollumfängliche Billigkeitsabwägung sämtlicher für und gegen eine Begrenzung sprechenden Umstände voraus.

**Abwägungskriterien**

Im Gesetz genannte Abwägungskriterien sind:
1. Dauer der Ehe.
2. Gestaltung der Haushaltsführung.
3. Gestaltung der Erwerbstätigkeit.
4. Gestaltung der Betreuungssituation für die Kinder.

Diese Kriterien sind immer zu beachten. Hinzu kommen sämtliche besonderen Umstände des Einzelfalles. Eine schematische Lösung nach einer bestimmten Ehedauer verbietet sich. Man kann also nicht sagen, dass der Anspruch nur so lange zu gewähren ist, wie die Ehe gedauert hat. Es kommt immer darauf an, wie eng die Verknüpfung der beiderseitigen Lebensverhältnisse ist bzw. war.

## c) Unterhaltsbestandteile

**Bestandteile**

Der Unterhalt umfasst den gesamten Lebensbedarf (§ 1578 Abs. 1 S. 4 BGB). Dazu gehören auch die Kosten einer angemessenen Versicherung für den Fall der Krankheit und der Pflegebedürftigkeit sowie Kosten eine Schul- oder Berufsausbildung, einer Fortbildung oder einer Umschulung nach den §§ 1574, 1575 BGB (§ 1578 Abs. 2 BGB). Schließlich gehören zu dem Lebensbedarf auch die Kosten einer angemessenen Versorgung für den Fall des Alters sowie der verminderten Erwerbsfähigkeit, wenn der nacheheliche Unterhalt nach den Regelungen der §§ 1570 bis 1573 BGB oder § 1576 BGB zu leisten ist.

**Kein Prozesskostenvorschuss nach Scheidung**

Kein Unterhaltsbestandteil ist der während der Trennungszeit geschuldete Prozesskostenvorschuss. Die Vorschrift des § 1360a Abs. 4 BGB ist nicht entsprechend auf geschiedene Ehegatten anzuwenden (BGH FamRZ 1990, S. 280).

## d) Art der Unterhaltsgewährung

§§

Der laufende Unterhalt ist durch Zahlung einer Geldrente monatlich im Voraus zu entrichten (§ 1585 Abs. 1 S. 1 und 2 BGB).

**Unterhalt als Geldrente**

Im Voraus bedeutet, dass die Leistung des Unterhaltes bis spätestens zum Monatsersten erbracht werden muss (OLG Köln FamRZ 1990, S. 1243), wobei der Unterhaltspflichtige den geschuldeten Betrag auf das von dem Berechtigten angegebene Konto zu überweisen hat (OLG Hamm NJW 1988, S. 2115).

**Grds. kein Unterhalt für die Vergangenheit**

Für die Vergangenheit kann der Berechtigte grundsätzlich keinen Unterhalt verlangen, weil

- Bedürfnisse in der Vergangenheit nicht befriedigt werden können und
- der Unterhaltsverpflichtete davor geschützt werden soll, dass Unterhaltsrückstände entstehen, mit denen er nicht zu rechnen brauchte.

Die wichtigste Ausnahme für den Nachscheidungsanspruch ergibt sich aus § 1585b Abs. 2 BGB (entspricht der Regelung für sonstige Unterhaltsansprüche in § 1613 BGB). Danach kann der Berechtigte für die Vergangenheit Unterhalt fordern, wenn der Unterhaltspflichtige in Verzug gekommen oder der Unterhaltsanspruch rechtshängig geworden ist.

**Verzug erst nach Rechtskraft der Scheidung möglich**

In Verzug gesetzt wird der Unterhaltspflichtige mit einer Aufforderung, den nachehelichen Unterhalt zu zahlen. Diese ist erst nach Rechtskraft der Ehescheidung möglich, weil der Anspruch nicht angemahnt werden kann, bevor er überhaupt entstanden ist. Eine Anmahnung oder sogar Titulierung des Trennungsunterhalts reicht nicht aus, da die Ansprüche nicht identisch sind.

Rechtshängig ist der Unterhaltsanspruch, die Klage auf Zahlung von Unterhalt dem Unterhaltspflichtigen vom Gericht zugestellt wurde.

## 7. Beschränkungen des nachehelichen Unterhaltes nach § 1579 BGB

Mit der umfangreichen, insgesamt 7 Nummern umfassenden Härteregelung in § 1579 BGB sollen unbillige Unterhaltsbelastungen verhindert werden.

## a) Allgemeines zur negativen Härteklausel des § 1579 BGB

§§

**Negative Härteklausel des § 1579 BGB**

Trotz der Loslösung vom Verschuldensprinzip durch die Reform des Scheidungsrechtes zum 01. Juli 1977 bestand weiter die Notwendigkeit, zu überprüfen, ob es im Einzelfall dem Gerechtigkeitsempfinden widerspricht, einen Unterhaltsanspruch zuzusprechen. Dieser Notwendigkeit trägt die (negative) Härteklausel des § 1579 BGB Rechnung. In einer Liste von 7 Fallgestaltungen regelt die Vorschrift die Möglichkeiten des Unterhaltsausschlusses. Ein Unterhaltsausschluss nach § 1579 BGB ist danach möglich, wenn

1. die Ehe von kurzer Dauer war; der Ehedauer steht die Zeit gleich, in welcher der Berechtigte wegen der Pflege oder Erziehung eines gemeinsamen Kindes nach § 1570 BGB Unterhalt verlangen konnte,
2. der Berechtigte sich eines Verbrechens oder schweren vorsätzlichen Vergehens gegen den Verpflichteten oder einen nahen Angehörigen des Verpflichteten schuldig gemacht hat,
3. der Berechtigte seine Bedürftigkeit mutwillig herbeigeführt hat,
4. der Berechtigte sich über schwerwiegende Vermögensinteressen des Verpflichteten hinweggesetzt hat,
5. der Berechtigte vor der Trennung längere Zeit hindurch seine Pflicht, zum Familienunterhalt beizutragen, gröblich verletzt hat,
6. dem Berechtigten ein offensichtlich schwerwiegendes, eindeutig bei ihm liegendes Fehlverhalten gegen den Verpflichteten zur Last fällt oder
7. ein anderer Grund vorliegt, der ebenso schwer wiegt wie die in den Nummern 1 bis 6 aufgeführten Gründe.

**Drei Arten der Unterhaltsbegrenzung**

Die Vorschrift sieht drei Arten der Unterhaltsbegrenzung vor. Der Anspruch kann völlig versagt, herabgesetzt oder zeitlich begrenzt werden. Eine schematische Handhabung verbietet sich. Höhe und Dauer der Unterhaltsverpflichtung sind dem Einzelfall anzupassen. Die Entscheidung über den Ausschluss muss auf einer Einzelfallabwägung sämtlicher Umstände beruhen. Zu berücksichtigen sind stets die Auswirkungen, die ein – wenn auch nur teilweiser – Unterhaltsausschluss für ein dem Berechtigten zur Pflege oder Erziehung anvertrautes gemeinsames Kind hätte.

### b) Ausschluss nach § 1579 Nr. 1 BGB (Kurze Ehedauer)

**Gilt nur für Nachscheidungsunterhalt**

Dieser Verwirkungsgrund ist ausschließlich auf den Nachscheidungsunterhalt und nicht für den Trennungsunterhalt anzuwenden.

**Rechtsprechung zur Frage einer kurzen Ehedauer**

Die Frage, wann eine kurze Ehedauer angenommen werden kann, ist nicht abstrakt zu beurteilen. Es kommt vielmehr auf die konkreten Umstände des Einzelfalles und die Gestaltung der Ehe durch die Ehegatten an. Das tatsächliche Zusammenleben ist nicht allein maßgeblich.

Der Bundesgerichtshof hat folgende Eckwerte herausgebildet:

- Eine Ehe bis zu 2 Jahren kann regelmäßig als kurz angesehen werden (BGH FamRZ 1989, S. 483).
- Eine Ehe von 3 Jahren ist regelmäßig nicht mehr als kurz anzusehen (BGH NJW 1999, S. 1630).
- Bei einer Ehedauer von 2 bis 3 Jahren kommt es verstärkt auf die Umstände des Einzelfalles an.

Eine Ehe kann etwa nicht als kurz im Sinne des § 1579 BGB zu behandeln sein, wenn die Eheleute vor der Ehe bereits mehrere Jahre zusammengelebt haben. Hingegen kann auch z.B. eine Ehe von 5 Jahren noch als kurz angesehen werden (BGH FamRZ 1995, S. 1405), wenn die Eheleute ihre jeweiligen Lebenspositionen kaum aufeinander ausgerichtet haben, so dass eine wechselseitige Abhängigkeit insofern nicht vorliegt.

Gerechnet wird jeweils vom Tag der Eheschließung bis zur Rechtshängigkeit des Scheidungsantrages (= Zustellung des Scheidungsantrages durch das Familiengericht).

Die Kindererziehungszeiten sind bei der Gesamtabwägung zu berücksichtigen.

### c) Ausschluss nach § 1579 Nr. 2 BGB (Verbrechen oder schweres vorsätzliches Vergehen )

**Definition in § 12 Abs. 1 und 2 StGB**

Die Definition der Begriffe Verbrechen und einem Vergehen enthält § 12 Abs. 1 und 2 StGB (Strafgesetzbuch). Ein Verbrechen ist danach eine rechtswidrige Tat, die mit einer Freiheitsstrafe von einem Jahr oder mehr bedroht ist. Vergehen sind rechtswidrige Taten, die mit geringere Strafe bedroht sind.

**Schuldhafte Begehung erforderlich**

§ 1579 Nr. 2 BGB setzt voraus, dass der Berechtigte die strafbare Tat schuldhaft begangen hat. Handelte er schuldlos oder mit verminderter Schuldfähigkeit, etwa wegen seelischer Störungen, kommt ein Unterhaltsausschluss nicht in Betracht. Ein Versuch der Straftat kann aber schon ausreichen. Nicht erforderlich ist, dass der Berechtigte wegen der Tat strafrechtlich verurteilt wurde.

Ein Vergehen ist dann als schwerwiegend zu werten, wenn den Unterhaltspflichtigen die Folgen der Tat ebenso einschneidend treffen wie den Unterhaltsberechtigten der Verlust des Unterhalts treffen würde. In der Praxis liegt dieser Ausschlussgrund häufig bei einem nachweisbaren Prozessbetrug vor. Das kann zu prüfen sein, wenn der Unterhaltsberechtigte in betrügerischer Weise eine Verurteilung des Verpflichteten zur Unterhaltszahlung erwirkt hat.

**Rechtsprechung in der Unterhaltsausschluss angenommen wurde**

Die Rechtsprechung hat das etwa angenommen bei
- Verschweigen einer eigenen Erwerbstätigkeit (OLG Hamm FamRZ 2000, S. 1367),
- Verschweigen des Rentenbeginns (OLG Schleswig FamRZ 2000, S.1367),
- Verschweigen des Studienabbruchs (BGH FamRZ 1990, S. 1095),
- Leugnen des Zusammenlebens mit einem neuen Partner (OLG Koblenz FamRZ 2000, S. 605).

Weitere Anwendungsfälle können etwa sein,
- Verleumdung wegen sexuellen Missbrauchs (OLG Hamm FamRZ 1995, S. 808),
- Schusswaffengebrauch gegenüber dem Unterhaltspflichtigen (OLG Düsseldorf FamRZ 1994, S. 896),
- Nötigung durch Drohung mit Offenlegung der Homosexualität (OLG KG FamRZ 1992, S. 571).

### e) Ausschluss nach § 1579 Nr. 3 BGB (Mutwilliges Herbeiführen der Bedürftigkeit)

**Zweckgerichtetes Verhalten**

Mutwilligkeit setzt nicht voraus, dass von Seiten des Berechtigten ein zweckgerichtetes Verhalten vorliegt, welches dann seine Bedürftigkeit herbeigeführt hat. Natürlich reicht es danach aus, wenn der Berechtigte seine Bedürftigkeit sogar absichtlich herbeiführt. Ausreichend ist aber auch, wenn der Berechtigte leichtfertig gehandelt hat. Dies bedeutet, er muss seine Erwerbsfähigkeit oder sein Vermögen sinnlos aufs Spiel gesetzt und verloren haben. Erforderlich ist weiter, dass die Handlung unterhaltsbezogen war. Der Berechtigte muss sich in Verantwortungs- und Rücksichtslosigkeit gegen den Unterhaltspflichtigen über die erkannte Möglichkeit nachteiliger Folgen für seine Bedürftigkeit hinweggesetzt haben (BGH FamRZ 1990, S. 989). Dies kann etwa anzunehmen sein bei

**Rechtsprechung zum Ausschluss nach § 1579 Nr. 3 BGB**

- Verbrauch des Vermögensstammes (OLG Frankfurt FamRZ 1990, S. 62),
- Versäumung eines rechtzeitigen Rentenantrags (OLG Bamberg FamRZ 1984, 388),
- Unterlassen einer zumutbaren und Erfolg versprechenden Suchttherapie bei Alkohol-, Tabletten- oder Drogensucht (OLG Hamm FamRZ 1999, S. 237),
- Verbrauch von Zugewinnvermögen für Luxusausgaben (BGH FamRZ 1989, S. 1054).
- Ausschluss nach § 1579 Nr. 4 BGB (Verletzung von Vermögensinteressen)

**Gefährdung reicht aus**

Erforderlich ist in diesem Zusammenhang, dass das Verhalten des Unterhaltsberechtigten geeignet ist, das Einkommen des Unterhaltspflichtigen zu mindern. Eine Gefährdung reicht aus. Bestraft wird eine Verletzung der nachwirkenden Loyalitätsverpflichtung durch den Ehegatten. Diese kann vorliegen, wenn der Unterhaltsberechtigte

- den Verpflichteten bei seinem Arbeitgeber anschwärzt, wodurch dessen Arbeitsplatz zumindest gefährdet wird (OLG Koblenz FamRZ 1991, S. 1312),
- Strafanzeigen gegen den Unterhaltsverpflichteten (BGH FamRZ 1984, 1165).

Bei Strafanzeigen kann es entscheidend darauf ankommen, wodurch sie veranlasst wurden. Die Strafanzeige wegen Verletzung der Unterhaltspflicht fällt dann nicht unter § 1579

Nr. 4 BGB, wenn die Unterhaltspflicht eindeutig besteht und der Verpflichtete trotz eines Hinweises auf die Strafbarkeit seines Verhaltens nicht leistet (OLG Stuttgart FamRZ 1979, S. 40).

### f) Ausschluss nach § 1579 Nr. 5 BGB (Grobe Verletzung der Unterhaltspflicht vor der Trennung)

**Wenig Bedeutung**

Dieser Ausschlusstatbestand hat in der Praxis kaum Bedeutung. Eine grobe Verletzung der Pflicht, vor der Trennung zum Familienunterhalt beizutragen, liegt in

- der groben Vernachlässigung der Haushaltsführung oder Kinderbetreuung,
- der Nichtaufnahme einer Erwerbstätigkeit, obwohl ein Arbeitsplatz zur Verfügung steht,
- der Verletzung der Pflicht zur Mitarbeit im Geschäft des Ehegatten.

**Nur Fehlverhalten vor Trennung**

Nach dem klaren Wortlaut wird nur das Fehlverhalten vor der Trennung der Ehegatten erfasst. Die Voraussetzung, wonach die Verletzung »längere Zeit hindurch« begangen werden muss, ist bei einem Zeitraum von ca. einem Jahr erfüllt. »Gröblich« ist die Verletzung, wenn die Pflichtverletzung besonders schwer wiegt und zu einer Notlage geführt hat. Es kommt sehr auf die Umstände des Einzelfalles an.

### g) Ausschluss nach § 1579 Nr. 6 BGB (Offensichtlich schwerwiegendes eindeutiges Fehlverhalten)

**Insbesondere Verstöße gegen eheliche Treuepflicht und Solidarität**

Der Ausschluss oder die Begrenzung des Nachscheidungsunterhalts nach § 1579 Nr. 6 BGB setzt voraus, das den Berechtigten ein offensichtlich schwerwiegendes eindeutiges Fehlverhalten vorgehalten werden kann. Geahndet werden soll individuelles Fehlverhalten, insbesondere bei Verstößen gegen die eheliche Treuepflicht und Solidarität. Der Grundgedanke der Regelung des § 1579 Nr. 6 BGB ist, dem Widerspruch Rechnung zu tragen, dass die ehelichen Bindungen schwinden, der Unterhalt aber gleichwohl gezahlt werden soll. Es sollen aber nur Fälle erfasst werden, in denen eine uneingeschränkte Unterhaltspflicht dem Gerechtigkeitsgefühl widerspricht.

**Nur Fehlverhalten während der Ehe**

Erfasst wird insbesondere das Fehlverhalten während der Ehezeit. Voreheliches Verhalten scheidet als Anknüpfungspunkt aus (OLG Köln 1994, S. 1253). Grundsätzlich spielt Fehlverhalten nach Scheitern der Ehe eine nicht so gewichtige Rolle, weil nach der Trennung das erforderliche besondere Gewicht des Fehlverhaltens regelmäßig fehlt (BGH NJW 1981, S.1214). Offensichtlich schwerwiegend ist das Fehlverhalten, wenn es den Unterhaltspflichtigen besonders hart trifft. Der Einzelfall ist ausschlaggebend.

**Eindeutig auf Seiten des Unterhaltsberechtigten**

Voraussetzung ist weiter, dass das Fehlverhalten eindeutig bei dem Ehegatten liegt, der Unterhalt beansprucht. Sind dem Unterhaltspflichtigen ebenfalls eheliche Verfehlungen vorzuwerfen, liegt ein evidentes einseitiges Fehlverhalten nicht vor (BGH FamRZ 1985, S. 267). Erforderlich ist eine Gesamtbetrachtung des Verhaltens beider Eheleute. Diese muss zu dem Ergebnis führen, dass für einen objektiven Beobachter die Unterhaltslast gerade unter Berücksichtigung des Fehlverhaltens des Berechtigten unerträglich ist. Beispiele:

**Beispiele aus der Rechtsprechung zu § 1579 Nr. 6 BGB**

- Der Hauptanwendungsfall ist der, in dem sich der Unterhaltsberechtigte einem neuen Partner zuwendet und sich das als Ausbruch aus einer intakten Ehe darstellt. Ein schwerwiegendes Fehlverhalten wird in diesem Zusammenhang angenommen, wenn sich ein Ehegatte gegen den Willen des anderen einem neuen Ehepartner zuwendet und mit diesem in einer eheähnlichen Gemeinschaft lebt (BGH NJW 1984, S. 2358).
- Die fortgesetzte Vereitelung des Umgangsrechts des Unterhaltspflichtigen mit einem gemeinsamen Kind kann zur teilweisen oder vollständigen Verwirkung des Unterhaltes nach § 1579 Nr. 6 BGB führen (OLG Karlsruhe FamRZ 1999, S. 92).
- Das gewerbsmäßige Betreiben von Telefonsex ohne Wissen des Ehepartners (OLG Karlsruhe FamRZ 1995, S. 1488).
- Das Unterschieben eines Kindes, besonders wenn die eheliche Abstammung dem anderen Ehegatten noch beteuert wird (BGH FamRZ 1985, S. 267).

## h) Ausschluss nach § 1579 Nr. 7 BGB (anderer Grund von gleichem Gewicht)

**Auffangregelung**

§ 1579 Nr. 7 BGB enthält eine Auffangregelung, um eine möglichst große Einzelfallgerechtigkeit auch in den Fällen erreichen zu können, in denen die Voraussetzungen der Regelungen in den Nummern 1 bis 6 nicht erfüllt sind.

Ein gewichtiger Grund nach § 1579 Nr. 7 BGB liegt vor, wenn die Unterhaltsbelastung für den Pflichtigen aufgrund objektiver Umstände oder der Veränderung der Lebensverhältnisse, die Grenze des Zumutbaren überschreitet (BGH FamRZ 1987, S. 689). Erfüllt das Fehlverhalten des Unterhaltsberechtigten nicht die Voraussetzungen der Nummern 1 bis 6, etwa, weil die Schwere der Verfehlung nicht ausreichte, liegt nicht automatisch ein Ausschluss wegen eines anderen gleichgewichtigen Grundes vor. Das – an sich nicht ausreichende – Fehlverhalten kann aber zusammen mit weiteren Umständen dazu führen, dass ein Unterhaltsausschluss nach § 1579 Nr. 7 BGB zu bejahen ist.

**Eheähnliche Lebensgemeinschaft des Unterhaltsberechtigten**

Der Hauptanwendungsfall des § 1579 Nr. 7 BGB findet sich in der Praxis bei eheähnlichen Lebensgemeinschaften des Unterhaltsberechtigten. Die Frage, ob die konkrete Lebensgemeinschaft von ihrer Ausgestaltung und den sonstigen Begleitumständen her ausreicht, eine anderen gleichwertigen Grund im Sinne des § 1579 Nr. 7 BGB zu bilden, muss im Einzelfall abgewogen und vom Gericht entschieden werden.

## 8. Wiederheirat oder Tod

Der Unterhaltsanspruch erlischt mit der Wiederheirat, der Begründung einer Lebenspartnerschaft oder dem Tod des Berechtigten (§ 1586 Abs. 1 BGB).

§§

**Ausnahmsweise Wiederaufleben**

Ausnahmsweise kann der Anspruch nach einer Wiederheirat wieder aufleben, wenn auch die nachfolgende Ehe aufgelöst wurde und der Berechtigte zu dieser Zeit noch ein Kind aus der früheren Ehe betreuen muss, so dass ein Betreuungsunterhaltsanspruch nach § 1570 BGB bestehen kann (§ 1586a Abs. 1 BGB). Der Ehegatte der später aufgelösten Ehe haftet allerdings vorrangig (§ 1586a Abs. 2 BGB).

§§

**Verpflichtung endet nicht mit dem Tod**

Verstirbt der Unterhaltsverpflichtete, endet die Unterhaltsverpflichtung nicht, sondern geht als Nachlassverbindlichkeit auf dessen Erben über (§ 1586b Abs. 1 S. 1 BGB). Der Anspruch gegen die Erben ist aber auf den Betrag beschränkt, der dem Berechtigten als Pflichtteil zugestanden hätte, wäre die Ehe nicht geschieden worden.

## C. Unterhalt der Mutter oder des Vaters des nichtehelichen Kindes

### I. Unterhaltsansprüche bei Geburt eines Kindes

Die Trennungen von ehelichen und nichtehelichen Lebensgemeinschaften in Deutschland nehmen zu. Die Trennungsrate der nichtehelichen Lebensgemeinschaften ist ebenso hoch wie die der Ehescheidungen: jede dritte Ehe, in Großstädten sogar jede zweite, wird geschieden. Die Tendenz bleibt weiterhin steigend. Für diejenigen Eltern, die nach der Trennung allein für die Erziehung der Kinder verantwortlich waren, entstand jedoch eine finanzielle Lücke. Das Gesetz sah bis 1995 einen Unterhaltsanspruch nur für verheiratete Eltern vor. Das hatte zur Folge, was auch heute noch in etwa 50 % der Ein-Elternteil-Familien gilt, dass der das Kind betreuende Elternteil auf den Gang zum Sozialamt angewiesen war. Seit 1995 ist jedoch gesetzlich ein Unterhaltsanspruch des allein erziehenden Elternteils vorgesehen. Dieser setzt in Abgrenzung zum Unterhaltsanspruch der getrennt lebenden oder geschiedenen Ehefrau voraus, dass die Eltern des Kindes nicht miteinander verheiratet sind. Als nichteheliche Mutter gilt jedoch, wessen Kind nachehelich geboren wurde – bis 300 Tage nach Rechtskraft der Scheidung –. Wird das Kind vorher geboren, gilt es noch als ehelich, wodurch auch der Mutter die Unterhaltsansprüche einer geschiedenen Ehefrau zukommen.

Leben die Eltern des Kindes bei dessen Geburt in einer nichtehelichen Lebensgemeinschaft, die erst später aufgelöst wird, so kommen ebenfalls nur Unterhaltsansprüche nach § 1615l BGB in Betracht.

**Unterhaltanspruch des Vaters**

Seit der umfassenden Gesetzesreform am 01.07.1998 wird die Unterhaltsregelung des § 1615l BGB um den Unterhaltsanspruch des Vaters erweitert. Lebt dieser von der Mutter des Kindes getrennt, betreut aber das gemeinsame Kind, so steht ihm gleichermaßen ein Anspruch auf Betreuungsunterhalt gegen die Mutter zu (§ 1615l Abs. 5 BGB).

§ 1615l BGB erfasst drei verschiedene Unterhaltsansprüche:

**Unterhaltsansprüche**

- Der Unterhaltsanspruch aus Anlass der Entbindung. Danach hat der Vater der Mutter für die Dauer von 6 Wochen vor und 8 Wochen nach der Geburt des Kindes Unterhalt zu gewähren. Neben den sog. Unterhaltskosten während dieses 14-Wochen-Zeitraumes hat der Vater außerdem die Schwangerschafts- und Entbindungskosten zu tragen, § 1615l Abs. 1 BGB.
- Der Anspruch auf Erstattung der Kosten, die infolge der Schwangerschaft oder der Entbindung außerhalb dieses 14wöchigen Zeitraumes entstehen (§ 1615l Abs. 1, S. 1, 2 BGB). Zu diesen Kosten gehören die unmittelbaren Entbindungskosten, z.B. Kosten des Arztes, der Hebamme, der Klinik, soweit diese nicht von Sozialversicherungsträgern oder privaten Versicherungen getragen werden. Hinzu kommen die durch Schwangerschaft und Entbindung entstandenen notwendigen Aufwendungen, wie Vor- und Nachuntersuchungen, Kosten der Schwangerschaftsgymnastik oder -garderobe etc.
- Der erweiterte Unterhaltsanspruch. Danach hat der Vater der betreuenden Mutter Unterhalts für den Zeitraum von frühestens 4 Monaten vor der Geburt bis 3 Jahren nach der Geburt des Kindes zu gewähren. Eine darüber hinausgehende Verpflichtung besteht nur, wenn es nicht insbesondere unter Berücksichtigung der Belange des Kindes grob unbillig wäre, einen Unterhaltsanspruch nach Ablauf der Frist von drei Jahren nach der Geburt des Kindes zu versagen, § 1615l Abs. 2 BGB.

Die Verpflichtung des Kindsvaters zu Unterhaltszahlungen für die Mutter des Kindes in den ersten drei Lebensjahren des Kindes ist die in der Praxis bekannteste und bedeutsamste. Voraussetzung dafür ist, dass die Vaterschaft festgestellt oder anerkannt wurde oder der als Erzeuger des Kindes in Betracht kommende Dritte die Vaterschaft nicht bestreitet.

## II. Unterhaltsbedarf des betreuenden Elternteils

Die Unterhaltszahlungen haben zunächst den allgemeinen Lebensbedarf des betreuenden Elternteil zu decken. Der Unterhaltsanspruch umfasst auch die durch die Entbindung verursachten Kosten sowie die weiteren Kosten der Schwangerschaft wie Vor- und Nachsorgeuntersuchung, Umstandsbekleidung, Kosten einer Haushaltshilfe etc.

## 1. Eigene Bedürftigkeit des betreuenden Elternteils

Der Vater des Kindes ist der betreuenden Mutter nur unterhaltsverpflichtet, sofern diese über keine eigenen Einkünfte verfügt und auch nicht erzielen muss.

**Fallgruppen**

Hierbei sieht das Gesetz zwei Fallgruppen vor:
- wenn die Mutter des Kindes wegen einer auf die Schwangerschaft oder auf die Entbindung zurückzuführenden Krankheit einer Erwerbstätigkeit nicht nachgehen kann oder
- wenn und soweit von der Mutter wegen der Betreuung des Kindes eine Erwerbstätigkeit nicht erwartet werden kann.

**Versorgung und Betreuung des Kindes**

Das Gesetz geht davon aus, dass das Kind bis zum Erreichen des Kindergartenalters von drei Jahren betreuungsbedürftig ist und von seinem leiblichen Elternteil betreut werden sollte. Die betreuende Mutter hat daher auch nicht nachzuweisen, dass sie mangels anderweitiger Versorgungs- oder Betreuungsmöglichkeiten des Kindes nicht erwerbstätig sein kann (BGH FamRZ 1998, S. 541). In der Regel besteht daher eine Wahlfreiheit der Kindsmutter zugunsten der Kindesbetreuung. Für eine Ausnahme von dieser Regel ist der Kindsvater verantwortlich. Er hat die notwendigen Fakten und Beweise vorzubringen, wonach die Kindsmutter erwerbstätig zu sein hat und dies der Kindesbetreuung nicht entgegensteht. Der Mutter kann jedoch grundsätzlich nicht zugemutet werden, ihr Kleinkind fremden Personen anzuvertrauen.

**Verbesserung der Betreuungssituation nichtehelich geborener Kinder**

Hiermit wird der Unterhaltsanspruch der Mutter des nichtehelichen Kindes mit dem der getrennt lebenden oder geschiedenen Mutter gleichgestellt. Dadurch soll die Ausgangslage der nichtehelich geborenen Kinder verbessert werden, da nunmehr zumindest ein Elternteil sich in den ersten drei Lebensjahren des Kindes ausschließlich seiner Betreuung widmen kann. Der Unterhaltsanspruch des betreuenden Elternteils besteht unabhängig von der Frage, ob dieser vorher erwerbstätig war. Mit der Betreuung des Kindes entsteht er auch, wenn die Mutter des Kindes schon vorher erwerbslos war oder ein anderes Kind betreute, dass sie ebenfalls an der Erwerbstätigkeit hinderte.

**Betreuung weiterer ehelicher Kinder**

Dies gilt auch für den Fall, dass die Mutter weitere eheliche Kinder betreut, durch die sie gegen ihren getrennt lebenden oder bereits geschiedenen Ehemann einen Anspruch auf Unterhalt hat. In diesem Fall haftet der Vater des nichtehelichen Kindes neben dem Ehemann anteilig, je nach der persönlichen Leistungsfähigkeit (BGH FamRZ 1998, S. 541).

## 2. Höhe des Unterhaltsbedarfs des betreuenden Elternteils

**Wichtig ist die persönliche Lebensstellung des Elternteils vor der Geburt des Kindes**

Hier stellt sich die Frage, wieviel Unterhalt zu zahlen ist, um dem betreuenden Elternteil seinen Unterhaltsbedarf zu finanzieren. Die Höhe des Unterhaltsbedarfs des betreuenden Elternteils richtet sich ausschließlich nach der persönlichen Lebensstellung des betreuenden Elternteils (§1615 l Abs. 3. i.V.m. § 1610 BGB). Das trifft auch bei einem vorherigen Zusammenleben mit dem anderen Elternteil in einer nichtehelichen Lebensgemeinschaft zu. Eine Prägung der Lebensverhältnisse im Guten wie im Schlechten entsprechend den »ehelichen Lebensverhältnissen« erfolgt daher nicht. Demnach bemisst sich der Unterhaltsanspruch der betreuenden Mutter (bzw. des betreuenden Vaters) des Kindes *nicht* nach der anteiligen Quote wie im Ehegattenunterhaltsrecht.

War die Mutter des Kindes vorher berufstätig, ist bei der Bestimmung des Unterhaltsbedarfs von ihren früheren Einkünften auszugehen. Lebte die Mutter des Kindes von ihrem Ehemann getrennt oder war sie bereits geschieden, resultiert der Unterhaltsbedarf aus den Lebensverhältnissen, die für die Ehe der Mutter des nichtehelichen Kindes prägend waren.

**Vorherige Erwerbstätigkeit der Mutter**

Sofern die Mutter des Kindes bisher nicht erwerbstätig gewesen ist, ist ein Pauschalbetrag von derzeit 730 € anzusetzen. Nach der Düsseldorfer Tabelle (Stand 01.01.2002, Anmerkung D.2.) bemisst sich der Unterhaltsbedarf nach der Lebensstellung des betreuenden Elternteil und beträgt

- bei fehlender Erwerbstätigkeit 730 €.

## 3. Anrechenbare Eigeneinkünfte der Kindsmutter

**Mutterschaftsgeld**

Ist die Kindsmutter vor der Geburt des Kindes einer versicherungspflichtigen Erwerbstätigkeit nachgegangen, so erhält sie Mutterschaftsgeld. Dieses wirkt sich ebenso wie eine Lohnfortzahlung oder Krankengeld bedürftigkeitsmindernd aus. Die Ansprüche der Mutter auf Mutterschaftsgeld oder die Fortzahlung des Arbeitsentgelts decken in der Regel den Unterhaltsbedarf der Kindsmutter ab.

**Eigenes Vermögen der Kindesmutter**

Sofern der betreuende Elternteil über eigenes Vermögen verfügt, hat er dies mit Ausnahme des Schonvermögens zur Deckung seines eigenen Unterhaltsbedarfs einzusetzen.

Ausgenommen wird das Erziehungsgeld, das ausschließlich dem Kind zugute kommen soll und daher nicht der Deckung der Unterhaltsbedürfnisse der Mutter dient (§ 9 BErzGG).

**Freiwillige Leistungen von Dritten**

Erhält der betreuende Elternteil freiwillige Zuwendungen von Dritten, – stellen etwa die Eltern kostenlos eine Wohnung zur Verfügung oder zahlen regelmäßig die laufenden Haushaltskosten –, so mindert das nicht den grundsätzlich bestehenden Unterhaltsbedarf des Elternteils. Die »Zuschüsse« Dritter sollen nicht dazu dienen, den Unterhaltsverpflichteten zu entlasten.

Wenn die Mutter des Kindes dagegen mit einem anderen Partner zusammenlebt, werden ihr fiktive Einkünfte im zumutbarem Umfang neben der Pflege des minderjährigen Kindes angerechnet.

**Werden Einkünfte aus Nebentätigkeiten angerechnet?**

Strittig ist die Anrechnung bedarfsdeckender Einkünfte durch eine Nebentätigkeit. Soweit von der Mutter ausnahmsweise, trotz der Pflege oder Erziehung des Kindes, eine Erwerbstätigkeit (teilweise) erwartet werden kann oder ohne Verpflichtung geleistet wird, werden diese Einkünfte auch bedarfsmindernd berücksichtigt – jedoch erst nach Abzug der berufsbedingten Aufwendungen, etwa durch Fahrtkosten, Gewerkschaftsbeiträge und der Kinderbetreuungskosten.

**Leistungen des Sozialamts**

Die Unterhaltsleistungen des Sozialamtes sind nicht bedarfsdeckend, sondern nachrangig hinter den Unterhaltsverpflichtungen des Vaters des Kindes einzuordnen.

## III. Leistungsfähigkeit des unterhaltsverpflichteten Elternteils

Bei der Bemessung der Leistungsfähigkeit des Unterhaltsverpflichteten ist zunächst die Höhe der einzusetzenden Nettoeinkünfte zu ermitteln (vgl. S. 31 ff.).

§§

**Höhe des Eigenbedarfs des unterhaltsverpflichteten Elternteils**

Zu berücksichtigen ist zunächst der Selbstbehalt des Unterhaltsverpflichteten. Anders als bei der Unterhaltsverpflichtung des Elternteil gegenüber dem Kind hat ihm im Verhältnis zum betreuenden Elternteil der angemessene Selbstbehalt zu verbleiben. Dieser beträgt nach den Leitlinien des OLG Düsseldorf zum Stand 01.07.2001 (Anm. D. 2.):

mindestens monatlich
1000,00 €.

**Konkurrenz der Unterhaltsansprüche**

Bei der Verteilung des verbleibenden Einkommens des Unterhaltsverpflichteten für den Unterhaltsanspruch des Kindes und des betreuenden Elternteils kommt es ferner entscheidend auf den Rang des Unterhaltsanspruchs, bzw. auf seine Konkurrenz zu anderen Unterhaltsansprüchen an (näheres hierzu S. 125 f.)

**Wichtig! Rangfolge der Unterhaltsberechtigten**

Rangfolge der Bedürftigen:
- die unverheirateten minderjährigen und die volljährigen Kinder bis zur Vollendung des 21. Lebensjahres, soweit sie sich in der allgemeinen Schulausbildung befinden
- der unterhaltsberechtigte jetzige Ehepartner
- der unterhaltsberechtigte geschiedene Ehepartner
- die Mutter/der Vater des nichtehelichen Kindes
- die volljährigen Kinder, soweit sie nicht mehr durch die allgemeine Schulausbildung privilegiert sind.

Die Mutter des nichtehelichen Kindes ist daher nachrangig bei der Verteilung der Einkünfte gegenüber dem geschiedenen oder getrennt lebenden Ehegatten und den minderjährigen unverheirateten Kindern, also auch gegenüber dem nichtehelichen Kind. Vorrangig werden ihre Unterhaltsansprüche jedoch berücksichtigt vor den weiteren volljährigen Kindern des Unterhaltsverpflichteten.

Schließlich ist der im Unterhaltsrecht geltende Grundsatz der Halbteilung zu beachten. Danach kann der Unterhaltsanspruch der Mutter des nichtehelichen Kindes nicht höher sein, als die Hälfte des unterhaltsrechtlich relevanten Einkommens des Vaters.

z.B.

Erzielte die Mutter vor der Geburt des Kindes aus Erwerbstätigkeit ein Einkommen in Höhe von 2000 € netto, der Vater jedoch nur 1500 € unterhaltsrechtlich relevantes Einkommen, so ist der Anspruch der Mutter begrenzt auf den hälftigen Betrag von letzterem und damit auf 750 €.

## IV. Zeitlicher Rahmen

§§

**Regulärer Unterhaltsanspruch**

Der zeitliche Umfang des regulären Unterhaltsanspruchs nach § 1615 l BGB ist zunächst auf die Dauer von sechs Wochen vor und acht Wochen nach der Geburt des Kindes begrenzt. Die Kosten der Schwangerschaft und Entbindung können jedoch für die Zeit vorher und nachher geltend gemacht werden, sofern sie noch mit diesen Ereignissen in Zusammenhang stehen.

Am umfangreichsten ist die Unterhaltspflicht bei fehlender Erwerbstätigkeit der Mutter des nichtehelichen Kindes. Sie beginnt frühestens vier Monate vor der Geburt und endet grundsätzlich spätestens drei Jahre nach der Geburt des Kindes (§ 1615 l Abs. 2 S. 3 BGB).

**Gesetzesreform zur Drei-Jahres-Regelung**

Dieser Unterhaltsanspruch ist bereits seit der Gesetzesfassung vom 1.1.1995 vorgesehen. Die Drei-Jahres-Regelung wurde durch die Gesetzesänderungen anlässlich der Kindschaftsrechtsreform zum 1.7.1998 erweitert. Hinzugefügt wurde, dass der Anspruch drei Jahre nach der Geburt nur endet, »sofern es nicht unter Berücksichtigung der Belange des Kindes grob unbillig wäre, einen Unterhaltsanspruch nach dieser Frist zu versagen«. Eine Höchstdauer ist nicht vorgesehen. Es handelt sich jedoch um einen Ausnahmetatbestand bei grober Unbilligkeit einer Unterhaltsversagung. Als Beispiel hat der Gesetzgeber den Umstand vorausgesetzt, dass das Kind behindert ist und deshalb auf längere und intensive Betreuung durch die Mutter angewiesen ist. Darüber hinaus sind schwere psychische Fehlentwicklungen oder dauernde Erkrankungen des

Kindes zu berücksichtigen, die eine gleichbleibende Versorgung des Kindes erfordern.

## V. Ersatzanspruch des betreuenden Elternteils des nichtehelichen Kindes gegen ihre/seine Eltern

**Haftung der Großeltern?**

Hat die Kindesmutter gegen den anderen Elternteil etwa mangels Leistungsfähigkeit keinen Unterhaltsanspruch nach § 1615l BGB, so besteht ein Ersatzanspruch gegen die eigenen Eltern als andere Verwandte. Sie hat aber bei dieser Sachlage je nach Entwicklungsstand des Kindes, in der Regel nach 18 Monaten bis 2 Jahren nach der Geburt des Kindes eine Erwerbsobliegenheit zur Deckung ihres Bedarfs, soweit eine Fremdbetreuung des Kindes gewährleistet ist (OLG München FamRZ 1999, S. 1298). Bis dahin muss sie sich auch das Erziehungsgeld als bedarfsdeckendes Einkommen im Verhältnis zu ihren Eltern anrechnen lassen.

## VI. Verjährung und Durchsetzung des Anspruchs

**Neuregelung der Verjährungsvorschriften seit dem 1.1.2002**

Die Ansprüche der Mutter bzw. des Vaters verjähren nach drei Jahren. Die Verjährung beginnt mit dem Schluss des Jahres, in welchem das Kind geboren wurde und der andere Elternteil hiervon Kenntnis hatte oder ohne grobe Fahrlässigkeit erlangen musste.

**Tipp**

Hinsichtlich des zu zahlenden Kindesunterhalts regelt § 1615 o BGB bereits vor der Geburt des Kindes die Möglichkeit der gerichtlichen Geltendmachung. Hat ein Mann die Vaterschaft anerkannt oder wird er gemäß § 1600 d Abs. 2 BGB als Vater vermutet, so kann auf Antrag des Kindes im Rahmen einer einstweiligen Verfügung eine Unterhaltszahlung für die ersten drei Monate angeordnet werden. Dieser Antrag kann bereits vor der Geburt des Kindes durch die Mutter oder durch einen Pfleger gestellt werden. In demselben gerichtlichen Verfahren kann auch die Mutter ihren Unterhaltsanspruch für den Zeitraum von 6 Wochen vor bis 8 Wochen nach der Geburt nach § 1615 l Abs. 1 BGB, § 1615 o BGB geltend machen.

## D. Unterhaltsansprüche bei eingetragener Lebenspartnerschaft

### I. Allgemeines zur eingetragenen Lebenspartnerschaft

§§

**Entstehung der gesetzlichen Regelungen zur Lebenspartnerschaft**

Am 11. Dezember 2000 hat der Bundestag das »Gesetz zur Beendigung der Diskriminierung gleichgeschlechtlicher Gemeinschaften: Lebenspartnerschaften«, das sogenannte Lebenspartnerschaftsgesetz (LPartG) verabschiedet. Die Voraussetzung dafür wurde geschaffen, indem wesentliche Bestandteile des ursprünglichen Entwurfs, die speziell Regelungen zu den steuer- und sozialrechtlichen Folgen der Lebenspartnerschaft betrafen, aus dem LPartG herausgenommen und in den Entwurf eines Lebenspartnerschaftsergänzungsgesetz (LPartErgG) übernommen wurden. Dieses LPartErgG bedarf der Zustimmung des Bundesrats und ist noch nicht Gesetz geworden.

**Tipp**

**Nachlesen im Internet**

Das reduzierte LPartG hingegen ist am 16. Februar 2001 verkündet und am 01. August 2001 in Kraft getreten, nachdem das Bundesverfassungsgericht einen Eilantrag der Länder Bayern und Sachsen auf vorläufige Aussetzung des Inkrafttretens zurückgewiesen hat (nachzulesen unter: *www.bverfg.de/entscheidungen/frames/2001/7/18*). Über den Hauptsacheantrag hat das Verfassungsgericht noch nicht entschieden. Auch in der juristischen Fachliteratur ist nach wie vor höchst umstritten, ob das LPartG und sein Zustandekommen verfassungsgemäß ist und war. Eine endgültige Entscheidung hat das Bundesverfassungsgerichts noch nicht getroffen. Sie wird ist für Mai oder Juni 2002 erwartet. Zumindest bis dahin sind die im LPartG getroffenen Regelungen anzuwenden.

**Definition der Lebenspartnerschaft**

Das eigenständige Rechtsinstitut der eingetragenen Lebenspartnerschaft ist in § 1 Abs. 1 LPartG definiert. Danach begründen zwei Personen gleichen Geschlechts eine Lebenspartnerschaft, wenn sie gegenseitig persönlich und bei gleichzeitiger Anwesenheit erklären, miteinander eine Partnerschaft auf Lebenszeit führen wollen. Erforderlich ist zudem die behördliche Mitwirkung, was in den meisten Bundesländern bedeutet, dass die Erklärung vor dem Standesbeamten abzugeben ist.

**Leitbild Doppelverdienerlebenspartnerschaft**

Das Leitbild des Gesetzgebers ist von der Annahme geprägt, dass beide Lebenspartner zu Beginn der Lebenspartnerschaft Einkünfte beziehen, also regelmäßig eine Doppelverdiener-Lebenspartnerschaft vorliegt. Daher sehen die Vorschriften des LPartG zwar die wirtschaftliche und rechtliche Absicherung der Lebenspartner vor, die ökonomische Selbständigkeit der Lebenspartner ist aber deutlicher betont als bei Eheleuten. Diese Wertung des Gesetzgebers schlägt sich insbesondere bei den Regelungen zum Unterhalt nieder.

**Tipp**

**Informationen beim Standesamt oder im Internet**

Auf die weiteren Voraussetzungen und die Form der Begründung der Lebenspartnerschaft sowie der Wirkungen soll an dieser Stelle nicht näher eingegangenen werden. Informationen sind beim zuständigen Standesamt und zum Beispiel unter den unten angegebenen Internetadressen zu erhalten.

## II. Eingetragene Lebenspartnerschaft und Unterhalt

### 1. Unterhalt während intakter Lebenspartnerschaft

**§§**

**§ 5 S. 1 LPartG ist Parallelvorschrift zu § 1360 BGB, aber keine Gleichstellung der Haushaltsführung**

Nach § 5 S. 1 LPartG sind die Lebenspartner einander zum angemessenen Unterhalt verpflichtet. Diese Norm ist die Parallelvorschrift zu § 1360 BGB, in der der Familienunterhalt während einer bestehenden Ehe geregelt ist. Auffallend ist, dass ein Gegenstück zu § 1360 Abs. 2 BGB, in dem die Gleichstellung der Haushaltsführung mit der Unterhaltsleistung festgestellt ist, fehlt. Das liegt an dem oben beschriebenen Leitbild des Gesetzgebers, nach dem davon ausgegangenen wird, dass in der Lebenspartnerschaft keine (jedenfalls keine gemeinsamen) Kinder versorgt werden müssen. Haushaltsführung und Erwerbstätigkeit sind demnach nicht gleichgestellt.

**§§ 1360a, 1360b BGB gelten entsprechend**

Nach § 5 S. 2 des LPartG gelten die §§ 1360 a, 1360 b BGB entsprechend. Der angemessene Unterhalt im Sinne des § 1360 a BGB umfasst alles, was nach den Verhältnissen der Lebenspartner erforderlich ist, um die Kosten des gemeinsamen Haushaltes zu bestreiten und die persönlichen Bedürfnisse der Lebenspartner zu befriedigen. Zudem sind mit der entsprechenden Anwendung des § 1360 a BGB die §§ 1613 bis 1615 BGB ebenfalls anzuwenden.

§§

**Übersicht der entsprechend geltenden Vorschriften**

Das bedeutet auch, dass
- der Unterhalt für die Vergangenheit nur eingeschränkt geltend gemacht werden kann (§ 1613 BGB),
- ein Anspruch auf Sonderbedarf in Betracht kommt (§ 1613 Abs. 2 S. 1 BGB),
- auf den Partnerschaftsunterhalt nicht für die Zukunft verzichtet werden kann (§ 1614 Abs. 1 BGB),
- der Unterhaltsanspruch grundsätzlich mit dem Tod eines der Lebenspartner erlischt (§ 1615 Abs. 1 BGB),
- der unterhaltspflichtige Lebenspartner im Falle des Todes des unterhaltsberechtigten Lebenspartners die Beerdigungskosten zu tragen hat, wenn die Erben nicht eintreten (§ 1615 Abs. 2 BGB).

Entsprechend § 1360 a Abs. 4 BGB hat der unterhaltsberechtigte Lebenspartner einen Anspruch auf Prozesskostenvorschuss für Streitigkeiten in persönlichen Angelegenheiten. Daher erhält ein Lebenspartner ebenso wie Ehegatten keine Prozesskostenhilfe vom Staat, wenn er gegen seinen Partner einen Anspruch auf Prozesskostenvorschuss hat. Die Voraussetzungen für den Prozesskostenvorschuss sind dieselben wie bei Ehegatten, so dass wegen der Einzelheiten auf die Ausführungen zum Anspruch des unterhaltsberechtigten Ehegatten auf Prozesskostenvorschuss verwiesen wird (vgl. S. 65).

**Taschengeldanspruch**

Bedeutsam für Dritte, insbesondere Gläubiger des unterhaltsberechtigten Lebenspartners, kann der sich aus § 1360 a BGB ergebende Taschengeldanspruch (vgl. zum Taschengeldanspruch unter Ehegatten, S. 65), weil dieser Anspruch eine Vollstreckungsmöglichkeit für diese bieten kann.

Wegen der entsprechenden Anwendung des § 1360 b BGB ist auch zwischen Lebenspartnern im Zweifel anzunehmen, dass derjenige, der mehr als den geschuldeten Beitrag zum Familienunterhalt leistet, nicht beabsichtigt, von dem anderen Ersatz zu verlangen.

**Schadensersatzanspruch bei Tötung des Lebenspartners bei einem Unfall**

Der unterhaltspflichtige Lebenspartner gehört zum Kreis der gesetzlich Unterhaltspflichtigen im Sinne des § 844 Abs. 2 BGB. Das hat in dem Fall, dass er bei einem Unfall getötet wird, zur Folge, dass der überlebende Lebenspartner gegen den Unfallverursacher bzw. dessen Versicherung einen Schadensersatzanspruch auf Zahlung des Betrages hat, den der Getötete hätte leisten können, wäre es nicht zu dem Unfall gekommen.

## 2. Unterhalt nach Trennung der Lebenspartner

§§

Der Unterhaltsanspruch bei Getrenntleben der Lebenspartner ist in § 12 LPartG geregelt.

Danach kann ein Lebenspartner von dem anderen den nach den Lebensverhältnissen und den Erwerbs- und Vermögenverhältnissen während der Lebenspartnerschaft angemessenen Unterhalt verlangen.

**Regelung des § 12 LPartG entspricht § 1361 BGB für Ehegatten**

Die Regelung des § 12 LPartG ist nahezu vollständig der des für den Trennungsunterhalt bei Eheleuten geltenden § 1361 BGB nachgebildet.

### a) Getrenntleben

Hinsichtlich des Getrenntlebens besteht zunächst vom Gesetzeswortlaut her kein erheblicher Unterschied zwischen Ehegatten und Lebenspartnern. Es ist daher davon auszugehen, dass die Rechtsprechung zur Trennung von Ehegatten und den Trennungsbegriff auf die Problematik des Getrenntlebens zweier Lebenspartner, die eine Partnerschaft nach dem LPartG begründet haben, übertragen werden kann.

**Unterschied zu Ehegatten: Keine Verpflichtung zum Zusammenleben**

Zu berücksichtigen ist dagegen, dass für die Lebenspartner nach dem LPartG eine Verpflichtung zum Zusammenleben nicht vorgesehen ist. Eine entgegenstehende Regelung findet sich für Ehegatten in § 1353 BGB, die einander zur ehelichen Lebensgemeinschaft verpflichtet sind, auch wenn dies für Ehegatten nicht bedeutet, dass eine andere Konstruktion nicht möglich ist.

Die Sachlage, dass eine solche Verpflichtung zur häuslichen Gemeinschaft gerade nicht vorgesehen ist, trägt der Lebenswirklichkeit bei den bisherigen gleichgeschlechtlichen Lebensgemeinschaften Rechnung. Hier war und ist ein Zusammensein der Partner nicht zwangsläufig mit dem Zusammenleben in einer Wohnung verbunden, sondern jeder behält oftmals seine eigene Wohnung (sogenanntes »living apart together«). Bei Lebenspartnerschaften nach dem LPartG dürfte die Quote der zusammenlebenden Partner jedoch höher liegen.

Ein Anspruch auf Trennungsunterhalt kommt danach in Betracht, wenn die bisherige Lebensgemeinschaft nach außen aufgegeben wird und dies nach außen dokumentiert wird. Soweit eine häusliche Gemeinschaft bestand, ist die Trennung durch eine größtmögliche Isolierung sämtlicher Lebensbereiche zu vollziehen. Insofern gilt das Gleiche wie bei Ehegatten. Ebenso gilt in dem Fall, in dem die Lebenspartner eine häusliche Gemeinschaft nie aufgenommen haben, dass der Anspruch des bedürftigen Lebenspartners voraussetzt, dass zumindest einer der Lebenspartner seinen Trennungswillen nach außen zu erkennen geben muss.

**Erklärung nach § 15 LPartG für Trennungsunterhalt nicht Voraussetzung**

Wichtig ist zudem, dass der Trennungsunterhalt nicht etwa voraussetzt, dass die Lebenspartner eine öffentliche beurkundete Erklärung nach § 15 LPartG abgegeben haben, wonach sie die Lebenspartnerschaft nicht fortsetzen wollen.

§§

Mit der Regelung des § 15 LPartG sollen nicht die Trennungsvoraussetzungen geregelt werden. Die Norm schafft vielmehr Klarheit in der Frage, wann die Voraussetzungen für die Aufhebung der Lebensgemeinschaft vorliegen. Anders als unter Ehegatten ist damit dem unwahren Vorbringen hinsichtlich des Trennungszeitpunktes ein Riegel vorgeschoben Nicht selten behaupten Ehegatten in Ehescheidungsverfahren, sich schon vor langer Zeit getrennt zu haben, nur um möglichst schnell geschieden zu werden. Das ist bei Lebenspartnerschaften wegen der Regelung des § 15 LPartG nicht möglich. Eine an die Regelung des § 15 LPartG angelehnte gesetzliche Regelung für Ehegatten könnte diese Unklarheit beheben. Für den Trennungsunterhalt nach § 12 LPartG ist die im Sinne des § 15 LPartG öffentlich beurkundete Erklärung jedenfalls nicht ausschlaggebend. Diese Frist läuft auch weiter, wenn die Lebenspartner weiter in häuslicher Gemeinschaft leben. Dann kommt aber kein Trennungsunterhalt nach § 12 LPartG, sondern der oben beschriebene Lebenspartnerschaftsunterhalt nach § 5 LPartG in Betracht.

## b) Bedarf

**Lebensverhältnisse**

Der Unterhalt bei Getrenntleben der Lebenspartner richtet sich nach der gesetzlichen Regelung »nach den Lebensverhältnissen und den Erwerbs- und Vermögensverhältnissen während der Lebenspartnerschaft«.

**Lebensstandardgarantie**

Das LPartG gibt dem bedürftigen Lebenspartner damit, ebenso wie dem getrennt lebenden Ehegatten für die Trennungszeit, die Chance, seinen während der Lebenspartnerschaft erreichten Lebensstandard halten zu können.

Die Rechtsprechung zu den die ehelichen Lebensverhältnisse prägenden Einkünften unter Eheleuten ist daher grundsätzlich auch für die Lebenspartnerschaften nach dem LPartG entsprechend anwendbar.

## c) Erwerbstätigkeit

Das LPartG regelt in § 12 Abs. 1 S. 2 die Frage der Verpflichtung des unterhaltsbegehrenden Lebenspartners, seinen Unterhalt durch eigene Erwerbstätigkeit sicherzustellen. Danach gilt:

§§

Der nichterwerbstätige Lebenspartner kann darauf verwiesen werden, seinen Unterhalt durch eine Erwerbstätigkeit selbst zu verdienen, es sei denn, dass dies von ihm nach seinen persönlichen Verhältnissen unter Berücksichtigung der Dauer der Lebenspartnerschaft und nach den wirtschaftlichen Verhältnissen der Lebenspartner nicht erwartet werden kann (§ 12 Abs. 1 S. 2 LPartG).

**Wortlautunterschiede**

Der Wortlaut des § 12 Abs. 1 S. 2 LPartG unterscheidet sich damit nur in zwei kleineren Formulierungen von der für getrennt lebende Ehegatten geltenden Regelung in § 1361 Abs. 2 BGB.

1. Es heißt nicht »kann *nur* darauf verwiesen werden«, sondern »kann darauf verwiesen werden«.
2. Es fehlt die Formulierung »wegen einer früheren Erwerbstätigkeit«.

Diese Unterschiede schränken den Anspruch des Lebenspartners auf Trennungsunterhalt gegenüber dem Ehegattentrennungsunterhalt aber erheblich ein. Den Lebenspartner trifft eine erheblich weitergehende Erwerbsobliegenheit als den getrennt lebenden Ehegatten. Er genießt nicht im ersten Jahr nach der Trennung eine »Schonfrist«, sondern kann sogleich darauf verwiesen werden, seinen Unterhalt durch eigene Erwerbstätigkeit zu sichern.

**Weitergehende Erwerbsobliegenheit**

Bereits während der Trennung der Lebenspartner sollen die betroffenen Lebenspartner danach also eigenständig für ihren Lebensunterhalt durch eigene Erwerbstätigkeit aufkommen.

**Beweislast des bedürftigen Lebenspartners**

Während bei Eheleuten die Regel gilt, dass der Verpflichtete beweisen muss, dass der Unterhaltsberechtigte eine angemessene Erwerbstätigkeit ausüben könnte, gilt bei Lebenspartnerschaften genau das Gegenteil: Der bedürftige Lebenspartner muss deutlich machen und notfalls beweisen, dass er keine Arbeit findet, obwohl er sich ausreichend aber erfolglos um die Aufnahme einer angemessenen Erwerbstätigkeit zur Sicherung seines Unterhaltsbedarfs gekümmert hat

## d) Billigkeit

**Billigkeitsklausel des § 12 Abs. 2 S. 1 LPartG**

Nach § 12 Abs. 2 S. 1 LPartG ist ein Unterhaltsanspruch zu versagen, herabzusetzen oder zeitlich zu begrenzen, wenn die Inanspruchnahme des Verpflichteten unbillig wäre.

**»Unbilligkeit«/ »Grobe Unbilligkeit«**

Beim Vergleich der Regelungen für den Ehegattenunterhalt fällt auf, dass für eine Einschränkung des Trennungsunterhaltes der Lebenspartner (einfache) »Unbilligkeit« ausreichen soll, während für den Trennungsunterhalt die »grobe Unbilligkeit« erforderlich ist.

Die Bedeutung der Formulierung in dem neuen Gesetz ist schon jetzt heillos umstritten, weil sie nicht konsequent ist. Das ergibt sich daraus, das für den (schwächeren) nachpartnerschaftlichen Unterhalt (§ 16 Abs. 2 LPartG in Verbindung mit § 1579 BGB) wiederum die Schwelle »grobe Unbilligkeit« gelten soll. Das widerspricht dem Grundsatz, dass der Trennungsunterhalt nach § 12 LPartG nicht schwächer ausgestaltet sein kann. Je nach Standpunkt ist vertretbar, dass die (einfache) »Unbilligkeit« auch für den nachpartnerschaftlichen Unterhalt gelten muss, oder, dass der Maßstab »grobe Unbilligkeit« auch für den Trennungsunterhalt gelten muss. Diese Frage wird letztendlich von Gerichten zu entscheiden sein.

## 3. Unterhalt nach Aufhebung der Lebenspartnerschaft

### a) Allgemeines

§§

Kann ein Lebenspartner nach der Aufhebung der Lebenspartnerschaft nicht selbst für seinen Unterhalt sorgen, kann er vom anderen Lebenspartner den nach den Lebensverhältnissen während der Lebenspartnerschaft angemessenen Unterhalt verlangen, soweit und solange von ihm eine Erwerbstätigkeit, insbesondere wegen seines Alters oder wegen Krankheiten oder anderer Gebrechen, nicht erwartet werden kann (§ 16 Abs. 1 LPartG).

**Kein Katalog der Unterhaltstatbestände**

Eine sogenannte positive Härteklausel, wie für den Ehegattenunterhalt in § 1576 BGB, fehlt für den nachpartnerschaftlichen Unterhalt. Das Gesetz stellt allein darauf ab, ob die Lebenspartner für sich selbst sorgen können. Einen Katalog der Unterhaltstatbestände stellt das LPartG nicht auf.

Der Unterhaltsanspruch nach § 16 LPartG ist nicht identisch mit dem Trennungsunterhalt nach § 12 LPartG. Er kann ab Rechtskraft des die Lebenspartnerschaft gemäß § 15 LPartG aufhebenden Urteils bestehen und damit gefordert werden.

**Vertragliche Regelung möglich**

Eine vertragliche Regelung des nachpartnerschaftlichen Unterhalts ist wie zwischen Ehegatten möglich und zulässig (§ 16 Abs. 2 S. 2 LPartG i.V.m. § 1585c BGB).

### b) Zu erwartende Erwerbstätigkeit

**Unterschiede/ Ählichkeiten im Vergleich zu Ehegatten**

Folgende Umstände sind hier bedeutsam:

- Unterhalt wegen Betreuung eines Kindes kommt grundsätzlich nicht in Betracht, weil das Kind dem anderen Lebenspartner rechtlich nicht zugeordnet werden kann. Ausnahmsweise kommt ein Unterhaltsanspruch aber in Betracht, wenn der andere Lebenspartner einen entsprechenden Vertrauenstatbestand geschaffen hat (etwa indem er die Adoption eines Kindes während der bestehenden Lebenspartnerschaft gefördert hat).

- Für den Altersunterhalt des früheren Lebenspartners gelten die gleichen Grundsätze wie für den Altersunterhalt des geschiedenen Ehegatten nach § 1571 BGB.
- Für den Krankheitsunterhalt gilt ebenso das Gleiche wie für ehemalige Ehegatten, wobei auch hier nicht erforderlich ist, dass die Erkrankung während der Lebenspartnerschaft aufgetreten sein muss.
- Ein Arbeitslosigkeitsunterhalt kommt grundsätzlich nicht in Betracht. Dem früheren Lebenspartner ist grundsätzlich jede Erwerbstätigkeit zumutbar.
- Eine Aufstockungsunterhalt scheidet gleichermaßen aus, weil § 16 LPartG nicht auf § 1573 Abs. 2 BGB Bezug nimmt.

### c) Bedürftigkeit/Begrenzung/Verwirkung

Der Bedarf richtet sich nach den Verhältnissen während der Lebensgemeinschaft. Die Bedürftigkeit muss nicht auf die Lebensgemeinschaft zurückzuführen sein.

§§

**Begrenzung bei Unbilligkeit**

Eine Begrenzung des nachpartnerschaftlichen Unterhalts kommt in Betracht, wenn vor allem unter Berücksichtigung der Dauer der Lebenspartnerschaft und der Gestaltung von Haushaltsführung und Erwerbstätigkeit eine zeitlich unbegrenzte Bemessung nach den Lebensverhältnissen während der Lebenspartnerschaft unbillig wäre (§ 16 Abs. 2 S. 2 LPartG in Verbindung mit § 1578 Abs. 1 BGB). Eine Rückstufung des Anspruches auf ein eventuell niedrigeres vorpartnerschaftliches Niveau kommt daher nach angemessener Zeit in Frage. Was eine angemessene Zeit ist, muss im Einzelfall geprüft werden.

§§

**Unterhaltsausschluss entsprechend der Regelung für Ehegatten (§ 1579 BGB)**

Der Unterhaltsanspruch kann gemäß § 16 Abs. 2 S. 2 LPartG in Verbindung mit § 1579 BGB verwirkt sein. Danach ist der Unterhaltsanspruch zu versagen, herabzusetzen oder zeitlich zu begrenzen, wenn die Inanspruchnahme des Unterhaltspflichtigen grob unbillig wäre. Die Liste der in § 1579 BGB genannten Verfehlungen, die eine Verwirkung des Unterhaltsanspruchs nach sich ziehen können, gilt demnach für Lebenspartnerschaften nach dem LPartG ebenso wie zwischen geschiedenen Ehegatten.

Um das Maß der »Unbilligkeit« wird wegen der unklaren gesetzlichen Regelung gestritten (s.o. S. 131).

### d) Rang

§§ Die Regelungen zum Rang des Unterhaltanspruchs des Lebenspartners finden sich in § 1608 S. 4 BGB und § 16 Abs. 3 LPartG.

Nach § 1608 S. 4 BGB haftet der Lebenspartner dem Bedürftigen in gleicher Weise wir ein Ehegatte. Dies bedeutet, dass der Lebenspartner einer Partnerschaft nach dem LPartG vor den Verwandten haftet, es sei denn er ist leistungsunfähig.

Nach § 16 Abs. 3 LPartG gilt für den nachpartnerschaftlichen Unterhalt, dass der frühere Lebenspartner einem neuen Lebenspartner und den übrigen Verwandten im Sinne des § 1609 Abs. 2 BGB vorgeht, ihm hingegen alle anderen gesetzlich Unterhaltsberechtigten vorgehen. Damit wird der Rang des früheren Lebenspartners in den meisten relevanten Fällen geringer sein . Er kommt dann nur zum Zuge, wenn die Leistungsfähigkeit des Unterhaltsschuldners uneigenschränkt gegeben ist.

## III. Prozessuales

**Verfahrensrechtlich weitestgehende Gleichstellung mit Ehegatten**

Das Gesetz sieht weitestgehend eine verfahrensrechtliche Gleichbehandlung der Lebenspartnerschaften mit den Ehe- und Familiensachen. In § 661 Abs. 1 ZPO findet sich eine Definition der Lebenspartnerschaftssachen, zu denen selbstverständlich auch Auseinandersetzungen über eine durch die Lebenspartner begründete gesetzliche Unterhaltspflicht gehören (§ 661 Abs. 1 Nr. 4 ZPO).

Für gerichtliche Verfahren in Lebenspartnerschaftssachen sind die Familiengerichte zuständig (§§ 23 Nr. 6, 23 b Abs. 1 S. 2 Nr. 15 GVG). Einstweilige Anordnungen sind möglich (§ 661 Abs. 2 ZPO in Verbindung mit § 620 ZPO und § 644 ZPO). Unterschiedliche Lebenspartnerschaftssachen können miteinander verbunden werden (§ 661 Abs. 2 ZPO in Verbindung mit §§ 623, 629, 629a ZPO).

## IV. Internethinweise zur eingetragenen Lebenspartnerschaft

**Tipp**

**Interessante Internetseiten**

www.lebenspartnerschaft.de
www.lsvd.de/lpartg/
www.volkerbeck.de
www.bjm.de
www.isuv.de

## E. Rang und Konkurrenz von Unterhaltsansprüchen

**... wenn das Einkommen nicht ausreicht**

Immer dann, wenn das Einkommen des Unterhaltspflichtigen nicht ausreicht, um sämtliche Forderungen der Unterhaltsberechtigten etwa der geschiedenen Ehefrau, den Kinder aus der ersten Ehe und dem weiteren Kind mit der neuen Lebensgefährtin, abzudecken, ist das Rangverhältnis untereinander wichtig.

### I. Der Rang der Unterhaltsberechtigten

§§

**Wichtig ist der Grad der Verwandtschaft**

Gemäß § 1601 BGB sind Verwandte ersten Grades verpflichtet, einander Unterhalt zu gewähren. Dabei ist der Grad der Verwandtschaft lediglich für die Rangfolge der Unterhaltsverpflichtung bzw. der Unterhaltsberechtigung von Bedeutung. Eine Unterhaltpflicht für Verwandte in der Seitenlinie, unter Geschwistern oder Verschwägerten, besteht nicht. Das Verhältnis des Elternteils zum Stiefkind begründet keine Unterhaltspflicht.

**Rang der Unterhaltsberechtigten**

Der *Rang der Unterhaltsberechtigten* ist gesetzlich wie folgt geregelt:

1. Die minderjährigen Kinder, gleich ob ehelich oder nichtehelich, und die unverheirateten Kinder bis zur Vollendung des 21. Lebensjahres, die sich noch in der allgemeinen Schulausbildung befinden.
2. Der getrennt lebende oder geschiedene Ehegatte, der berechtigterweise Unterhaltsansprüche geltend macht.
3. Der mit dem Unterhaltspflichtigen verheiratete Ehegatte, der seinen Unterhaltsbedarf nicht durch eigene Einkünfte decken kann.
4. Die Mutter oder der Vater des nichtehelichen Kindes.
5. Die volljährigen Kinder, sofern sie nicht privilegiert sind.
6. Die anderen Abkömmlinge, etwa Enkelkinder.
7. Andere Verwandte in aufsteigender Linie, dabei die Eltern vor den Großeltern.

Der Ehepartner steht den minderjährigen unverheirateten und privilegiert volljährigen Kindern gleich. Wenn die Ehe geschieden ist, wird der Ex-Ehepartner den volljährigen Kindern und den anderen Verwandten vorgezogen.

## II. Mangelfall

**Wenn das Geld nicht reicht ...**

Reicht das Einkommen des Unterhaltsverpflichteten nicht aus, um seinen eigenen Unterhaltsbedarf sicherzustellen und zudem die Unterhaltsforderungen der im gleichen Rang stehenden Dritten zu erfüllen, liegt ein Mangelfall vor. Entsprechend der Rangordnung müssen zunächst die vorrangigen Unterhaltsansprüche erfüllt werden. Meist erschöpfen die Forderungen der Berechtigten des ersten Ranges und der Selbstbehalt des Verpflichteten dessen Einkünfte. Die Berechtigten des 2. Ranges gehen in diesem Fall leer aus.

**Verteilung unter die Berechtigten**

Die Verteilung der Einkünfte unter die gleichrangig Berechtigten erfolgt durch jeweils anteilige Kürzung des Unterhaltsanspruchs. Dabei wird zunächst der Unterhaltsanspruch der Berechtigten ohne Berücksichtigung des Selbstbehalts des Unterhaltsverpflichteten berechnet. Dann wird der Teil der Einkünfte festgestellt, der nach Abzug des Selbstbehalts zur Verteilung an die Dritten zur Verfügung steht. Die Verteilungsmasse wird anteilig auf die Unterhaltsforderungen der Berechtigten verteilt und zwar je nach Höhe des ursprünglichen Unterhaltsbetrags. Der notwendige Selbstbehalt gilt in allen Fällen der Inanspruchnahme als Mindestgrenze.

**z.B.**

Gerhard Lackmann ist seiner getrennt lebenden Ehefrau, die die gemeinsamen Zwillinge Maja und Dennis im Alter von 4 Jahren betreut, unterhaltsverpflichtet. Frau Lackmann bezieht das Kindergeld für die Zwillinge, Herr Lackmann ein unterhaltsrechtlich relevantes Einkommen von 1.550 €.

| | |
|---|---|
| Unterhaltsanspruch von Maja (1. Altersgruppe Düss. Tabelle) | 215 € |
| Unterhaltsanspruch von Dennis (1. Altersgruppe Düss. Tabelle) | 215 € |
| Unterhaltsanspruch von Frau Lackmann (3/7 von 1.550 € – 215 € – 215 €) | 480 € |
| Summe der Unterhaltsforderungen | 910 €. |

Herrn Lackmann hat zunächst sein notwendiger Selbstbehalt von 840 € zu verbleiben. Es bleibt damit ein Restbetrag von 1.550 € – 840 € = 710 €, um den Unterhaltsbedarf seiner Familie zu decken. Der Betrag verteilt sich wie folgt:

| | | |
|---|---|---|
| Maja | 215 € x 710 € : 910 € = | 167,75 € |
| Dennis | 215 € x 710 € : 910 € = | 167,75 € |
| Frau Lackmann | 480 € x 710 € : 910 € = | 374,50 € |
| Gesamtzahlbetrag | | 710 € |

Da der Bedarf der Kinder in Höhe des Regelbetrages nicht gedeckt ist, unterbleibt eine Anrechnung des Kindergeldes.

## III. Unterhaltsforderungen aus der »Zweitehe«

**Vorrang des Ex-Ehepartners und der Kinder aus erster Ehe**

Die steigende Zahl von Ehescheidungen hat auch zur Folge, dass es vermehrt Zweitehen gibt, in denen weitere Kinder und auch der neue Ehepartner finanziell zu versorgen sind. Der bereits geschiedene Ehegatte bleibt jedoch auch in der Zweitehe mit den berechtigten Forderungen seiner Kinder und seines Ex-Ehepartners belastet.

**Nachrang der »Zweitehe«**

In der Praxis reicht in den meisten Fällen das Einkommen des unterhaltsverpflichteten geschiedenen Ehegatten nicht aus, um neben seinem eigenen Unterhaltsbedarf auch noch den Unterhaltsbedarf seiner Kinder, der geschiedenen Ehefrau und seiner neuen Ehefrau zu erfüllen. Die geschiedene Ehefrau steht mit den minderjährigen und privilegiert volljährigen Kindern im ersten Rang. Im Falle der Wiederverheiratung stellt sich die Frage, ob die zweite Ehefrau unterhaltsrechtlich mit der ersten, geschiedenen Ehefrau gleichsteht.

§§

Im Mangelfall sieht § 1582 BGB einen Vorrang des Ex-Ehepartners vor dem neuen Ehegatten des geschiedenen Unterhaltsverpflichteten in drei Fällen vor:

Der geschiedene Ehegatte hat immer Vorrang,

- wenn er wegen der Betreuung eines gemeinschaftlichen Kindes einen nachehelichen Unterhaltsanspruch hat (§ 1570 BGB);

- wenn von ihm aus sonstigen schwerwiegenden Gründen eine Erwerbstätigkeit nicht erwartet werden kann und die Versagung von Unterhalt unter Berücksichtigung der Belange beider Ehegatten grob unbillig wäre (§ 1576 BGB);
- bei »langer Ehedauer«. Die Ehedauer wird dabei von der Eheschließung bis zur Zustellung des Scheidungsantrages gerechnet. Hinzugerechnet wird die Zeit der Kinderbetreuung. »Lang« ist die Ehedauer nicht schon bei 8 Jahren, unzweifelhaft aber bei 15 Jahren.

**Ausnahmen von der Vorrangstellung des Ex-Ehepartners**

Die geschiedene Ehegatte hat keinen Vorrang,

- wenn die Ehe nicht von langer Dauer war und ihm Unterhaltsansprüche wegen Alters oder Arbeitslosigkeit nach §§ 1571, 1573 BGB zustehen

und wenn

- die zweite Ehefrau ihrerseits nach §§ 1569 ff. BGB unterhaltsberechtigt ist oder es im Fall einer Scheidung von dem Unterhaltsverpflichteten etwa wegen Betreuung gemeinsamer Kinder (§ 1570 BGB) oder wegen Krankheit (§ 1571 BGB) wäre.

**z.B.**

Heiratet der Unterhaltsverpflichtete nach 17jähriger Ehe erneut, besteht ein uneingeschränkter Vorrang der geschiedenen Ehefrau vor der zweiten Ehefrau, auch wenn diese gemeinsame Kinder betreut.

Dauerte die erste Ehe nur kurz, etwa drei Jahre, stammt jedoch aus ihr ein 2jähriges Kind, so hat der Unterhaltsanspruch der betreuenden geschiedenen Ehefrau gegenüber der zweiten Ehefrau immer den Vorrang. Das gilt auch für die Fälle, in denen die zweite Ehefrau gemeinsame Kinder betreut.

**Gleichrang der Zweit-Ehefrau mit den Kindern**

Wenn lediglich die minderjährigen oder privilegiert volljährigen Kinder mit dem Unterhaltsanspruch des zweiten Ehegatten in Konkurrenz treten, haben alle den gleichen Rang. Besteht jedoch zugleich ein Unterhaltsanspruch der Ex-Ehefrau, so tritt die zweite Ehefrau auch gegenüber den Kindern im Rang nach hinten. Der Unterhaltsverpflichtete hat daher vorrangig die Zahlungen an die Kinder und seine Ex-Ehefrau zu leisten. Nur wenn dann – nach Abzug des Selbstbehalts des Unterhaltsberechtigten – etwas verbleibt, steht dieser Rest der zweiten Ehefrau zu.

Die Ungleichbehandlung der Erst- und Zweitehe wirft Fragen nach der Vereinbarkeit mit dem Grundgesetz auf. In Artikel 6 Abs. 2 des Grundgesetzes GG steht, dass die Ehe und Familie unter dem Schutz der staatlichen Ordnung steht. Die »Zweitehe« wird jedoch im Hinblick auf ihre finanzielle Versorgung im Verhältnis zur geschiedenen Erstehe benachteiligt. Der Gesetzgeber argumentiert, dass der neue Ehepartner mit dem Bestehen derartiger Unterhaltspflichten hätte rechnen und in der neuen Ehe gegebenenfalls auf Kinder hätte verzichten müssen. Das Bundesverfassungsgericht hat daher die Verfassungsmäßigkeit der Regelung für den Fall bestätigt, dass beide – der geschiedene und der neue – Ehegatte wegen Kinderbetreuung an einer Erwerbstätigkeit gehindert werden und es sich um einen realen Mangelfall handelt (BVerfG FamRZ 1984, S. 346). Eine Lösung dieser Frage kann daher nur auf rechtspolitischer Ebene erfolgen.

## F. Geltendmachung und Durchsetzung von Unterhaltsansprüchen

Mit der Trennung der Partner stellt sich die Frage, wie die Ansprüche auf Unterhaltszahlungen für sich und die Kinder geltend gemacht werden können. Entscheidend ist dafür, dass die Forderungen auf Unterhaltszahlungen schriftlich gestellt werden. Soweit bei der Berechnung und Formulierung solcher Aufforderungsschreiben Unsicherheit besteht, ist hierzu anwaltliche Hilfe dringend geboten. Nur wer fordert, wahrt seine Rechte.

**Wie setze ich meine Rechte durch?**

### I. Beratungsangebote des Jugendamtes

Hinsichtlich des Kindesunterhalts bietet das Jugendamt Hilfestellungen bei der Geltendmachung der Ansprüche. Nach § 18 KJHG haben Mütter und Väter, die allein für ein Kind oder einen Jugendlichen zu sorgen haben oder tatsächlich sorgen, Anspruch auf Beratung bei der Geltendmachung von Unterhalts- und Unterhaltsersatzansprüchen des Kindes oder Jugendlichen. Von dem Beratungsangebot können junge Volljährige bis zur Vollendung des 21. Lebensjahres Gebrauch machen, wenn sie Unterhalt von ihren Eltern geltend machen wollen. Mit Vollendung der Volljährigkeit sind die unterhaltsberechtigten Kinder dafür alleine zuständig, auch wenn sie noch bei einem Elternteil wohnen. Das Beratungsangebot des Jugendamtes beschränkt sich auf außergerichtliche Unterstützungsleistungen und umfasst nicht die Vertretung des Kindes im Prozess.

**Tipp**

**Kostenlose Hilfestellung des Jugendamtes**

Sind die Eltern bei der Geburt des Kindes nicht verheiratet, kann die junge Mutter Unterstützung des Jugendamtes bei der Feststellung der Vaterschaft und der Geltendmachung der Unterhaltsansprüche des Kindes in Anspruch nehmen, § 52 a KJHG. Auf ausdrücklichen Wunsch der Mutter hin, fordert das Jugendamt in seiner Funktion als rechtlicher Beistand des Kindes den Unterhalt vom unterhaltsverpflichteten Elternteil. Diese Hilfestellung umfasst auch die gerichtliche Geltendmachung, soweit der andere Elternteil nicht freiwillig zahlt. Wichtig ist hierbei, das diese Hilfestellung nicht mehr – wie

**§§**

**Jugendamt als Beistand bei der Geltendmachung**

noch bis 1998 – zwangsweise für sämtliche allein erziehende Mütter angeordnet wird. Sie tritt heutzutage nur noch auf Antrag der Mutter ein und kann jederzeit widerrufen werden. Das Angebot richtet sich ausdrücklich nur an allein sorgeberechtigte Elternteile. Haben die nicht miteinander verheirateten Eltern vor oder nach der Geburt die gemeinsame Sorge für das Kind durch Sorgeerklärungen begründet, können sie von dem Angebot der Beistandschaft nach der Trennung keinen Gebrauch mehr machen. Ihnen bleibt dann jedoch das Beratungsangebot nach § 18 KJHG, welches jedoch nicht die Vertretung des Kindes im Prozess einschließt.

## II. Einvernehmliche außergerichtliche Regelung

**Tipp**

Am Vorteilhaftesten ist sicherlich die Möglichkeit, sich ohne Einschaltung eines Rechtsanwaltes oder des Gerichts auf die zu zahlenden monatlichen Unterhaltsbeträge zu einigen. Die Einigung der Eltern sollte aus Beweiszwecken schriftlich festgehalten werden. Dies wahrt die Rechte der Unterhaltsberechtigten und dient dem Nachweis der dann doch streitig gewordenen Regelung vor Gericht. Ausreichend ist eine einfache schriftliche Erklärung, versehen mit Datum und den Unterschriften beider Ehegatten oder Eltern.

**Beispiel einer Vereinbarung über den Kindesunterhalt**

**Unterhaltsvereinbarung**
Zwischen Herrn Schulte und Frau Schulte

Der Unterhalt für unsere beiden Töchter Monika und Susanne beträgt ab dem 01.01.2002 345 € für jedes Kind. Das Kindesgeld für die beiden Kinder bezieht Frau Schulte.

Die Unterhaltshöhe berechnet sich nach der Düsseldorfer Tabelle, derzeitiger Stand 01.01.2002.

Bei Neufassung der Düsseldorfer Tabelle wird der Unterhaltsbetrag entsprechend der 5. Einkommensgruppe und des jeweiligen Alters der Kinder angepasst.

Bei Arbeitslosigkeit von Herrn Schulte soll es für die ersten drei Monate bei dem vollem Unterhaltsbetrag bleiben. In der Zeit danach soll sich die Unterhaltsverpflichtung für jedes Kind auf einen monatlichen Betrag von 150 € beschränken. Herr Schulte weist in dieser Zeit sein intensives Bemühen um einen Arbeitsplatz nach.

Die bis zum heutigen Tag angefallenen Zahlungsrückstände gleicht Herr Schulte in drei Raten jeweils in Zwei-Monatsabständen aus beginnend ab dem nächsten Monat nach Unterzeichnung.

Datum
Unterschriften Frau Schulte Herr Schulte

**Wichtig ist zu wissen, wie hoch der gesetzliche Unterhalt ist**

Diese Lösung setzt voraus, dass beide Eltern oder Ehegatten über ihre gesetzlichen Rechte und Ansprüche Kenntnis haben. Verpflichtet sich der eine Teil zu Unterhaltszahlungen, in dessen Höhe er gesetzlich nicht verpflichtet wäre, so bleibt er aufgrund der schriftlichen Vereinbarung daran gebunden. Eine vorschnelle Einigung kann einen weitaus größeren finanziellen Schaden zur Folge haben als die Kosten einer anwaltlichen Beratung über die Höhe und Dauer berechtigter Unterhaltsforderungen.

**Vorsicht bei Unterhaltsverzicht**

Zu beachten sind auch die Grenzen einer Unterhaltsvereinbarung. Gemäß § 1614 BGB kann auf Unterhalt für die Zukunft nicht verzichtet werden. Die Unzulässigkeit des Verzichts auf den gesetzlich vorgeschriebenen Kindes- und Ehegattentrennungsunterhalt ist unzulässig. Die schriftliche Vereinbarung eines solchen Inhalts ist daher unwirksam. Ein Verzicht bzw. Teilverzicht wird bereits dann angenommen, wenn der nach dem Gesetz geschuldete Unterhalt um mehr als 1/3 unterschritten wird. Auch in dem vereinbarten Ausschluss der Abänderbarkeit der Unterhaltsverpflichtung liegt in Einzelfällen ein unzulässiger Teilverzicht.

**Nachteil der fehlenden Vollstreckungsfähigkeit der Vereinbarung**

Die einfach schriftliche Vereinbarung hat den Nachteil für den Unterhaltsberechtigten, dass er daraus nicht vollstrecken kann. Wenn der pflichtige Ehegatte oder Elternteil die Einigung nicht einhält oder weniger zahlt als vereinbart, so bleibt nur noch der Weg zum Gericht. Eine Pfändung des Einkommens oder Vermögens des unterhaltspflichtigen Elternteils oder Ehegatten setzt zwingend voraus, dass ein Unterhaltstitel vorliegt. Dieser ist nur bei einem gerichtlichen Urteil oder

Vergleich sowie bei notariellen Urkunden oder Jugendamtsurkunden gegeben.

**Anspruch auf Erstellung eines vollstreckungsfähigen Titels über den Unterhalt**

Daran ändert auch nicht die Tatsache, dass die Einigung über die Unterhaltshöhe durch anwaltliche Vermittlung zustande kommt. Auch in diesem Fall stellt die anwaltliche Korrespondenz keinen Vollstreckungstitel dar. Zum Schutz des Unterhaltsberechtigten vor dieser Situation, hat er einen Anspruch gegen den Unterhaltsverpflichteten, dass dieser über den geschuldeten Unterhalt einen Titel erstellen lässt. Die Kosten dafür hat grundsätzlich der insoweit begünstigte Unterhaltsberechtigte zu tragen.

## III. Notariell beurkundete Vereinbarung

**Vorteil der notariellen Beurkundung**

Die Unterhaltsvereinbarung kann vom Notar beurkundet werden. Dies hat auf die Rechtsgültigkeit der Einigung keine Auswirkungen. Der Vorteil liegt jedoch in der notwendigerweise vom Notar zu beurkundenden Zusatzerklärung des Unterhaltsverpflichteten, dass er sich im Hinblick auf die Unterhaltszahlung der sofortigen Zwangsvollstreckung in sein Vermögen unterwerfe. Aus dieser Urkunde kann der Unterhaltsberechtigte bei fehlender oder zu geringer Zahlung sofort in das Vermögen des Unterhaltsverpflichteten vollstrecken. Bei einer lediglich privatschriftlich abgefassten Unterhaltsvereinbarung müsste zunächst erst einmal das Gericht angerufen werden und der Unterhaltsverpfichtete zur Zahlung verurteilt werden. Erst aus diesem Urteil kann dann vollstreckt werden. Da dies erhebliche Zeitverzögerungen mit sich bringt, bietet sich bei außergerichtlicher Einigung die notarielle Beurkundung der Unterhaltsvereinbarung an.

**Beispiel einer Unterwerfungserklärung**

Der Kindsvater und Erschienene zu 1. unterwirft sich hinsichtlich der Verpflichtung zur Zahlung des Ehegatten- und Kindesunterhalts der sofortigen Zwangsvollstreckung in sein gesamtes bewegliches und unbewegliches Vermögen. Der Notar wird ermächtigt, der Kindsmutter und Erschienenen zu 2., jederzeit auf Verlangen und ohne Nachweis der Fälligkeit eine vollstreckbare Ausfertigung der Urkunde zu erteilen.

**Kosten der notariellen Beurkundung**

Die Kosten der notariellen Beurkundung richten sich nach dem Gegenstandswert der Urkunde. Bei Unterhaltsvereinbarungen bildet der fünffache Jahresbetrag der vereinbarten Unterhaltshöhe den Gegenstandswert. Die Unterhaltsverpflichtung kann als Vertrag zwischen den Eltern oder als einseitige Erklärung des Unterhaltsverpflichteten gefasst werden.

## IV. Beurkundung durch das Jugendamt, § 59 KJHG

**Kostenfreie Errichtung eines Titels über Kindesunterhalt**

Haben die Eltern sich außergerichtlich über die Höhe des Kindesunterhalts geeinigt, kann der Unterhaltsverpflichtete seine Zahlungsverpfichtung kostenfrei beim zuständigen Jugendamt titulieren lassen. Dies gilt jedoch nicht für den Ehegattenunterhalt. Zulässig ist dagegen die Beurkundung der Unterhaltsansprüche der Mutter oder des Vaters des nichtehelichen Kindes, § 59 KJHG, § 1615 l BGB.

In dieser Urkunde werden die monatlichen Zahlungsraten festgehalten sowie die Einverständniserkärung, dass sich der Verpflichtete bei mangelnder Leistung der sofortigen Zwangsvollstreckung in sein gesamtes Vermögen unterwirft.

Die von den Jugendämtern verwandten Vordrucke sehen wie folgt aus:

**Jugendamtsurkunde über Kindesunterhalt**

Ausstellende Behörde: Jugendamt ...

Aktenzeichen:
Urk.-Reg.-Nr.:

URKUNDE

über die Verpflichtung zum Regelbetrag

Vor der nach § 59 SGB VIII (KJHG) ermächtigten Urkundsperson ... erscheint

Herr ..., geb. am ... in ... wohnhaft: in ..., ausgewiesen durch Personalausweis.

Der Erschienene ist nach Überzeugung der Urkundsperson geschäftsfähig. Nachdem er über die Bedeutung der Festsetzung und Abänderung des Regelbetrages aus § 1612 a Bürgerliches Gesetzbuch (BGB) und der Unterwerfungsklausel belehrt wurde, erklärt er:

»Ich verpflichte mich, ... meinem Sohn ... / meiner Tochter ...

geb. am ... ,

ab ... Unterhalt in Höhe von ... % des jeweiligen Regelbetrages der 1. Altersstufe gemäß § 1 Regelbetrag-Verordnung (= derzeit ... EURO) abzüglich des anzurechnenden Kindergeldes für ein 1. Kind in Höhe von derzeit ... EURO, mithin ... EURO,

ab ... Unterhalt in Höhe von ... % des jeweiligen Regelbetrages der 2. Altersstufe gemäß § 1 Regelbetrag-Verordnung (= derzeit ... EURO) abzüglich des anzurechnenden Kindergeldes für ein 1. Kind in Höhe von derzeit ... EURO, mithin ... EURO,

ab ... Unterhalt in Höhe von ... % des jeweiligen Regelbetrages der 3. Altersstufe gemäß § 1 Regelbetrag-Verordnung (= derzeit ... EURO) abzüglich des anzurechnenden Kindergeldes für ein 1. Kind in Höhe von derzeit ... EURO, mithin ... EURO,

monatlich im Voraus zu Händen des jeweiligen gesetzlichen Vertreters ... der betreuenden Kindesmutter, Frau ..., bis zum eines jeden Monats zu zahlen, rückständige Beträge sofort. Die Anrechnung des Kindergeldes unterbleibt, soweit der geschuldete Unterhalt 135 % des jeweiligen Regelbetrages nicht übersteigt (§ 1612 b Abs. 5 BGB).

Mit den Zahlungen soll zunächst der laufende Unterhalt und dann rückständiger Unterhalt beglichen werden.

Wegen der Erfüllung der Verbindlichkeit aus dieser Urkunde unterwerfe ich mich der sofortigen Zwangsvollstreckung.

Ich bewillige und beantrage die Erteilung einer beglaubigten Abschrift und einer vollstreckbaren Ausfertigung zu Händen des jeweiligen gesetzlichen Vertreters des Kindes ... der Kindesmutter.«

Vorgelesen, genehmigt und unterschrieben:

... Urkundsperson des Jugendamts...

## V. Festlegung des Kindesunterhalts durch den Rechtspfleger

§§

Seit 1998 kann der Kindesunterhalt in einem vereinfachten Verfahren von dem zuständigen Amtsgericht festgesetzt werden. Eine gerichtliche Entscheidung ist nicht mehr erforderlich. Die Festsetzung erfolgt durch Beschluss des Rechtspflegers. Das hat den Vorteil, dass die Unterhaltsfestlegung und -durchsetzung wesentlich unkomplizierter und schneller erfolgt. Die gesetzlichen Regelungen finden sich in §§ 654 ff. ZPO. In der Praxis wird jedoch von diesem Verfahren nur selten Gebrauch gemacht, häufiger wird der Klageweg beschritten.

**Festlegung nach der Regelbetrag-Verordnung**

Die Bestimmung der Höhe des Kindesunterhalts erfolgt beim vereinfachten Verfahren nicht mehr nach dem individuell berechneten Unterhalt. Grundlage ist der Regelbetrag nach der Regelbetrag-Verordnung, welcher mit dem Mindestbetrag nach der 1. Einkommensgruppe der Düsseldorfer Tabelle identisch ist. Die Regelbetrag-Verordnung wird alle zwei Jahre an die Nettolohnentwicklung angepasst, zuletzt zum 01.07.2001.

Regelbetrag nach der Regelbetrag-Verordnung

| *Alter des Kindes* | *Alte Bundesländer* | *Neue Bundesländer* |
|---|---|---|
| Bis vollendetem 6. Lebensjahr | 188 € | 174 € |
| Bis vollendetem 12. Lebensjahr | 228 € | 211 € |
| Bis vollendetem 18. Lebensjahr | 269 € | 249 € |

**Antrag auf 100% bis 150% des Regelbetrags**

Dieser Regel- bzw. Mindestbetrag stellt 100% des zu beantragenden Unterhalts dar. Ein geringerer Antrag als auf Zahlung von 100% kann gestellt werden. Vielmehr kann im vereinfachten Verfahren die Zahlung von bis zu 150% des Regelbetrages beantragt und festgesetzt werden, wenn der Unterhaltsverpflichtete nicht widerspricht oder die Einkommensverhältnisse diese Höhe rechtfertigen. Für den im Antrag verlangten Prozentsatz muss keine Begründung gegeben werden. Auf diese Weise kann beispielsweise in der ersten Altersgruppe 282,00 € (150% des Regelbetrages) geltend gemacht werden; dies entspricht der 8. Einkommensgruppe und ersten Altersstufe der Düsseldorfer Tabelle zum Stand 01.01.2002. Für die Antragstellung ist die Vertretung durch einen Rechtsanwalt nicht erforderlich.

**Unzulässigkeit des vereinfachten Verfahrens**

Das vereinfachte Verfahren ist jedoch nicht zulässig, wenn
- ein gerichtliches Unterhaltsverfahren anhängig ist oder
- über den Kindesunterhalt bereits ein Urteil oder ein zur Zwangsvollstreckung geeigneter Schuldtitel (gerichtlich protokollierter Vergleich, notarielle Urkunde, Jugendamtsurkunde) vorliegt.

**Tipp**

**Automatische Erhöhung**

Der Vorteil der prozentualen Bezifferung liegt in der automatischen Erhöhung des Unterhaltszahlbetrag bei Änderung der Regelbetrag-Verordnung alle zwei Jahre. Dazu ist keine weitere Unterhaltsklage des Kindes notwendig. Ohne Inanspruchnahme des Gerichts wird die Unterhaltshöhe an die Entwicklung der durchschnittlichen Einkommen angepasst.

Der Antrag wird dem auf Unterhalt in Anspruch genommenen zur Stellungnahme zugeleitet. Innerhalb eines Monats nach Zustellung des Antrages kann der Unterhaltsverpflichtete seine Einwendungen in gesetzlich zulässiger Weise vorbringen (§ 647 Abs. 1 ZPO). Die Schnelligkeit des Verfahrens und die Anforderungen an das Einwendungsvorbringen machen es dem Unterhaltsverpflichteten nicht leicht, sich gegen die beantragten Festsetzungen zu wehren.

**§§**

Die Einwendungen (§ 648 ZPO) können sich richten gegen
- Die Zulässigkeit des vereinfachten Verfahren (z.B. Unzulässigkeit wegen vorheriger Titulierung).
- Den Zeitpunkt, von dem an Unterhalt gezahlt werden soll.
- Die Höhe des Unterhalts aufgrund von falschen Zahlenangaben, etwa hinsichtlich des Alters des Kindes oder der Höhe des Regelbetrages.
- Fehlende oder eingeschränkte Leistungsfähigkeit des Unterhaltsverpflichteten.
- Bezahlung der Unterhaltsbeträge in der Vergangenheit.

✓

Für die Berücksichtigung der in der Praxis häufigsten Einwendung der fehlenden oder eingeschränkten Leistungsfähigkeit wird jedoch die Vorlage folgender Unterlagen verlangt:
- Auskunft über die Einkünfte und das Vermögen des Unterhaltsverpflichteten,
- Angaben zu seinen persönlichen und wirtschaftlichen Verhältnissen,
- Belege über seine Einkünfte.

**Was kann der Unterhaltsverpflichtete einwenden?**

Soweit der Unterhaltsverpflichtete vorträgt, dass er die Unterhaltsforderung bereits beglichen habe, hat er zugleich zu erklären

- inwieweit er geleistet hat und
- dass er sich verpflichtet, einen darüber hinausgehenden Unterhaltsrückstand zu begleichen.

Andere als die oben aufgeführten Einwendungen kann der Unterhaltsverpflichtete nur erheben wenn er zugleich erklärt,

- inwieweit er zur Unterhaltszahlung bereit ist und
- dass er sich insoweit zur Erfüllung des Unterhaltsanspruchs verpflichtet.

**Tipp**

Da diese gesetzlich vorgesehenen Zulässigkeitsvoraussetzungen für möglichen Unterhaltsverpflichteten inhaltlich nur zu erfüllen sind, empfiehlt es sich, nach Zustellung des Antragsformular umgehend anwaltliche Hilfe in Anspruch zu nehmen. Dies gilt insbesondere für die den Selbständigen obliegenden Verpflichtungen, entsprechende Erklärungen und Belege innerhalb eines Monats beizubringen.

Gibt es keine nennenswerten Einwendungen oder werden diese nicht in der gesetzlich zulässigen Weise vorgetragen, setzt der Rechtspfleger den angemessenen Unterhalt durch Beschluss fest (§ 649 ZPO). Gegen diesen Beschluss kann der Verpflichtete die sofortige Beschwerde eingelegt werden. Auf dieses Rechtsmittel wird im Festsetzungsbeschluss ausdrücklich hingewiesen.

Auf der nachfolgenden Seite werden die in der Praxis verwendeten Formulare abgedruckt:

**Antragsformular auf Unterhaltsfestsetzung im vereinfachten Verfahren**

An das
① **Amtsgericht**-Familiengericht
Plz, Ort

Raum für Geschäftsnummer des Gerichts

② **Antragsgegner/in**

**– Bitte beachten Sie die Hinweise in dem Merkblatt zu diesem Vordruck –**

③ ☐ **Antrag auf Festsetzung von Unterhalt**
Es sind __ Ergänzungsblätter beigefügt

☐ **Ergänzungsblatt zum Antrag auf Festsetzung von Unterhalt**
für ein weiteres Kind
– Bitte ausfüllen erst ab Zeile 5 (Name des Kindes) –

A **Antragsteller/in:** ☐ **Elternteil,** im eigenen Namen ☐ **Kind,** vertreten durch: ☐ Elternteil ☐ Beistand

④ Vorname, Name, Anschrift des Elternteils, in dessen Obhut das Kind lebt

⑤ Vorname, Name, Plz, Wohnort des minderjährigen Kindes | geboren am

⑥ Beistand/Prozessbevollmächtigte/r

**Es wird beantragt, den Unterhalt, den der/die Antragsgegner/in an das Kind zu zahlen hat, im vereinfachten Verfahren wie folgt festzusetzen:**

⑦

| Unterhalt **gemäß** den Altersstufen der Regelbetragverordnung **veränderlich** | Unterhalt **gleich bleibend** | | Soweit unter „beginnend ab" Unterhalt für die Vergangenheit verlangt wird, liegen die Voraussetzungen, unter denen **Unterhalt für die Vergangenheit** geltend gemacht werden kann, seither vor. |
|---|---|---|---|
| beginnend ab | beginnend ab | € mtl. | Auf diesen Unterhalt sind seit dem unter „beginnend ab" bezeichneten Zeitpunkt bis heute gezahlt: |
| in Höhe von ___,_ **Prozent** | ab | € mtl. | € |
| **der Regelbeträge** | ab | € mtl. | |

⑧ Das Kind hat ein monatliches Bruttoeinkommen von: €. Belege sind beigefügt.

⑨ Die kindbezogenen Leistungen (z. B. Kindergeld) erhält: ☐ die Mutter ☐ der Vater | andere Person (Bezeichnung)

Die kindbezogenen Leistungen (z. B. Kindergeld) betragen: | ab | € mtl. | ab | € mtl.

⑩ ☐ Für das Verfahren wird Prozesskostenhilfe beantragt. Eine Erklärung zu den Voraussetzungen ihrer Bewilligung ist beigefügt. | Die Beiordnung von Rechtsanwalt/Rechtanwältin wird beantragt.

⑪ ☐ Der/Die Antragsgegner/in wurde zur Erteilung der Auskunft über die Einkünfte und Vermögen aufgefordert am:
Er/Sie ist dieser Verpflichtung nicht oder nur unvollständig nachgekommen.

☐ Der/Die Antragsgegner/in wurde zur Unterhaltsleistung aufgefordert am:

Es wird beantragt, die von dem/der Antragsgegner/in an den/die Antragsteller/in zu erstattenden Kosten laut zweifach beiliegender Aufstellung (zuzüglich Zinsen) festzusetzen auf: | €

⑫ Zwischen Kind und Antragsgegner/in besteht ein Eltern-Kind-Verhältnis.
Das Kind lebt mit dem auf Unterhaltsleistung in Anspruch genommenen Elternteil nicht in einem Haushalt und hat für Zeiträume, für die der Unterhalt festgesetzt werden soll, weder Leistungen nach dem Bundessozialhilfegesetz, dem Sozialgesetzbuch VIII oder dem Unterhaltsvorschussgesetz noch Unterhalt von einer verwandten oder dritten Person im Sinne des § 1607 Abs. 2 oder 3 BGB erhalten. Soweit solche Leistungen erbracht worden sind, sind gesetzlich übergegangene Ansprüche auf das Kind treuhänderisch rückübertragen.
Über den Unterhaltsanspruch hat bisher weder ein Gericht entschieden noch ist über ihn ein gerichtliches Verfahren anhängig oder ein Vollstreckungstitel (z. B. Urteil über Unterhalt, Vergleich, notarielle Urkunde, Urkunde vor dem Jugendamt) errichtet worden.

Ort, Datum | Unterschrift Antragst./gesetzl. Vertr./Prozessbevollm. | Aufgenommen von (Dienststelle, Name, Unterschrift)

Blatt 1: Antrag nach § 645 ZPO

Da das Antragsformular aus sich heraus auch unter Beiziehung der Ausfüllhinweise und der gesetzlichen Antragsformulare nur mit hinreichenden Kenntnissen verständlich ist, wird in der Praxis zumeist die Beratung eines Rechtsanwalt herangezogen. Bei Vorliegen der Bedürftigkeitsvoraussetzungen hat das Kind oder sein Elternteil einen Anspruch auf Prozesskostenhilfe und Beiordnung eines Rechtsanwalts.

**Einwendungsvordruck (vereinfachtes Verfahren)**

Antragsgegner/in (Vorname, Name, Anschrift):

Geschäftsnummer des Gerichts
Bei Schreiben an das Gericht bitte stets angeben

An das
Amtsgericht–Familiengericht

Plz, Ort

**Erstschrift für das Gericht**

- **Wenn Sie Einwendungen erheben, senden Sie bitte die für das Gericht bestimmte Erstschrift dieses Vordrucks und das Zweitstück (Abschrift für Antragsteller/in) ausgefüllt und unterschrieben zurück.**
- **Bitte nummerieren Sie zuvor alle beizufügenden Anlagen (Blatt, Verzeichnis, Aufstellung, Beleg) und tragen Sie die jeweilige Nummer in das dafür im Vordruck vorgesehene Kästchen ein.**
- **Fügen Sie bitte dem Zweitstück dieses Vordrucks von allen Anlagen eine Kopie für Antragsteller/in bei.**

## Einwendungen gegen den Antrag auf Festsetzung von Unterhalt

**Gegen die im vereinfachten Verfahren von**
Vorname, Name, Anschrift des Elternteils, der die Festsetzung in eigenem Namen oder als gesetzl. Vertreter/in des Kindes beantragt — in eigenem Namen ☐ als gesetzl. Vertreter/in ☐

E

Vorname, Name, Plz, Wohnort des minderjährigen Kindes — geboren am

1

2

3

Beistand/Prozessbevollmächtigte/r

**beantragte Festsetzung von Unterhalt erhebe ich folgenden Einwand:**

☐ A **Das vereinfachte Verfahren ist nicht zulässig.**

☐ B **Der Unterhalt kann erst verlangt werden ab:** Datum

☐ C **Der Zeitraum/Die Höhe des Unterhalts ist dem Antrag entsprechend richtig, wie von mir auf dem beigefügten Blatt angegeben, festzusetzen.**

☐ D **Kindbezogene Leistungen (z. B. Kindergeld) sind, wie von mir auf dem beigefügten Blatt angegeben, anzurechnen.**

☐ E **Ich habe zu dem Verfahren keinen Anlass gegeben und verpflichte mich hiermit zur Unterhaltszahlung gemäß dem Antrag.**

Bitte auf einem beizufügenden Blatt die Tatsachen, die den Einwand begründen, mit Angabe der Beweismittel genau darstellen. Bestimmt anzugeben ist bei Einwand C der nach Ihrer Ansicht richtige Zeitraum bzw. die richtige Höhe, bei Einwand D, in welcher Höhe und ab welchem Zeitpunkt kindbezogene Leistungen (z. B. Kindergeld) anzurechnen sind. Bitte lassen Sie sich von einer zur Rechtsberatung zugelassenen Person oder Stelle beraten, wenn Sie nicht sicher sind, ob der Einwand begründet ist. — Anlage Nr.

☐ F **im Festsetzungsantrag ist der Unterhalt, den ich in der Vergangenheit gezahlt habe, nicht richtig angegeben.**
**Soweit der Unterhalt, der dem Kind für die Vergangenheit zu zahlen ist, über den nebenstehenden Betrag hinausgeht, verpflichte ich mich hiermit, ihn zu begleichen.**

**Seit dem im Festsetzungsantrag unter „beginnend ab" bezeichneten Zeitpunkt bis heute habe ich insgesamt gezahlt:**

| € für Kind 1 | € für Kind 2 | € für Kind 3 |
|---|---|---|
| | | |

☐ G **Ich kann den verlangten Unterhalt** – bei gleichmäßiger Verwendung **aller** mir verfügbaren Mittel zu meinem und meiner Kinder Unterhalt – **ohne Gefährdung meines eigenen Unterhalts nicht oder nicht in voller Höhe zahlen** oder bin dazu nicht verpflichtet.

**Wichtiger Hinweis**

**Dieser Einwand ist nur zulässig, wenn Sie**

- **die im zweiten Abschnitt dieses Vordrucks erforderten Angaben über Ihre persönlichen und wirtschaftlichen Verhältnisse machen, die für die Bemessung des Unterhalts bedeutsam sind, und**
- **Belege über Ihre Einkünfte vorlegen und**
- **im dritten Abschnitt dieses Vordrucks erklären, in welcher Höhe Sie zur Unterhaltszahlung bereit sind (ggf. „0") und dass Sie sich insoweit verpflichten, den Unterhaltsanspruch zu erfüllen. Bei der Abgabe der Erklärung sollten Sie sich unbedingt rechtlich beraten lassen.**

**Wenn Sie diese gesetzlich vorgeschriebenen Auflagen nicht in allen Punkten erfüllen, kann das Gericht den Einwand nicht berücksichtigen und muss dann den Unterhalt wie beantragt festsetzen.**

☐ H **Ich erhebe den nachstehenden, nicht unter A bis G fallenden Einwand.** — Anlage Nr.
Bezeichnung des Einwandes und der ihn begründenden Tatsachen, soweit Platz nicht ausreicht, auf beizufügendem Blatt:

**Wichtiger Hinweis:** Das Gericht kann den Einwand nur berücksichtigen, wenn Sie im dritten Abschnitt dieses Vordrucks erklären, inwieweit Sie zur Unterhaltszahlung bereit sind und dass Sie sich insoweit zur Erfüllung des Unterhaltsanspruchs verpflichten.

Blatt 3: Vordruck für Einwendungen, § 648 ZPO

weiter auf Seite 2 ➔

Seite 2

## Zweiter Abschnitt: Auskunft über Ihre persönlichen und wirtschaftlichen Verhältnisse

– Nur auszufüllen, wenn Einwand G erhoben ist. –

### Angaben zu Ihren persönlichen Verhältnissen

| Geburtsdatum | Erlernter Beruf, Qualifikationen | Familienstand (l = ledig; vh = verheiratet; gtrl = getrenntlebend; g = geschieden; wvh = wiederverheiratet; vw = verwitwet) |
|---|---|---|
| Ausgeübter Beruf/Erwerbstätigkeit; wenn nicht erwerbstätig, Angabe des Grundes und der Dauer | | seit |

**Personen, denen Sie aufgrund gesetzlicher Unterhaltspflicht Unterhalt zu gewähren haben** (Kind, Eltern, Ehegatte, geschiedener Ehegatte)

| In Ihrem Haushalt lebende Personen (Vorname, Name) | geboren am | Familienverhältnis (z. B. Sohn) | Hat die Person eigene Einnahmen? |
|---|---|---|---|
| | | | Nein ☐ Ja, € mtl. netto |
| | | | Nein ☐ Ja, € mtl. netto |
| | | | Nein ☐ Ja, € mtl. netto |

| Außerhalb Ihres Haushalts lebende Personen ohne Antragsteller/in (Vorname, Name, Anschrift) | geboren am | Familienverhältnis | Monatsbetrag € Ihrer Unterhaltszahlung | Hat die Person eigene Einnahmen? |
|---|---|---|---|---|
| | | | | Nein ☐ Ja, € mtl. netto |
| | | | | Nein ☐ Ja, € mtl. netto |
| | | | | Nein ☐ Ja, € mtl. netto |

| Wohnkosten | | | | | | | |
|---|---|---|---|---|---|---|---|
| Größe des Raums, den Sie mit Ihren Angehörigen zu Wohnzwecken nutzen m² | Kosten bei Miete oder dgl. | Miete ohne Mietnebenkosten € mtl. | Nebenkosten einschl. Heizung € mtl. | Gesamtbetrag € mtl. | Auf den Gesamtbetrag zahlen ich € mtl. / andere Person € mtl. | Genaue Einzelaufstellung der Kosten beifügen, zu den Fremdmitteln Angabe der Gläubiger, Restlaufzeit und Restschuld | Anlage Nr. |
| | Kosten bei eigengenutztem Wohnraum | Belastung aus Fremdmitteln Tilgung € mtl. / Zinsen € mtl. | Nebenkosten einschl. Heizung € mtl. | Gesamtbetrag € mtl. | Auf den Gesamtbetrag zahlen ich € mtl. / andere Person € mtl. | | |

### Angaben zu Ihren Einkommensverhältnissen

**Sie müssen jede Frage der linken Spalte beantworten. Wenn eine Frage zu bejahen ist, sind die sie betreffenden Hinweise der mittleren Spalte zu befolgen.**

**In den Betragsfeldern der rechten Spalte sind für den in der Spalte angegebenen Zeitraum jeweils alle Einnahmen bzw. Ausgaben der betreffenden Art auszuweisen, die Einnahmen unabhängig davon, ob sie steuerpflichtig oder zweckgebunden sind. Einzutragen ist stets der Bruttobetrag ohne Abzug von Werbungskosten, Betriebsausgaben, Vorsorgeaufwendungen und Steuern.**

**Soweit ein erforderlicher Beleg nicht beigefügt werden kann, ist auf einem beizufügenden Blatt der Grund anzugeben und die Richtigkeit und Vollständigkeit der Angabe besonders zu versichern.**

| Frage | Hinweise | Betrag | Anlage Nr. |
|---|---|---|---|
| 1 Haben Sie Einnahmen aus nichtselbständiger Arbeit? ☐ Nein ☐ Ja | Anzugeben sind alle Einnahmen brutto aus dem Arbeitsverhältnis: Lohn, Gehalt, Überstundenvergütung, Sonderzuwendungen (Weihnachts-, Urlaubsgeld usw.), Aufwandsentschädigungen (Spesen, Reisekosten usw.), Gewinn-, Vermögensbeteiligungen; Geldwert aller sonstigen Vorteile und Vergünstigungen (Sachleistungen, freies oder verbilligtes Wohnen usw.)<br>• **Beizufügen** sind Lohnabrechnungen Ihrer Arbeitsstelle/n für die letzten 12 Monate, in denen die Einnahmen aufgeschlüsselt nach der vorgenannten Art ausgewiesen sind und Ihre/ Arbeitgeber/in mit Namen/Firma, Anschrift, Ordnungsmerkmal der Lohnstelle bezeichnet ist. | Bruttoeinnahmen der letzten 12 Monate € | |
| 2 Haben Sie Einnahmen aus selbständiger Arbeit, aus freiberuflicher Tätigkeit, Gewerbebetrieb, Land-, Forstwirtschaft, aus Gelegenheitsarbeit, Nebentätigkeit? ☐ Nein ☐ Ja | Die Angaben sind für die letzten drei **vollen** zurückliegenden Geschäftsjahre zu machen.<br>In dem Feld rechts unter „vom" ist der erste, unter „bis" der letzte Tag des Dreijahreszeitraums anzugeben. Wird die unter Frage 2 fallende Tätigkeit noch nicht so lange ausgeübt, ist dies auf dem beizufügenden Blatt anzugeben und unter „vom" der Tag ihres Beginns zu vermerken.<br>**Beizufügen sind:**<br>• Kopien der Einkommensteuererklärungen mit allen Anlagen wie Bilanzen mit Gewinn- und Verlustrechnung, Betriebsvermögensvergleich (§ 4 Abs. 1 EStG) oder Einnahmeüberschussrechnung (§ 4 Abs. 3 EStG) sowie der Einkommensteuerbescheide für jedes der drei Geschäfts-/Kalenderjahre;<br>• tabellarische Übersicht, in der in Spalten für jedes der drei Geschäftsjahre und in einer vierten Spalte mit der Summe für die drei Jahre zusammengestellt sind: **1.** alle Einnahmen; **2.** mit ihrem Wert alle dem Betrieb zum Eigenverbrauch entnommenen Waren/Produkte und alle Gebrauchsvorteile aus privater Nutzung von Gegenständen des Betriebsvermögens; **3.** die gezahlten Steuern mit Angabe der Art, Finanzamt, Steuernummer; **4.** die Aufwendungen für Krankheits- und Altersvorsorge, aufgeschlüsselt mit Angabe der Versicherung, Namen der versicherten Person/en; **5.** die Betriebsausgaben ohne Steuern, Vorsorgeaufwendungen;<br>• bei Teilhaberschaft/Partnerschaft/Gesellschaft eine entsprechende Übersicht wie vor; in dieser ist zusätzlich Ihre Beteiligung am Gewinn verständlich darzulegen. | Die angegebenen Einnahmen/Ausgaben hatte ich in der Zeit<br>vom / bis<br>1. Einnahmen €<br>2. Private Vorteile €<br>3. Steuern €<br>4. Vorsorgeaufwendungen €<br>5. Betriebsausgaben ohne 3. 4. € | |
| 3 Haben Sie Einnahmen aus Kapitalvermögen? ☐ Nein ☐ Ja | Zinsen, Dividenden und andere Erträge aus Sparguthaben, anderen Guthaben, Einlagen, Wertpapieren, Lebensversicherungen und sonstigen Kapitalanlagen sind vollständig anzugeben, **auch wenn sie steuerfrei sind:**<br>• **Beizufügen** sind eine Aufstellung der Erträge für die letzten 12 Monate bzw. das letzte Kalenderjahr sowie Kopien der Bankbescheinigungen, Zinsgutschriften o. dgl. | Bruttoeinnahmen der letzten 12 Monate € | |

Blatt 3: Vordruck für Einwendungen, § 648 ZPO

weiter auf Seite 3 ➔

Seite 3

| | | | |
|---|---|---|---|
| 4 Haben Sie Einnahmen aus Vermietung oder Verpachtung?<br>☐ Nein ☐ Ja | Einnahmen aus Vermietung/Untervermietung, Verpachtung bebauter, unbebauter Grundstücke, sonstiger Sachen, Sachinbegriffen, Überlassung von Rechten. Anzugeben sind die Einnahmen insgesamt einschließlich derjenigen für Neben-/Betriebskosten:<br>• **Beizufügen** ist eine Aufstellung der Einnahmen für die letzten 12 Monate, in der die Einnahmen unter genauer Bezeichnung des vermieteten/verpachteten/zum Gebrauch überlassenen Gegenstandes dargestellt sind, sowie eine Kopie Ihrer Einkommensteuererklärung für das letzte Jahr. | Bruttoeinnahmen der letzten 12 Monate<br>€ | Anlage Nr. |
| 5 Beziehen Sie Wohngeld?<br>☐ Nein ☐ Ja | • **Beizufügen** sind Kopien der Bewilligungs-, Neubewilligungsbescheide, aus denen sich das in den letzten 12 Monaten gezahlte Wohngeld ergibt. | | |
| 6 Haben Sie andere Einnahmen?<br>☐ Nein ☐ Ja | Art der Einnahmen, Bezeichnung (z. B. Steuererstattung, Erziehungsgeld, Krankengeld, Arbeitslosengeld, Arbeitslosenhilfe, Unfall-, Alters-, oder Erwerbsunfähigkeitsrente, Ruhegeld, Ruhegehalt, Sozialhilfe):<br>• **Beizufügen** sind Kopien der Bescheide oder sonstigen Belege, aus denen sich die Brutto-Einnahmen in den letzten 12 Monaten ergeben | | |
| **Abzüge** – auszufüllen, wenn zu Frage 1, 3, 4, 6 Einnahmen angegeben sind – | | Ich habe gezahlt/aufgewendet | Anlage Nr. |
| Einkommensteuer, Kirchensteuer, Solidaritätszuschlag | • **Beizufügen:** letzte Lohnsteuerbescheinigung der Arbeitsstelle, Lohnabrechnungen für die letzten 12 Monate, Kopien Ihrer letzten Einkommensteuererklärung mit allen Anlagen, Ihres letzten Einkommensteuerbescheides und des Vorauszahlungsbescheides für dieses Jahr. | In den letzten 12 Monaten<br>€ | |
| Vorsorgeaufwendungen | • **Beizufügen:** Über Arbeitnehmeranteil zur Sozialversicherung Lohnabrechnung der Arbeitsstelle für die letzten 12 Monate; sonst auf besonderem Blatt die Aufwendungen für eine angemessene Krankheits- und Altersvorsorge mit Angabe der Versicherung, Namen der versicherten Person/en aufgeschlüsselt darstellen. | | |
| Berufsbedingte Aufwendungen oder sonstige Werbungskosten | • Auf **beizufügendem** Blatt ist darzulegen, dass die Aufwendungen in der angegebenen Höhe zur Erzielung der Einnahmen notwendig sind (z. B. zu den Kosten der Fahrt zur Arbeit genau angeben: Ort der Arbeitsstelle und ihre einfache Entfernung zur Wohnung). | | |

## Angaben zu Ihren Vermögensverhältnissen

**Sie müssen jede Frage der linken Spalte beantworten. Wenn eine Frage zu bejahen ist, sind die sie betreffenden Hinweise der mittleren Spalte zu befolgen.**

**In den zur Beantwortung beizufügenden Verzeichnissen sind alle Vermögensgegenstände (Aktiva) mit ihrem derzeitigen tatsächlichen Wert zu erfassen, alle Verbindlichkeiten/Schulden (Passiva) in ihrer derzeitigen Höhe. Wenn diese Angaben mit zumutbarem Aufwand nur für einen zurückliegenden Stichtag gemacht werden können, ist dies in dem Verzeichnis zu erläutern und dieser Tag im Kopf des Verzeichnisses zu vermerken. Jedoch darf der Stichtag nicht weiter als ein Jahr zurückliegen.**

**In die Betragsfelder rechts ist jeweils die Summe der Einzelbeträge des betreffenden Verzeichnisses einzutragen.**

| | | | |
|---|---|---|---|
| 1 Sind Sie Inhaber, Teilhaber eines Gewerbebetriebs oder Unternehmens, freiberuflich tätig oder beteiligt an einer Partnerschaft, Gesellschaft?<br>☐ Nein ☐ Ja | Die Angaben zum Geschäfts-/Betriebsvermögen sind nach einem für Aktiva und Passiva einheitlichen Stichtag zu machen, der in das Datumsfeld rechts einzutragen ist. Das Betragsfeld „Wert meines Anteils" ist nur bei Teilhaberschaft o. dgl. auszufüllen.<br>**Beizufügen sind:**<br>• besonderes Blatt, auf dem Gewerbebetrieb/Unternehmen/freiberuflicher Tätigkeitsbereich (z. B. Praxis, Kanzlei, Notariat)/Gesellschaft/Partnerschaft zu bezeichnen ist mit: Name/Firma; Rechtsform; Sitz, Anschrift, Registergericht, Register, Nummer; zuständigem Finanzamt, Steuernummer; Branche/Art/Gegenstand der gewerblichen/unternehmerischen/freiberuflichen Tätigkeit;<br>• geordnetes, übersichtlich gegliedertes Verzeichnis, in dem alle Gegenstände des Betriebsvermögens nach Art, Menge, Größe, Nutzungsart, Grundstücke zusätzlich nach Lage, mit ihrem tatsächlichen Wert erfasst sind; Schätzwerte sind zu erläutern;<br>• geordnetes, übersichtlich gegliedertes Verzeichnis aller Betriebsverbindlichkeiten; darin aufgeführte Rückstellungen sind nach Zweck und betrieblicher Notwendigkeit zu erläutern;<br>• bei Teilhaberschaft/Partnerschaft/Gesellschaft auf besonderem Blatt zusätzlich: Zahl der Teilhaber/Partner/Gesellschafter; genaue Bezeichnung Ihres Beteiligungsverhältnisses; Wert der von Ihnen eingebrachten Gegenstände (z. B. Kapitalbetrag, Grundstück). In das Betragsfeld rechts einzutragen ist der Vermögenswert Ihrer Beteiligung am Stichtag; Schätzwert ist zu erläutern.<br>**Zu den folgenden Fragen sind nur die nicht zum Betriebsvermögen gehörenden Gegenstände bzw. Verbindlichkeiten anzugeben.** | Stichtag<br>Aktives Betriebsvermögen €<br>Betriebsverbindlichkeiten €<br>Saldo €<br>Wert meines Anteils € | Anlage Nr. |
| 2 Haben Sie Grundvermögen?<br>☐ Nein ☐ Ja | Eigentum/Miteigentum/Eigentumsanteil an bebauten/unbebauten Grundstücken, Familienheim, Ferienhaus, grundstücksgleiche Rechte, Wohnungseigentum, Erbbaurecht und Grundvermögen im Ausland:<br>• **Beizufügen** ist Blatt oder Verzeichnis, auf/in dem die Gegenstände nach Lage, Größe, Nutzungsart, Jahr der Bezugsfertigkeit, Wert zu bezeichnen sind, bei Wohnraum auch Angabe, inwieweit eigengenutzt. | Wert € | |
| 3 Haben Sie andere Sachwerte?<br>☐ Nein ☐ Ja | Eigentum/Miteigentum/Eigentumsanteil an körperlichen Sachen jeder Art ohne die zu Frage 2 und 4 anzugebenden Werte:<br>• **Beizufügen** ist ein geordnetes, übersichtlich gegliedertes Verzeichnis, das die Gegenstände nach Art, Typ, Pkw-Baujahr, Anzahl, Menge, Nutzungszweck mit dem Wert ausweist.<br>Gegenstände des persönlichen Gebrauchs und des privaten Haushalts können darin mit ihrem Gesamtwert aufgeführt werden, soweit sie den Rahmen der Lebens- oder Haushaltsführung nicht übersteigen. | Wert € | |

Blatt 3: Vordruck für Einwendungen, § 648 ZPO

weiter auf Seite 4 ➔

Seite 4

| | | | |
|---|---|---|---|
| 4 Haben Sie sonstige Vermögenswerte (Geld, Guthaben, Wertpapiere usw.)? ☐ Nein ☐ Ja | Bargeld, Kassenbestand, Postgiroguthaben, Bausparguthaben, Guthaben bei in- und ausländischen Banken/Kreditinstituten, Wertpapiere, Lebensversicherungen, sonstige in- und ausländische Kapitalanlagen, Forderungen/Außenstände, immaterielle Vermögensgegenstände, Urheberrecht, sonstige Vermögenswerte: • **Beizufügen** ist ein geordnetes, übersichtlich gegliedertes Verzeichnis, das die Gegenstände genau und vollständig erfasst nach: Art; Name, Sitz der Bank/des Kreditinstituts usw.; Geldbetrag; Guthabenhöhe; Emittenten, Stückzahl, Wert. | Gesamtwert € | |

**Angaben zu Verbindlichkeiten und außergewöhnlichen Belastungen**

| | | | |
|---|---|---|---|
| 1 Bestehen Zahlungsverpflichtungen, Verbindlichkeiten? ☐ Nein ☐ Ja | Zahlungsverpflichtungen wie Kreditraten und sonstige Schulden (ohne die gesetzlichen Unterhaltsverpflichtungen und ohne die Wohnkosten): • **Beizufügen** ist ein geordnetes, übersichtlich gegliedertes Verzeichnis, in dem die Verbindlichkeiten vollständig auszuweisen sind nach: Art; Gläubiger; Entstehungsgrund; Verwendungszweck und Entstehungszeit aufgenommener Kredite; gewährten Sicherheiten; monatlichen Zins- und Tilgungsleistungen; Betrag der Restschuld. | Gesamtbetrag der Verbindlichkeiten, Restschulden € | Anlage Nr. |
| 2 Außergewöhnliche Belastung | Kurze Bezeichnung der außergewöhnlichen Belastung • Auf **beizufügendem** Blatt nach Art, Höhe, Dauer der Belastung, Möglichkeiten der Minderung durch Hilfen/Leistungen Dritter genau darstellen. | In den letzten 12 Monaten € | |

| | | |
|---|---|---|
| **Freiwillige Angabe** | ☐ | Ich bin damit einverstanden, dass meine Arbeitsstelle, das Finanzamt und die Sozialversicherungsträger dem/der Antragsteller/in Auskunft über meine Einkommens- und Vermögensverhältnisse erteilen. |

**Ich versichere hiermit, dass meine Angaben in diesem Abschnitt des Vordrucks und in den Anlagen vollständig und wahr sind.**

**Dritter Abschnitt: Erklärung bei Einwand G oder H**

Das vereinfachte Verfahren will dem Kind und dem unterhaltsverpflichteten Elternteil Gelegenheit geben, den Unterhalt einvernehmlich rasch und kostengünstig zu regeln, damit die für den Unterhalt verfügbaren Mittel nicht unnötig für einen teueren Prozess beansprucht werden. Zu diesem gesetzlichen Zweck leisten Sie Ihren Beitrag, wenn Sie sich bei Ihren nachstehenden Angaben von einer zur Rechtsberatung zugelassenen Person oder Stelle sorgfältig beraten lassen und Ihre Erklärung gemäß dem Rat dieser Person oder Stelle abgeben. Sollten Sie die Beratungskosten nicht aufbringen können, informieren Sie sich bitte bei Ihrem Amtsgericht oder bei einem Rechtsanwalt oder einer Rechtsanwältin Ihres Vertrauens über die Beratungshilfe.

**Bitte beachten Sie:** Ihre Erklärung muss sich, auch wenn Sie Einwand B erhoben haben, auf die gesamte zurückliegende und künftige Zeit ab dem im Festsetzungsantrag unter „beginnend ab" bezeichneten Zeitpunkt erstrecken. Eine lückenhafte Erklärung kann das Gericht nicht berücksichtigen. Es setzt bei begründetem Einwand B den Beginn der Unterhaltszahlung auf den von Ihnen angegebenen Zeitpunkt fest. Das Gericht berechnet den rückständigen Unterhalt. Es berücksichtigt bei zulässigem Einwand F die von Ihnen, sonst die vom Kind angegebenen Zahlungen. Eine bei zulässigem Einwand H angegebene Zahlungsweise bezüglich der Rückstände setzt das Gericht fest, wenn das Kind es beantragt.

Bitte geben Sie die vorgeschriebene Erklärung durch Ankreuzen und Ausfüllen nur einer der folgenden Alternativen I oder II ab. Sind Sie nach sorgfältiger Prüfung und etwaiger rechtlicher Beratung der Überzeugung, dass Sie für einen Zeitraum nicht zur Unterhaltszahlung verpflichtet sind, können Sie dies in Alternative II durch eine entsprechende Zeitangabe im Datumsfeld und Eintragung einer Null in das zugehörige Betragsfeld angeben.

Wenn sie die Alternative I wählen, achten Sie bitte darauf, das Unzutreffende (abzüglich/zuzüglich) zu streichen. Gegebenenfalls können Sie sich hierzu an der Mitteilung des Gerichts auf der Rückseite der Antragsschrift orientieren.

☐ I **Ich erkläre mich bereit, dem Kind von dem im Festsetzungsantrag unter „beginnend ab" bezeichneten Zeitpunkt an Unterhalt gemäß den Altersstufen der Regelbetragverordnung (veränderlich) zu zahlen. Ich bin bereit, derzeit an**

| Vorname des Kindes | | Vorname des Kindes | | Vorname des Kindes | |
|---|---|---|---|---|---|
| 1 | % | 2 | % | 3 | % |

**des Regelbetrags der jeweiligen Altersstufe abzüglich/zuzüglich anzurechnender kindbezogener Leistung zu zahlen. Ich verpflichte mich insoweit, den Unterhaltsanspruch für die Zukunft und, soweit noch nicht beglichen, für die Vergangenheit zu erfüllen.**

☐ II **Ich erkläre mich bereit, dem Kind von dem im Festsetzungsantrag unter „beginnend ab" bezeichneten Zeitpunkt an den Unterhalt, den ich ihm nach Anrechnung der anteiligen kindbezogenen Leistungen schulde, wie nachstehend angegeben (gleich bleibend) zu zahlen, und verpflichte mich insoweit, den Unterhaltsanspruch für die Zukunft und, soweit noch nicht beglichen, für die Vergangenheit zu erfüllen:**

| Vorname des Kindes | | Vorname des Kindes | | Vorname des Kindes | |
|---|---|---|---|---|---|
| 1 | | 2 | | 3 | |
| beginnend ab | € mtl. | beginnend ab | € mtl. | beginnend ab | € mtl. |
| ab | € mtl. | ab | € mtl. | ab | € mtl. |
| ab | € mtl. | ab | € mtl. | ab | € mtl. |

| | | |
|---|---|---|
| **Freiwillige Angaben** | Für Hinweise des Gerichts bin ich tagsüber erreichbar unter Rufnummer: | Bei der Abgabe der Erklärung im dritten Abschnitt dieses Vordrucks bin ich beraten worden von Rechtsanwalt/Rechtsanwältin (Name, Plz, Ort, Rufnummer): |

| | | |
|---|---|---|
| Ort, Datum | Unterschrift Antragsgegner/in | Aufgenommen (Dienststelle, Name, Unterschrift) |

Blatt 3: Vordruck für Einwendungen, § 648 ZPO

## VI. Familiengerichtliches Verfahren

Kommt der Unterhaltspflichtige seiner Verpflichtung zur Auskunftserteilung über seine Einkünfte und zur Zahlung von Unterhalt nicht nach, bleibt den Unterhaltsberechtigten nur der Weg zum Amtsgericht, um sein Recht einzuklagen.

**Stufenklage -> erst Auskunft, dann Bezifferung der Unterhaltshöhe**

Häufig erfährt der Unterhaltsberechtigte erst nach der Auskunftserteilung, auf wieviel Unterhalt er nach den Einkommens- und Vermögensverhältnissen des Verpflichteten Anspruch hat. Um ihm jedoch nach der Auskunftserteilung eine weitere Klage auf Zahlung zu ersparen, gibt es im deutschen Zivilprozess die Möglichkeit der Stufenklage. Mit dieser Klage kann der Unterhaltsberechtigte zugleich den Antrag stellen, den Verpflichteten zu dem erst nach der Auskunftserteilung zu beziffernden Unterhalt zu verurteilen. Die genaue Höhe der Unterhaltsforderungen bleibt daher zunächst offen und wird erst im Laufe des gerichtlichen Verfahrens beziffert. Dies hat den Vorteil, das sowohl die Auskunfts- als auch die Klage auf Zahlung von Unterhalt zugleich bei Gericht rechtshängig gemacht werden können.

**Bestimmter Klageantrag**

Wichtig ist bei der Auskunftsklage die Formulierung eines bestimmten Klageantrages, welche Auskünfte für die Unterhaltsberechnungen benötigt werden. Nur ein bestimmter Klageantrag ist auch für den Gerichtsvollzieher vollstreckbar. Insbesondere muss sich aus dem Antrag eindeutig ergeben:

- Für welchen Zeitraum die Auskünfte zu erteilen sind,
- auf welchen Stichtag die Aufstellung seines Vermögens erfolgen muß und
- welche Belege vorzulegen sind.

Mit dem Antrag auf Leistung von Unterhalt kann sowohl die Zahlung für die Zukunft als auch für die Vergangenheit geltend gemacht werden.

Das gerichtliche Verfahren endet mit einer Entscheidung des Gerichts, zumeist durch ein Urteil nach einer mündlichen Verhandlung. Es ist jedoch auch möglich, dass sich die Parteien des Verfahrens im Laufe des Gerichtsverfahrens oder auf Vorschlag des Gerichts hin einigen. Dann wird der Unterhaltsvergleich zwischen den Eltern oder Ehegatten in das gerichtliche Protokoll aufgenommen. Sowohl das Urteil als auch der gerichtliche Vergleich sind Vollstreckungstitel.

## VII. Geltendmachung von Unterhalt für die Vergangenheit

§§

**§ 1613 BGB: Unterhalt für die Vergangenheit**

Da die Unterhaltszahlungen der Finanzierung des täglichen Lebens dienen, besteht grundsätzlich nur ein Anspruch auf Leistung für die Zukunft. Nur in den folgenden Ausnahmefällen kann auch Unterhalt für den zurückliegenden Zeitraum geltend gemacht werden:

- wenn der Verpflichtete in Verzug gesetzt worden ist.
- wenn der Verpflichtete zum Zwecke der Geltendmachung von Unterhaltsansprüchen aufgefordert worden ist, über seine Einkünfte und sein Vermögen Auskunft zu erteilen.
- wenn Unterhalt wegen Sonderbedarfs geltend gemacht wird.
- wenn der Berechtigte an der Geltendmachung des Unterhaltsanspruchs aus rechtlichen oder tatsächlichen Gründen gehindert war, etwa bei Vaterschaftsfeststellung oder unbekanntem Aufenthalt.
- wenn der Unterhaltsanspruch rechtshängig geworden ist.

**Wann tritt Verzug ein?**

In Verzug kommt der Schuldner gemäß § 284 Abs. 3 BGB erst, wenn er 30 Tage nach Fälligkeit und Zugang einer Rechnung oder einer gleichwertigen Zahlungsaufforderung nicht zahlt. Im Regelfall ist eine Zahlungsaufforderung erforderlich. 30 Tage nachdem der Pflichtige sie erhalten hat, kommt er in Verzug. Für den Verzugseintritt bedarf es keiner weiteren ausdrücklichen Mahnung mehr, der Verzug tritt automatisch mit Ablauf des 30. Tages nach Fälligkeit und Zustellung einer Rechnung oder Zahlungsaufforderung ein.

Wichtig ist, dem Unterhaltsverpflichteten eine schriftliche Zahlungsaufforderung zuzustellen, um dem Beginn der 30 Tage Frist nachweisen zu können. Dazu bietet sich die Zustellung des Aufforderungsschreibens mit Einschreiben und Rückschein an.

**Tipp**

**Einschreiben mit Rückschein**

Wenn der Verpflichtete nicht zahlt, hat er zusätzlich zu dem Unterhaltsrückstand auch die Verzugszinsen zu zahlen und zwar während des Verzuges in Höhe von fünf Prozentpunkten über dem Basiszinssatz, § 288 Abs. 1 S. 2 BGB.

Wegen eines unregelmäßigen, außergewöhnlich hohen Bedarfs – Sonderbedarf – kann der Berechtigte auch für die Vergangenheit Unterhalt verlangen, etwa für die Kosten einer unerwarteten Operation.

Nach den allgemeinen Grundsätzen des Prozessrechts tritt die Rechtshängigkeit mit der Erhebung der Klage ein. Das ist nicht schon dann der Fall, wenn die Klageschrift beim Gericht eingeht, sondern erst, wenn sie dem Gegner zugestellt wird.

## VIII. Vollstreckung aus Unterhaltstiteln

Wenn der Verpflichtete den titulierten Unterhalt nicht oder nicht vollständig zahlt, kann aus dem Titel in das Einkommen und Vermögen des Unterhaltsverpflichteten vollstreckt werden.

§§

**Was sind Vollstreckungstitel?**

Vollstreckungstitel sind
- Urteile, die rechtskräftig oder vorläufig vollstreckbar sind.
- Gerichtliche Vergleiche.
- Beschlüsse des Rechtspflegers über die Festsetzung des Regelunterhalts.
- Vollstreckbare Urkunden (Urkunden des Notars oder Jugendamtes).

Vor der Vollstreckung müssen diese Titel von dem Gericht mit einer Klausel versehen und dem Verpflichteten zugestellt werden.

**Pfändung von Arbeitseinkommen des Unterhaltspflichtigen**

In der Praxis wird zumeist in das Arbeitseinkommen des Unterhaltsverpflichteten vollstreckt. Dazu zählen Arbeits- und Dienstlöhne sowie die Bezüge der Beamten. Da dem Arbeitnehmer ein Sockelbetrag zur eigenen Verfügung bleiben muss, bleibt dieser unpfändbar. Die Höhe des Betrages ist abhängig vom monatlichen Nettolohn und der Anzahl der Personen, gegenüber denen der Schuldner unterhaltspflichtig ist. Sonderregelungen gelten für Überstunden, Urlaubs- und Weihnachtsgeld und sonstigen Zulagen. Eine weitaus strengere Haftung des Pflichtigen sieht das Gesetz jedoch für die Vollstreckung wegen Unterhaltsforderungen vor. Hierbei wird ein Zugriff auf das Einkommen des Pflichtigen über den Sockelbetrag hinaus zugelassen. Auch werden ansonsten teilweise unpfändbare Einkünfte von der Vollstreckung erfasst. Diese

Regelung begünstigt Kinder, Ehegatten und Eltern nichtehelicher Kinder hinsichtlich des Unterhalts für die Zukunft.

## G. Abänderbarkeit von Unterhaltstiteln

Ist der Unterhalt ermittelt und festgelegt – entweder in einem gerichtlichen Verfahren oder auf Grund einer Unterhaltsvereinbarung –, ist dessen Höhe nicht dauerhaft verbindlich. Die Festlegung der Unterhaltshöhe basiert auf den aktuellen Gegebenheiten, künftige Veränderungen sind nicht vorhersehbar.

**Wenn sich etwas ändert ...**

Umstände wie etwa die Geburt eines weiteren Kindes des Unterhaltspflichtigen, die eingeschränkte Leistungsfähigkeit wegen Erkrankung oder einer Gehaltserhöhung geben Anlass für eine Abänderung des titulierten Unterhalts.

Es wird zunächst eine außergerichtliche Einigung über die Erhöhung oder Verringerung des Unterhalts angestrebt. Wenn der Unterhaltsverpflichtete oder -berechtigte der Abänderung nicht zustimmt, können rechtskräftige Unterhaltstitel nur durch das Gericht aufgehoben oder abgeändert werden.

**Wege, die Änderung wirksam geltend zu machen**

Ein Unterhaltstitel kann, je nach Art der Festlegung des Unterhalts, mit folgenden Klagearten abgeändert werden:

### I. Abänderungsklage nach § 323 ZPO

Die Abänderung von gerichtlichen Entscheidungen, vollstreckbaren Urkunden des Jugendamtes oder notariellen Unterhaltsvereinbarungen erfolgt durch die Abänderungsklage nach § 323 ZPO. Sie kann von dem Unterhaltsverpflichteten oder -berechtigten erhoben werden.

**Nachträgliche Änderung der maßgeblichen Verhältnisse**

Danach kann ein Unterhaltsurteil oder ein sonstiger Unterhaltstitel abgeändert werden, wenn sich die für den Unterhaltsanspruch maßgeblichen Verhältnisse nachträglich wesentlich verändert haben. Die Klage hat Erfolg, wenn die wesentliche Veränderung der wirtschaftlichen oder tatsächlichen Verhältnisse die Abänderung der festgelegten Unterhaltshöhe rechtfertigt.

Eine Änderung der wirtschaftlichen und tatsächlichen Verhältnisse liegt vor bei:

z.B.

- Erhöhung des Einkommens des Unterhaltsverpflichteten
- Verringerung des Einkommens des Unterhaltsverpflichteten, etwa Arbeitslosigkeit, längerandauernde Erkrankung
- Erstmaligen Einkünften auch des Unterhaltsberechtigten
- Aufnahme einer nichtehelichen Lebensgemeinschaft der Unterhaltsberechtigten
- Erreichung der höheren Altersstufen der Kinder
- Wiederverheiratung des Unterhaltsverpflichteten
- Geburt eines weiteren unterhaltsberechtigten Kindes.

**Abweichung um 10%**

Für eine Änderung müßte der anfangs festgelegte Unterhaltsbetrag um etwa 10 % nach oben oder unten korrigiert werden. Im Einzelfall können auch geringfügigere Abweichungen eine Änderung rechtfertigen, insbesondere bei eingeschränkten wirtschaftlichen Verhältnissen.

**Änderung muss zeitlich nach der erstmaligen Festlegung eingetreten sein**

Erforderlich ist eine Änderung der tatsächlichen oder wirtschaftlichen Verhältnisse zeitlich nach der erstmaligen Festlegung des Unterhaltsbetrages. Stichtag ist bei einer gerichtlichen Entscheidung der Schluss der mündlichen Verhandlung, andernfalls der Tag der Unterzeichnung der Jugendamtsurkunde oder der Beurkundung der notariellen Unterhaltsvereinbarung. Die Überzeugung der Betroffenen, dass die erstmalige Festlegung des Unterhaltsbetrages auf einer falschen Tatsachengrundlage erfolgte, ist insoweit unerheblich. Die Fehler der Vergangenheit werden nicht im Wege der Abänderungsklage korrigiert. Diese hat nur Wirkung für die Zukunft. Vorhergehende Umstände werden nicht mehr berücksichtigt, gleich ob die Beteiligten davon Kenntnis hatten oder nicht.

**Gerichtliche Klage für Abänderung notwendig**

Von erheblicher praktischer Bedeutung ist die Frage, für welchen Zeitraum die Abänderung des Unterhaltsbetrages für den Unterhaltsberechtigten oder -verpflichteten geltend gemacht werden kann. Gerichtliche Urteile können erst für die Zeit *nach* der Klageerhebung abgeändert werden. Es gilt der Grundsatz, dass rechtskräftige Entscheidungen des Gerichts für die Zukunft bindend sind. Daher sieht § 323 Abs. 3 ZPO vor, dass ein einmal erlassenes Urteil nur für die Zeit nach Erhebung der Abänderungsklage abgeändert werden kann.

Für die Unterhaltstitel nach § 323 Abs. 4 ZPO, gerichtliche Vergleiche und vollstreckbare Urkunden, gilt diese Zeitschranke nicht. Eine rückwirkende Abänderung erfolgt ab dem Zeitpunkt, ab dem sich die tatsächlichen Umstände für den errechneten Unterhalt geändert haben.

Häufig erfährt der Unterhaltsberechtigte oder -verpflichtete eher zufällig, dass sich etwas an den tatsächlichen Verhältnissen geändert hat. Bis die rechtswahrenden Schritte ergriffen werden, verstreichen meist mehrere Wochen. Für die abgelaufene Zeit kann eine Verringerung des gerichtlich festgelegten Unterhaltsbetrages daher nicht mehr geltend gemacht werden.

**Tipp**

**Einstellung der Zwangsvollstreckung aus dem Alttitel**

Zur praktischen Vorgehensweise ist der Unterhaltsberechtigte zunächst mit einem außergerichtlichen Schreiben über die Veränderung in Kenntnis zu setzen. Zugleich sollte er aufgefordert werden, auf den infolge der Veränderung nun nicht mehr gerechtfertigten Unterhaltsbetrag zu verzichten. Wenn keine außergerichtliche Einigung erzielt werden kann, ist umgehend Klage vor dem Familiengericht zu erheben. Wichtig ist, dass eine Verringerung der Unterhaltsverpflichtung nur für die Zeit nach der Erhebung einer gerichtlichen Abänderungsklage erreicht werden kann. Außergerichtliche Schreiben helfen dem Unterhaltsverpflichteten insoweit nicht. Der ehemalige Unterhaltstitel bleibt zunächst während der gesamten Dauer des gerichtlichen Abänderungsverfahrens bestehen. Damit der Unterhaltsberechtigte daraus nicht mehr vollstrecken kann, ist die vorläufige Einstellung der Zwangsvollstreckung aus dem abzuändernden Titel zu beantragen. Ansonsten besteht die Möglichkeit, dass der »überbezahlte« Unterhalt verbraucht ist.

**Tipp**

**Rechtzeitige Geltendmachung höherer Unterhaltsbeträge**

Vorteilhafter ist die Rechtslage für denjenigen, der eine Erhöhung des Unterhaltsbetrages für sich in Anspruch nimmt, etwa weil der Unterhaltsverpflichtete nach Zeiten der Arbeitslosigkeit eine Anstellung gefunden hat. Der erhöhte Unterhaltsbetrag kann rückwirkend geltend gemacht werden, und zwar ab dem Zeitpunkt, ab dem:

- der Unterhaltsverpflichtete aufgefordert worden ist, über seine Einkünfte und sein Vermögen Auskunft zu erteilen,
- der Unterhaltsverpflichtete sich mit der Zahlung des höheren Unterhaltsbetrag in Verzug befindet,
- die Zustellung der gerichtlichen Unterhaltsklage beim Verpflichteten erfolgte.

**Beweislast für die Änderung der tatsächlichen Verhältnisse**

Die Person, die auf Abänderung des Unterhaltsbetrages klagt, hat die tatsächlichen oder wirtschaftlichen Änderungen zu beweisen. Das gilt auch bei Forderungen nach einem höheren Unterhaltsbetrag wegen der Einkommensverbesserung des Unterhaltsverpflichteten. Wenn der Unterhaltspflichtige dazu keine Auskunft erteilt, ist der Unterhaltsberechtigte befugt, zunächst auf Auskunftserteilung und erst im Anschluss daran auf die Zahlung der erhöhten Unterhaltsbetrages zu klagen. Die beiden Klagen auf Auskunftserteilung und Leistung des erhöhten Unterhalts können im Wege der Stufenabänderungsklage verbunden werden. Das hat den Vorteil, dass das Gericht beide Frage in einem Verfahren abschließend klären muss.

## II. Abänderungsklage nach § 654 ZPO

**Klage innerhalb eines Monats nach Festlegung des Unterhaltsbetrages**

Bei der Unterhaltsfestlegung im *vereinfachten Verfahren* besteht die Möglichkeit der Abänderungsklage nach § 654 ZPO. Will der Unterhaltspflichtige den zunächst festgelegten Unterhaltsbetrag von 100-150 % des Regelbetrages nicht zahlen, kann er die Herabsetzung beantragen. Dafür muss er seine Einkommens- und Vermögensverhältnisse offen legen. Wichtig ist, dass eine Verringerung für den Zeitraum vor Einreichung der Abänderungsklage nach § 654 ZPO nur erfolgen kann, wenn der Unterhaltspflichtige umgehend reagiert. Die Klage auf Herabsetzung ist innerhalb eines Monats, nachdem die erste Unterhaltsfestsetzung rechtskräftig geworden ist, also es kein Rechtsmittel mehr gegen die Erstentscheidung gibt, einzureichen. Wenn der Unterhaltspflichtige die Frist versäumt, ist eine Herabsetzung nur noch für die Zukunft möglich.

§§

**Besonderheiten bei Klage auf Feststellung der Vaterschaft**

Auch der Unterhaltsberechtigte kann die Abänderungsklage mit dem Antrag auf Zahlung eines höheren Kindesunterhalts als den bereits festgelegten Unterhalt erheben. In der Praxis wird dieses Procedere am häufigsten bei Vaterschaftsfeststellungsklagen in Anspruch genommen. Die Klage auf Feststellung der Vaterschaft wird zunächst mit dem Antrag verbunden, dass der Vater bereits ab der Geburt des Kindes den Regelbetrag des Kindesunterhalts zu zahlen hat, § 653 ZPO. Die Forderung der Kindsmutter auf höheren Unterhalt als den Regelbetrag wird in dem Klageverfahren wegen Vaterschaftsfeststellung nicht berücksichtigt. Ist die Unterhaltsfestsetzung in dem Verfahren der Vaterschaftsfeststellung nach § 653 ZPO abgeschlossen, so kann die Kindsmutter im Wege der Abänderungsklage nach § 654 ZPO eine Erhöhung des Unterhaltsbetrags verlangen; der Kindsvater kann seinerseits eine Herabsetzung des Kindesunterhalts unterhalb des Regelbetrags geltend machen.

## III. Abänderungsantrag nach § 655 ZPO

Verringert sich der zu zahlende Unterhaltsbetrag aufgrund einer Erhöhung des Kindergeldes, so sieht § 655 ZPO eine vereinfachte Abänderung von Unterhaltstiteln (Urteil, Beschluss oder Urkunde) vor. Wichtig ist jedoch, dass eine Abänderung nur für die Zeit nach der Einreichung des Antrages möglich ist. Die Änderung erfolgt im vereinfachten Verfahren durch Beschluss. Dem Antrag ist eine Ausfertigung des abzuändernden Titels oder das vollständig gefasste Urteil beizufügen.

## H. Unterhalt und Steuern

**Tipp**

»Trennung macht nicht reicher«. Es sollte daher anlässlich der Trennung und in der Zeit der nachfolgenden Unterhaltszahlungen an die Möglichkeiten und Grenzen der steuerlich vorteilhaftesten Gestaltung gedacht werden.

### I. Steuerliche Veranlagung als Ehegatten während des Zusammenlebens

**Zusammenveranlagung der Ehegatten**

Die Ehegatten können in jedem Steuerjahr neu entscheiden, ob die Einkommensteuer für sie beide gemeinsam (Zusammenveranlagung, §§ 26, 26b EstG) oder für jeden einzeln (getrennte Veranlagung) § 26a EstG festgesetzt werden soll. Bei der Wahl der Zusammenveranlagung wird die steuerlich günstige Splittingtabelle angewandt, bei der getrennten Veranlagung die Grundtabelle. Sofern beide Ehegatten gleich hohe Einkünfte erzielen, bringt die Ausübung des Wahlrechts keine entscheidenden Vor- oder Nachteile. Sobald jedoch ein Ehegatte keine oder nur geringe Einkünfte hat, verringert sich die Steuerlast des Hauptverdieners der beiden Eheleute bei der Zusammenveranlagung erheblich.

Die Zusammenveranlagung setzt jedoch voraus, dass

- beide Ehegatten unbeschränkt steuerpflichtig sind.

**Stichtag: 31.12.**

Die Ehe muss bis spätestens zum 31.12. des Verlangungszeitraumes geschlossen sein. Die Steuerpflicht ergibt sich aus §§ 1, 1a EstG und trifft grundsätzlich alle natürlichen Personen, die im Inland ihren Wohnsitz oder gewöhnlichen Aufenthaltsort haben.

- die Ehegatten nicht dauernd getrennt leben.

**Dauerndes Getrenntleben**

Das ist nach Rechtsprechung des Bundesfinanzhofes dann gegeben, wenn die Ehegatten ihre zum Wesen der Ehe gehörende Lebens- und Wirtschaftsgemeinschaft nicht endgültig aufgehoben haben. Stichtag ist der 1.1. des steuerlichen Veranlagungsjahres. Haben sich die Ehegatten erst nach dem Stichtag, also im Laufe des Jahres getrennt, so besteht für das Jahr der Trennung noch das Wahlrecht der Ehegatten. Erst zum 1.1. des darauffolgenden Jahres werden die Ehegatten in die neuen Steuerklassen nunmehr als getrennt lebende Ehegatten eingestuft. Der Zeitpunkt der Trennung ist daher von entscheidender Bedeutung für die Höhe der Steuerlast.

**Welche steuerlichen Auswirkungen haben Versöhnungsversuche?**

Eine weitere praktische Bedeutung haben auch gescheiterte Versöhnungsversuche: sofern sich die getrennt lebenden Ehegatten in dem Steuerjahr wieder versöhnt haben, wenn auch nur vorübergehend und erfolglos, so können sie auch noch für das Jahr der Versöhnung die steuerlich günstige Zusammenveranlagung wählen. Die Versöhnung liegt aus Sicht des Finanzamtes vor, wenn die Ehegatten eine neuerliche Lebens- und Wirtschaftsgemeinschaft begründet haben, gleich wieviele Tage sie andauert. Es kommt vielmehr darauf an, ob die Ehegatten wieder eine gemeinsame Wohnung beziehen und dort gemeinsam wirtschaften. Das erfordert, dass der zurückkehrende Ehegatte seine bisherige Wohnung aufgelöst hat und mit seiner gesamten Habe wieder in die gemeinsame Wohnung eingezogen ist.

**Im Jahr der Trennung ist die Zusammenveranlagung letztmalig möglich**

Für das Trennungsjahr hat der steuerlich begünstigte Ehegatte grundsätzlich noch ein Recht darauf, die steuerliche Zusammenveranlagung zu wählen. Das gilt zunächst für die Konstellation, in der der Unterhaltsempfänger keine anderen eigenen Einnahmen oder nur solche aus nichtselbständiger Tätigkeit hat. Andernfalls besteht grundsätzlich eine Verpflichtung des getrennt lebenden Ehegatten, an der Zusammenveranlagung mitzuwirken, wenn ihm daraus keine steuerlichen Nachteile erwachsen und dem anderen Ehegatten, der die Zusammenveranlagung begehrt, steuerliche Vorteile zugute kommen. Sofern der andere Ehegatte unberechtigterweise die Zustimmung verweigert, kann auf die Abgabe der Erklärung geklagt oder Klage auf Schadensersatz aus verweigerter Zusammenveranlagung erhoben werden.

**Tipp**

Zu empfehlen ist eine schriftliche Vereinbarung der Ehegatten über die Einkommensteuerveranlagung anlässlich der Trennung.

**Verpflichtungserklärung zur steuerlichen Veranlagung**

Ehegatten Maria und Anton Blume verpflichten sich, für den Veranlagungszeitraum ... der Zusammenveranlagung nach §§ 26, 26a EstG zuzustimmen. Eine Steuererstattung für den vorbezeichneten Veranlagungszeitraum teilen die Eheleute Blume wie folgt auf: Maria zu ... %; Anton zu ... %. Sofern beide Ehegatten gemeinsam für den oben bezeichneten Veranlagungszeitraum Steuernachzahlungen gegenüber den Finanzamt ... schulden, so trägt Maria ... % und Anton ... %.

**Unterhalt als Sonderausgabe**

Wenn die Voraussetzungen der Ehegattenveranlagung nicht mehr vorliegen, können die als Unterhalt an die Empfänger gezahlten Beträge oder sonstige Leistungen steuerlich abgesetzt werden.

## II. Neue Gesetzesänderungen zum »Haushaltsfreibetrag«

**Neuregelung ab dem 1.1.2002**

Mit dem zweiten Gesetz zur Familienförderung wird die Förderung der Familien ab 2002 erneut geändert. Damit will der Gesetzgeber nach seinen eigenen Worten die jahrzehntelange verfassungswidrige Benachteiligung von Familien mit Kinder beseitigen. Ab dem 1.1.2002 wird ein einheitlicher Freibetrag für den Betreuung-, Erziehung- oder Ausbildungsbedarf für alle zu berücksichtigenden Kinder auch über das 16. Lebensjahr hinaus Rechnung getragen.

**Änderung zur »Steuerklasse II«**

Die Neuregelung betrifft vor allem allein erziehende Elternteile. Diese haben bisher für ihre Kinder einen Haushaltsfreibetrag von 2.916 € erhalten. Der Haushaltsfreibetrag wird ab 2002 auf 2.340 € abgesenkt. Für die Veranlagungszeiträume 2003 und 2004 wird der Haushaltsfreibetrag nochmals auf 1.188 € abgesenkt. Ab 2005 entfällt er vollständig, so dass letztlich letztmals für den Veranlagungszeitraum 2004 ein Haushaltsfreibetrag gewährt wird.

**Beachte: Übergangsregelungen bis 2005**

Den Haushaltsfreibetrag erhalten nur noch diejenigen Steuerpflichtigen, bei denen die Voraussetzungen für den Abzug bereits im Veranlagungszeitraum 2002 vorgelegen haben. Bei Steuerpflichtigen, bei denen die Voraussetzungen erstmals in 2002 eintraten, wird der Erziehungsbedarf von vornherein im Rahmen des Familienlastenausgleichs berücksichtigt. Dies gilt für allein erziehende Eltern, die sich erst in 2002 von ihrem Ehepartner getrennt haben. Der Wegfall des Haushaltsfreibetrages bringt nach dem Willen des Gesetzgebers keine jedoch keine finanzielle Schlechterstellung, da für beide Elternteile je ein Freibetrag von 1.080 € für den Betreuungs-, Erziehungs- und Ausbildungsbedarf berücksichtigt wird.

**Rat des Steuerberaters**

Zu einer weitergehenden Klärung der Steueränderung bietet sich die Beratung durch einen Steuerberater oder eines Lohnsteuerhilfevereins an.

## III. Steuerliche Abzugsfähigkeit von Ehegattenunterhalt

§§

**Begrenztes Realsplitting = Ehegattenunterhalt kann steuerlich als Sonderausgabe geltend gemacht werden**

Die Unterhaltszahlungen an den getrennt lebenden oder schon geschiedenen Ex-Ehepartner können bis zu einem Höchstbetrag von 13.805,00 € jährlich als Sonderausgaben nach § 10 Abs. 1 Nr. 1 EStG abgesetzt werden (begrenztes Realsplitting).

Das setzt voraus, dass
- die Eheleute dauernd getrennt leben, sich in dem Jahr vor dem steuerlichen Veranlagungszeitraum von Tisch und Bett getrennt haben und in dem Veranlagungszeitraum kein Versöhnungsversuch erfolgte;
- Unterhalt an den getrennt lebenden oder geschiedenen Ehegatten geleistet wurde. Die Unterhaltsleistungen können als Geld- oder Sachleistungen erbracht werden. Es muss sich jedoch um typische Aufwendungen zum Bestreiten der Lebensführung handeln, z.B. Finanzen, Leistungen zum täglichen Leben (Wohnungsmiete, Garderobe, Ernährung), zeitweise Überlassung des Privat-PKW an den Ex-Gatten (Zeitwert absetzbar), Ausgleichszahlungen an den Ex-Gatten für dessen Zustimmung zum begrenzten Realsplitting;
- der Unterhaltspflichtige einen Antrag beim Finanzamt stellt (Anlage U).

- der Unterhaltsempfänger diesem Antrag zustimmt, d.h. die Anlage U mitunterzeichnet oder vorab seine Zustimmung mit der Geltendmachung als Sonderausgaben gegenüber dem Finanzamt abgegeben hat. Die einmal erteilte Zustimmung kann jederzeit widerrufen werden, jedoch dann nur für das nächstfolgende Kalenderjahr.

**Steuerbegünstigter Ehegatte muss die Nachteile für den unterhaltsberechtigten Ehegatten ausgleichen**

Was dem Unterhaltsverpflichteten Vorteile bringt, soll die Höhe des Unterhalts beim berechtigten Ehegatten nicht schmälern. Die steuerliche Geltendmachung des Ehegattenunterhalts als Sonderausgaben hat beim anderen Ehegatten zur Folge, dass dieser den Unterhalt als Einkommen bezieht und somit als sonstige Einkünfte i.S.v. § 22 Nr. 1a EstG zu versteuern hat. Das hat in der Praxis nur dann Auswirkungen, wenn die Zahlungen über dem Steuerfreibetrag liegen, etwa in dem Fall, dass die Ehefrau neben ihren eigenen Einkünften noch Aufstockungsunterhalt erhält. Weil der Steuervorteil zugunsten des Ehemannes bei der Einkommensberechnung jedoch miteingerechnet wird, ist die Ehefrau verpflichtet, die Zustimmung zur steuerlichen Geltendmachung zu erteilen. Im Gegenzug hat der Ehemann der Ehefrau die Nachteile zu erstatten, die sie durch die »Versteuerung« des Unterhalts als Einkommen hinnehmen muss. Der unterhaltsberechtigte Ehegatte muss daher dem begrenzten Realsplitting zustimmen, wenn der unterhaltsverpflichtete Partner sich schriftlich bereit erklärt, anfallende Nachteile auszugleichen. In der Praxis wird die Unterzeichnung der Anlage U von der Übergabe der Verpflichtungserklärung des anderen Ehegatten zur Nachteilsausgleichung abhängig gemacht.

**Verpflichtungserklärung zum Nachteilsausgleich bei Unterzeichnung der Anlage U zur Steuererklärung**

Die getrennt lebenden Ehegatten Anton und Maria Blume vereinbaren folgendes: Anton Blume ist berechtigt, die an seine getrennt lebende und späterhin geschiedene Ehefrau Maria Blume geleisteten Unterhaltszahlungen steuerlich als Sonderausgaben geltend zu machen. Frau Maria Blume erklärt dazu ihre Zustimmung. Im Gegenzug verpflichtet sich jedoch Herr Anton Blume, Frau Maria Blume von sämtlichen Nachteilen, steuerlicher und sonstiger Art, freizustellen bzw. auszugleichen, die Frau Maria Blume aus der Zustimmung zum begrenzten

Realsplitting erwachsen. Das gilt gleichermaßen für die Kosten der Beratung durch einen Steuerberater.

§§

**Ehegattenunterhalt als »außergewöhnliche Belastung«**

Wenn eine der Voraussetzungen des begrenzten Realsplittings nicht vorliegt oder die Nachteile beim Unterhaltsberechtigten den Steuervorteil beim Unterhaltsverpflichteten überwiegen, so können die Unterhaltsleistungen als »außergewöhnliche Belastungen« nach § 33a EStG abgesetzt werden. Das hat den Vorteil, dass der Unterhaltsempfänger die Leistungen nicht versteuern muss. Die Höchstsumme für den Veranlagungszeitraum 2002 beträgt 7188 €, für den Veranlagungszeitraum 2001 DM 14040,00.

## IV. Steuerliche Abzugsfähigkeit von Kindesunterhalt

**Kindesunterhalt als »außergewöhnliche Belastung«**

Eine steuerliche Entlastung auf Grund von Unterhaltspflichten für Kinder sieht das Gesetz nur in engem Rahmen vor. Die Unterhaltszahlungen sind als Sonderausgaben nach § 33a EstG absetzbar, wonach Unterhaltszahlungen an bedürftige Personen als »außergewöhnliche Belastungen« steuermindernd angesetzt werden können.

Voraussetzung hierfür ist:

- Der Steuerpflichtige darf weder Kindergeld noch einen Kinderfreibetrag oder Betreuungsfreibetrag für das Kind erhalten;
- Das Kind darf kein oder nur ein geringes Vermögen besitzen. Ein Vermögen bis zu einem Verkehrswert von 15.339,00 € ist unschädlich;
- Das Kind muss einen Unterhaltsanspruch gegen den Steuerpflichtigen haben oder ihm müssen bestimmte Mittel, z.B. Sozialhilfe, mit Rücksicht auf die Unterhaltsleistungen des Steuerpflichtigen gekürzt worden sein;
- Die Aufwendungen können nur bis zu einem Höchstbetrag von 7188,00 € ab 2002 jährlich geltend gemacht werden. Sofern der Unterhaltsempfänger über einzusetzendes eigenes Vermögen verfügt, wird der abzusetzende Jahresbetrag um den Betrag dieses Vermögens gekürzt, der den Grenzbetrag von 624,00 € übersteigt.

**Tipp**

Da die steuerliche Geltendmachung des Ehegatten- und Kindesunterhalts von vielen Einzelfragen abhängt, raten wir Ihnen an, steuerliche Beratung durch einen Steuerberater oder einen Lohnsteuerhilfeverein in Anspruch zu nahmen.

Wenn Ihr Kind im Ausland lebt, kommt es für die steuerliche Geltendmachung der Unterhaltszahlungen jedoch darauf an, ob die monatlichen Zahlungen nach den Verhältnissen des Wohnsitzstaates notwendig und angemessen sind. Das Bundesministerium der Finanzen hat hierzu eine Ländergruppeneinteilung erstellt (BMF BStBl. 2000 I, S.1502; www.bundesfinanzministerium.de).

## V. Steuerliche Geltendmachung der Kosten des Scheidungsverfahrens

Anders als die Kosten des Umzugs oder der Neueinrichtung der Wohnung anlässlich der Trennung können die Kosten der Scheidung, insbesondere Anwalts- und Gerichtskosten, als außergewöhnliche Belastungen abgesetzt werden. Dazu zählen sowohl die eigenen Prozesskosten aus dem Ehescheidungsverbundverfahren (Scheidung, Unterhalt, Versorgungsausgleich, Zugewinn, elterliche Sorge etc.) und auch die Prozesskostenvorschüsse, soweit diese an die unterhaltsberechtigte Ehefrau gezahlt werden müssen.

**Nur teilweise steuerliche Abzugsfähigkeit**

Die Kosten werden nicht in voller Höhe anerkannt. Ein Teilbetrag wird als zumutbare Eigenleistung von dem Betrag je nach Einkommenshöhe und der Zahl der Kinder abgehalten, maximal 7% der Jahreseinkommensbetrages. Zu den Einzelheiten zu der Problematik finden sich eingehendere Hinweise in den Einkommenssteuerrichtlinien und den dazu ergangenen Hinweisen der Steuerverwaltung.

**Tipp**

Zur Verkürzung der steuerlich zu berücksichtigenden zumutbaren Eigenbelastung sollten die Scheidungskosten möglichst in einem Jahr geltend gemacht werden. Wir raten daher dringend, Ihren Rechtsanwalt aufzufordern, sämtliche Kosten, gegebenenfalls auch als Kostenvorschuss, im Jahr der Ehescheidung oder vorab in Rechnung zu stellen.

# I. Unterhaltsvorschuss und Leistungen des Sozialamtes

## I. Recht des Kindes auf Unterhaltsvorschuss

**Sicherung des Existenzminimums**

Erhalten die Kinder allein erziehender Elternteile von dem anderen Elternteil keinen oder nur unregelmäßig Unterhalt, sichert ihnen das Unterhaltsvorschussgesetz den Mindestunterhalt zu. Dieser Vorschuss wird an den betreuenden Elternteil aus öffentlichen Mitteln des Bundes und des Landes gezahlt. Die Zahlung erfolgt ohne Rückforderung und unabhängig von den Einkommensverhältnissen des betreuenden Elternteils. Da die staatlichen Leistungen nicht die Freistellung des anderen Elternteils von der Unterhaltspflicht beinhalten, gehen die gesetzlichen Unterhaltsansprüche des Kindes gegen den Unterhaltsverpflichteten auf die Unterhaltsvorschusskasse über, die die gezahlten Unterhaltsvorschüsse beim nichtleistungswilligen Elternteil einfordert. Der Vorteil liegt in der Sicherstellung des Lebensbedarfs des Kindes durch regelmäßige und pünktliche Leistungen.

**Dauer des Leistungsbezugs**

Die Unterhaltsleistung wird längstens für 72 Monate gezahlt. Die Zahlung endet spätestens mit dem 12. Lebensjahr des Kindes, auch wenn die Gesamtdauer der Leistungen von 72 Monaten noch nicht ausgeschöpft ist. Danach müssen die Unterhaltsforderungen wieder unmittelbar bei dem unterhaltspflichtigen Elternteil eingefordert und vollstreckt werden.

§§

**Voraussetzung für den Bezug von Unterhaltsvorschussleistungen**

Das Kind hat einen Anspruch auf Unterhaltsleistungen, wenn es

- das 12. Lebensjahr noch nicht vollendet hat,
- im Bundesgebiet bei einem seiner Elternteile lebt, der entweder ledig, verwitwet oder geschieden ist oder von seinem Ehegatten dauernd getrennt lebt und
- nicht oder nicht regelmäßig Unterhalt von dem anderen Elternteil erhält.

Das gilt auch für ausländische Kinder, wenn sie oder der allein erziehende Elternteil im Besitz einer Aufenthaltsberechtigung oder -erlaubnis sind.

**Höhe der Unterhaltsvorschussleistungen**

Die Unterhaltsleistungen werden bis zur Höhe der für die betreffende Altersgruppe maßgeblichen Regelbetrags gezahlt. Davon werden der jeweils hälftige Kindergeldbetrag abgezogen, der ab dem 01.01.2002 für das erste bis dritte Kind monatlich 77 € beträgt.

Die Unterhaltsvorschussleistungen betragen ab dem 01.1. 2002:

| *Alter des Kindes* | *Neue Bundesländer* | *Alte Bundesländer* |
|---|---|---|
| des 6. Lebensjahres | 174 € | 188 € |
| bis zum 12. Lebensjahr | 211 € | 228 € |

Von den Beträgen werden die regelmäßig eingehenden Unterhaltszahlungen des anderen Elternteils oder Waisenbezüge abgezogen. Nicht berücksichtigt werden sonstige Einkünfte des Kindes und das Einkommen des Elternteils, bei dem das Kind lebt.

**Wenden Sie sich an das Jugendamt!**

Die Unterhaltsvorschussleistungen werden nur auf schriftlichen Antrag gewährt, der bei dem für die Kinder zuständigen Jugendamt gestellt werden kann.

§§

Verweigert wird der Vorschuss, wenn
- beide Eltern – verheiratet oder nicht – zusammenleben,
- sich der betreuende Elternteil weigert, die notwendigen Auskünfte über den anderen Elternteil zu geben,
- der betreuende Elternteil nicht an der Feststellung der Vaterschaft oder des Aufenthalts des anderen Elternteil mitwirkt,
- der betreuende Elternteil nicht mehr alleinerziehend ist. Alleinerziehend ist er, wenn er ledig, verwitwet oder geschieden ist oder von seinem Ehegatten dauernd getrennt lebt. Heiratet der betreuende Elternteil, entfallen die Vorschussleistungen. Das gilt jedoch nicht, wenn der betreuende Elternteil mit einem neuen Lebenspartner nur in einer häuslichen Gemeinschaft lebt.

## II. Recht auf sozialstaatliche Unterstützung

Ein Recht auf staatliche Unterstützungszahlungen hat nur die Person, die ihren Lebensunterhalt weder aus eigenem Einkommen bestreiten kann, noch einen Unterhaltsanspruch gegen Dritte hat und diesen auch realisieren kann.

§§

Der Anspruch auf Sozialhilfe setzt voraus, dass der Ehegatte, Ex-Ehegatte und/oder unterhaltsverpflichtete Elternteil finanziell nicht in der Lage ist, Unterhalt zu zahlen, oder es trotz Leistungsfähigkeit verweigert. Um den laufenden Lebensunterhalt sicherzustellen, wird Sozialhilfe bewilligt und ausgezahlt. Sofern der Leistungsempfänger jedoch einen Unterhaltsanspruch gegen einen Dritten hat, geht dieser in Höhe der geleisteten Sozialhilfe auf das Sozialamt über, § 91 Bundessozialhilfegesetz. Die Unterhaltsansprüche gegen die Großeltern, Enkel und die Eltern der schwangeren Mutter sind davon ausgenommen.

**Übergang der Unterhaltsansprüche auf das Sozialamt**

Der Rechtsübergang hat zur Folge, dass das Sozialamt die Unterhaltsansprüche der Unterhaltsberechtigten selber geltend macht und ggf. gerichtlich durchsetzt. Die Befugnis, auf Unterhalt zu klagen und titulierten Unterhalt beim Unterhaltsschuldner zu vollstrecken, steht nur noch dem Sozialamt zu. Das gilt für die Unterhaltsansprüche in der Vergangenheit und für zukünftigen Unterhalt, wenn die Sozialhilfebedürftigkeit voraussichtlich längere Zeit andauern wird.

**Forderungen für die zurückliegende Zeit**

Für die zurückliegende Zeit kann das Sozialamt den Unterhalt einfordern, wenn der Unterhaltspflichtige

- in gesetzlich zulässiger Weise zur Zahlung aufgefordert worden ist,
- von der Sozialhilfebedürftigkeit des Unterhaltsberechtigten durch Übermittlung der Bedarfsmitteilung des Sozialamtes Kenntnis erlangt hat.

**Arten der Sozialhilfe**

Die staatliche Sozialhilfe wird geleistet in Form von

- laufender Hilfe zum Lebensunterhalt
- Hilfe in besonderen Lebenslagen.

Der Anspruch besteht auf den Regelsatz an Sozialhilfe, der sich nach der Stellung des Hilfebedürftigen in seiner Familie bestimmt. Zusätzlich erhält der Leistungsberechtigte einmalige

Beihilfen, auf Nachweis hin auch Mehrbedarfszuschläge und die Kosten der Unterkunft.

# J. Anhang: Unterhaltsleitlinien und -tabellen etc.

## I. Düsseldorfer Tabelle Euro Stand (01.01.2002)

### A. Kindesunterhalt

| Nettoeinkommen des Barunterhaltspflichtigen (Anm. 3, 4) | | Altersstufen in Jahren (§ 1612 a Abs. 3 BGB) | | | | Vomhundertsatz | Bedarfskontrollbetrag (Anm. 6) |
|---|---|---|---|---|---|---|---|
| | | 0 – 5 | 6 – 11 | 12 – 17 | ab 18 | | |
| alle Beträge in Euro | | | | | | | |
| 1 | bis 1300 | 188 | 228 | 269 | 311 | 100 | 730/840 |
| 2 | 1300 – 1500 | 202 | 244 | 288 | 333 | 107 | 900 |
| 3 | 1500 – 1700 | 215 | 260 | 307 | 355 | 114 | 950 |
| 4 | 1700 – 1900 | 228 | 276 | 326 | 377 | 121 | 1000 |
| 5 | 1900 – 2100 | 241 | 292 | 345 | 399 | 128 | 1050 |
| 6 | 2100 – 2300 | 254 | 308 | 364 | 420 | 135 | 1100 |
| 7 | 2300 – 2500 | 267 | 324 | 382 | 442 | 142 | 1150 |
| 8 | 2500 – 2800 | 282 | 342 | 404 | 467 | 150 | 1200 |
| 9 | 2800 – 3200 | 301 | 365 | 431 | 498 | 160 | 1300 |
| 10 | 3200 – 3600 | 320 | 388 | 458 | 529 | 170 | 1400 |
| 11 | 3600 – 4000 | 339 | 411 | 485 | 560 | 180 | 1500 |
| 12 | 4000 – 4400 | 358 | 434 | 512 | 591 | 190 | 1600 |
| 13 | 4400 – 4800 | 376 | 456 | 538 | 622 | 200 | 1700 |
| über 4800 nach den Umständen des Falles | | | | | | | |

*Anmerkungen*

Die Tabelle hat keine Gesetzeskraft, sondern stellt eine Richtlinie dar. Sie weist monatliche Unterhaltsrichtsätze aus, bezogen auf einen gegenüber einem Ehegatten und zwei Kindern Unterhaltspflichtigen.

Bei einer größeren/geringeren Anzahl Unterhaltsberechtigter sind *Ab- oder Zuschläge* durch Einstufung in niedrigere/höhere Gruppen angemessen. Anmerkung 6 ist zu beachten. Zur Deckung des notwendigen Mindestbedarfs aller Beteiligten – einschließlich des Ehegatten – ist gegebenenfalls eine Herabstufung bis in die unterste Tabellengruppe vorzunehmen. Reicht das verfügbare Einkommen auch dann nicht aus, erfolgt eine Mangelberechnung nach Abschnitt C.

Die Richtsätze der 1. Einkommensgruppe entsprechen dem *Regelbetrag in Euro* nach der Regelbetrag-VO für den Westteil der Bundesrepublik in der ab 01.01.2002 geltenden Fassung. Der Vomhundertsatz drückt die Steigerung des Richtsatzes der jeweiligen Einkommensgruppe gegenüber dem Regelbetrag (= 1. Einkommensgruppe) aus. Die durch Multiplikation des Regelbetrages mit dem Vomhundertsatz errechneten Richtsätze sind entsprechend § 1612 a Abs. 2 BGB aufgerundet.

*Berufsbedingte Aufwendungen,* die sich von den privaten Lebenshaltungskosten nach objektiven Merkmalen eindeutig abgrenzen lassen, sind vom Einkommen abzuziehen, wobei bei entsprechenden Anhaltspunkten eine Pauschale von 5 % des Nettoeinkommens – mindestens 50 €, bei geringfügiger Teilzeitarbeit auch weniger, und höchstens 150 € monatlich – geschätzt werden kann. Übersteigen die berufsbedingten Aufwendungen die Pauschale, sind sie insgesamt nachzuweisen.

Berücksichtigungsfähige *Schulden* sind in der Regel vom Einkommen abzuziehen.

Der notwendige Eigenbedarf (Selbstbehalt)

- gegenüber minderjährigen unverheirateten Kindern,
- gegenüber volljährigen unverheirateten Kindern bis zur Vollendung des 21. Lebensjahres, die im Haushalt der Eltern oder eines Elternteils leben und sich in der allgemeinen Schulausbildung befinden,
- beträgt beim nicht erwerbstätigen Unterhaltspflichtigen monatlich 730 €, beim erwerbstätigen Unterhaltspflichtigen monatlich 840 €. Hierin sind bis 360 € für Unterkunft einschließlich umlagefähiger Nebenkosten und Heizung (Warmmiete) enthalten. Der Selbstbehalt kann angemessen erhöht werden, wenn dieser Betrag im Einzelfall erheblich überschritten wird und dies nicht vermeidbar ist.

Der *angemessene Eigenbedarf*, insbesondere gegenüber anderen volljährigen Kindern, beträgt in der Regel mindestens monatlich 1000 €. Darin ist eine Warmmiete bis 440 € enthalten.

Der *Bedarfskontrollbetrag* des Unterhaltspflichtigen ab Gruppe 2 ist nicht identisch mit dem Eigenbedarf. Er soll eine ausgewogene Verteilung des Einkommens zwischen dem Unterhaltspflichtigen und den unterhaltsberechtigten Kindern gewährleisten. Wird er unter Berücksichtigung auch des Ehegattenunterhalts (vgl. auch B V und VI) unterschritten, ist der Tabellenbetrag der nächst niedrigeren Gruppe, deren Bedarfskontrollbetrag nicht unterschritten wird, anzusetzen.

Bei *volljährigen Kindern*, die noch im Haushalt der Eltern oder eines Elternteils wohnen, bemisst sich der Unterhalt nach der 4. Altersstufe der Tabelle.

Der angemessene Gesamtunterhaltsbedarf eines *Studierenden*, der nicht bei seinen Eltern oder einem Elternteil wohnt, beträgt in der Regel monatlich 600 €. Dieser Bedarfssatz kann auch für ein Kind mit eigenem Haushalt angesetzt werden.

Die *Ausbildungsvergütung* eines in der Berufsausbildung stehenden Kindes, das im Haushalt der Eltern oder eines Elternteils wohnt, ist vor ihrer Anrechnung in der Regel um einen ausbildungsbedingten Mehrbedarf von monatlich 85 € zu kürzen. In den Unterhaltsbeträgen (Anmerkungen 1 und 7) sind *Beiträge zur Kranken- und Pflegeversicherung* nicht enthalten.

Das auf das jeweilige Kind entfallende *Kindergeld* ist nach § 1612 b Abs. 1 BGB grundsätzlich zur Hälfte auf den Tabelleunterhalt anzurechnen. Die Anrechnung des Kindergeldes unterbleibt, soweit der Unterhaltspflichtige außerstande ist, Unterhalt in Höhe von 135% des Regelbetrages (vgl. Abschnitt A Anm. 2) zu leisten, soweit das Kind also nicht wenigstens den Richtsatz der 6. Einkommensgruppe abzüglich des hälftigen Kindergeldes erhält (§ 1612 b Abs. 5 BGB). Das bis zur Einkommensgruppe 6 anzurechnende Kindergeld kann nach folgender Formel berechnet werden: Anrechnungsbetrag = 1/2 des Kindergeldes + Richtsatz der jeweiligen Einkommensgruppe – Richtsatz der 6. Einkommensgruppe (135% des Regelbetrages). Bei einem Negativsaldo entfällt die Anrechnung. Die Einzelheiten ergeben sich aus der Anlage zu dieser

Tabelle, die nach Bekanntgabe der ab 01.01.2002 geltenden Kindergeldsätze veröffentlicht werden wird.

## B. Ehegattenunterhalt

### I. Monatliche Unterhaltsrichtsätze des berechtigten Ehegatten ohne unterhaltsberechtigte Kinder (§§ 1361, 1569, 1578, 1581 BGB)

1. gegen einen erwerbstätigen Unterhaltspflichtigen:

a) wenn der Berechtigte kein Einkommen hat:

3/7 des anrechenbaren Erwerbseinkommens zuzüglich 1/2 der anrechenbaren sonstigen Einkünfte des Pflichtigen, nach oben begrenzt durch den vollen Unterhalt, gemessen an den zu berücksichtigenden ehelichen Verhältnissen;

b) wenn der Berechtigte ebenfalls Einkommen hat:

aa) Doppelverdienerehe:

3/7 der Differenz zwischen den anrechenbaren Erwerbseinkommen der Ehegatten, insgesamt begrenzt durch den vollen ehelichen Bedarf; für sonstige anrechenbare Einkünfte gilt der Halbteilungsgrundsatz;

bb) Alleinverdienerehe:

Unterschiedsbetrag zwischen dem vollen ehelichen Bedarf und dem anrechenbaren Einkommen des Berechtigten, wobei Erwerbseinkommen um 1/7 zu kürzen ist; der Unterhaltsanspruch darf jedoch nicht höher sein als bei einer Berechnung nach aa);

c) wenn der Berechtigte erwerbstätig ist, obwohl ihn keine Erwerbsobliegenheit trifft:

gemäß § 1577 Abs. 2 BGB;

2. gegen einen nicht erwerbstätigen Unterhaltspflichtigen (z.B. Rentner):

wie zu 1 a, b oder c, jedoch 50 %.

## II. Fortgeltung früheren Rechts

1. Monatliche Unterhaltsrichtsätze des nach dem Ehegesetz berechtigten Ehegatten *ohne unterhaltsberechtigte Kinder*:

a) §§ 58, 59 EheG:in der Regel wie I,

b) § 60 EheG:in der Regel 1/2 des Unterhalts zu I,

c) § 61 EheG:nach Billigkeit bis zu den Sätzen I.

2. Bei Ehegatten, die vor dem 03.10.1990 in der früheren DDR geschieden worden sind, ist das DDR-FGB in Verbindung mit dem Einigungsvertrag zu berücksichtigen (Art. 234 § 5 EG-BGB).

## III. Monatliche Unterhaltsrichtsätze des berechtigten Ehegatten, wenn die ehelichen Lebensverhältnisse durch Unterhaltspflichten gegenüber Kindern geprägt werden

Wie zu I bzw. II 1, jedoch wird grundsätzlich der Kindesunterhalt (Tabellenbetrag ohne Abzug von Kindergeld) vorab vom Nettoeinkommen abgezogen.

## IV. Monatlicher notwendiger Eigenbedarf (Selbstbehalt) gegenüber dem getrennt lebenden und dem geschiedenen Berechtigten:

| | | |
|---|---|---|
| 1. | wenn der Unterhaltspflichtige *erwerbstätig* ist: | 840 € |
| 2. | wenn der Unterhaltspflichtige *nicht erwerbstätig* ist: | 730 € |

Dem geschiedenen Unterhaltspflichtigen ist nach Maßgabe des § 1581 BGB u.U. ein höherer Betrag zu belassen.

### V. Monatlicher notwendiger Eigenbedarf (Existenzminimum) des unterhaltsberechtigten Ehegatten einschließlich des trennungsbedingten Mehrbedarfs in der Regel:

1. falls erwerbstätig: 840 €

2. falls nicht erwerbstätig: 730 €

### VI. Monatlicher notwendiger Eigenbedarf (Existenzminimum) des Ehegatten, der in einem gemeinsamen Haushalt mit dem Unterhaltspflichtigen lebt:

1. falls erwerbstätig: 615 €

2. falls nicht erwerbstätig: 535 €

*Anmerkung zu I-III*:

Hinsichtlich *berufsbedingter Aufwendungen* und *berücksichtigungsfähiger Schulden* gelten Anmerkungen A. 3 und 4 – auch für den erwerbstätigen Unterhaltsberechtigten – entsprechend. Diejenigen berufsbedingten Aufwendungen, die sich nicht nach objektiven Merkmalen eindeutig von den privaten Lebenshaltungskosten abgrenzen lassen, sind pauschal im Erwerbstätigenbonus von 1/7 enthalten.

## C. Mangelfälle

Reicht das Einkommen zur Deckung des Bedarfs des Unterhaltspflichtigen und der gleichrangigen Unterhaltsberechtigten nicht aus (sog. Mangelfälle), ist die nach Abzug des notwendigen Eigenbedarfs (Selbstbehalts) des Unterhaltspflichtigen verbleibende Verteilungsmasse auf die Unterhaltsberechtigten im Verhältnis ihrer jeweiligen Bedarfssätze gleichmäßig zu verteilen.

Der Einsatzbetrag für den *Kindesunterhalt* entspricht in der Regel dem Regelbetrag (= 1. Einkommensgruppe), da der Bedarfskontrollbetrag einer höheren Gruppe nicht gewahrt ist. Soweit abweichend hiervon ein Mindestbedarf in Höhe von 135% des Regelbetrages bejaht wird, entspricht der Einsatzbetrag für den Kindesunterhalt in der Regel dem Richtsatz der 6. Einkommensgruppe.

Der Einsatzbetrag für den *Ehegattenunterhalt* wird mit einer Quote des Einkommens des Unterhaltspflichtigen angenommen. Trennungsbedingter Mehrbedarf kommt ggf. hinzu. Der Erwerbstätigenbonus von 1/7 kann ermäßigt werden (BGH FamRZ 1997, 806) oder entfallen, wenn berufsbedingte Aufwendungen berücksichtigt worden sind (BGH, FamRZ 1992, 539, 541). Der Vorwegabzug des Kindesunterhalts bei der Berechnung des Einsatzbetrages für den Ehegatten kann unterbleiben, wenn sich daraus ein Missverhältnis zum wechselseitigen Bedarf der Beteiligten ergibt (BGH FamRZ 1999, 367, 368).

*Beispiel*:
Bereinigtes Nettoeinkommen des Unterhaltspflichtigen (V): 1300 €. Drei unterhaltsberechtigte Kinder: K 1 (Schüler, 18 Jahre), K 2 (11 Jahre), K 3 (5 Jahre), die beim wiederverheirateten, nicht leistungsfähigen anderen Elternteil (M) leben. M bezieht das Kindergeld.

Notwendiger Eigenbedarf des V: 840 €

Verteilungsmasse: 1300 € – 840 € = 460 €

Notwendiger Gesamtbedarf der berechtigten
Kinder: 311 € (K 1) + 228 € (K 2) + 188 € (K 3) = 727 €

Unterhalt:

K 1: 311 x 460/727 = 197 €
K 2: 228 x 460/727 = 144 €
K 3: 188 x 460/727 = 119 €

Kindergeld wird nicht angerechnet (§ 1612 b Abs. 5 BGB).

## D. Verwandtenunterhalt und Unterhalt nach § 1615 l BGB

1. *Angemessener Selbstbehalt gegenüber den Eltern*: mindestens monatlich 1250 € (einschließlich 440 € Warmmiete). Der angemessene Unterhalt des mit dem Unterhaltspflichtigen zusammenlebenden Ehegatten beträgt mindestens 950 € (einschließlich 330 € Warmmiete).

2. *Bedarf der Mutter und des Vaters eines nichtehelichen Kindes* (§ 1615 l Abs. 1, 2, 5 BGB): nach der Lebensstellung des betreuenden Elternteils, in der Regel mindestens 730 €, bei Erwerbstätigkeit 840 €.

*Angemessener Selbstbehalt gegenüber der Mutter und dem Vater eines nichtehelichen Kindes* (§§ 1615 l Abs. 3 Satz 1, 5, 1603 Abs. 1 BGB): mindestens monatlich 1000 €.

*Anlage zu Teil A Anm. 10 der Düsseldorfer Tabelle (Euro)*

*Kindergeldanrechnung nach § 1612 b V BGB*

Anrechnung des (hälftigen) Kindergeldes für das 1. bis 3. Kind von je 77 EURO

| | | 1 -5 Jahre | | | 6 – 11 Jahre | | | 12 – 17 Jahre | | |
|---|---|---|---|---|---|---|---|---|---|---|
| Eink. grp. | Vomhundertsatz | Betrag lt. DT | KiG-Anteil | Zahlbetrag | Betrag lt. DT | KiG-Anteil | Zahlbetrag | Betrag lt. DT | KiG-Anteil | Zahlbetrag |
| 1 | 100 | 188 | 11 | 177 | 228 | 0 | 228 | 269 | 0 | 269 |
| 2 | 107 | 202 | 25 | 177 | 244 | 13 | 231 | 288 | 1 | 287 |
| 3 | 114 | 215 | 38 | 177 | 260 | 29 | 231 | 307 | 20 | 287 |
| 4 | 121 | 228 | 51 | 177 | 276 | 45 | 231 | 326 | 39 | 287 |
| 5 | 128 | 241 | 64 | 177 | 292 | 61 | 231 | 345 | 58 | 287 |
| 6 | 135 | 254 | 77 | 177 | 308 | 77 | 231 | 364 | 77 | 287 |

Anrechnung des (hälftigen) Kindergeldes für das 4. Kind von 89,50 EURO

| | | 1 -5 Jahre | | | 6 – 11 Jahre | | | 12 – 17 Jahre | | |
|---|---|---|---|---|---|---|---|---|---|---|
| Eink. grp. | Vom-hun-dert-satz | Betrag lt. DT | KiG-Anteil | Zahl-betrag | Betrag lt. DT | KiG-Anteil | Zahl-betrag | Betrag lt. DT | KiG-Anteil | Zahl-betrag |
| 1 | 100 | 188 | 23,50 | 164,50 | 228 | 9,50 | 218,50 | 269 | 0 | 269,00 |
| 2 | 107 | 202 | 37,50 | 164,50 | 244 | 25,50 | 218,50 | 288 | 13,50 | 274,50 |
| 3 | 114 | 215 | 50,50 | 164,50 | 260 | 41,50 | 218,50 | 307 | 32,50 | 274,50 |
| 4 | 121 | 228 | 63,50 | 164,50 | 276 | 57,50 | 218,50 | 326 | 51,50 | 274,50 |
| 5 | 128 | 241 | 76,50 | 164,50 | 292 | 73,50 | 218,50 | 345 | 70,50 | 274,50 |
| 6 | 135 | 254 | 89,50 | 164,50 | 308 | 89,50 | 218,50 | 364 | 89,50 | 274,50 |

## I. Leitlinien des Oberlandesgerichts Düsseldorf (01.07.1999)

### Unterhaltsrechtliches Einkommen

1. Auszugehen ist vom Jahresbruttoeinkommen einschließlich Weihnachts- und Urlaubsgeld sowie sonstigen Zuwendungen, wie z. T Tantiemen und Gewinnbeteiligungen. Einmalige höhere Zahlungen, wie z. B. Abfindungen oder Jubiläumszuwendungen, sind auf einen angemessenen Zeitraum zu verteilen (in der Regel mehrere Jahre).

2. Überstundenvergütungen werden in der Regel dem Einkommen voll zugerechnet, soweit sie berufsüblich sind oder nur in geringem Umfang anfallen oder wenn der Mindestbedarf minderjähriger Kinder nicht gedeckt ist. Sonst ist die Anrechnung unter Berücksichtigung des Einzelfalls nach Treu und Glauben zu beurteilen.

3. Auslösungen und Spesen sind nach den Umständen des Einzelfalls anzurechnen. Soweit solche Zuwendungen geeignet sind, laufende Lebenshaltungskosten zu ersparen, ist diese Ersparnis in der Regel mit 1/3 des Nettobetrages zu bewerten.

4. Geldwerte Zuwendungen des Arbeitgebers aller Art, z. B. Firmenwagen, freie Kost und Logis, mietgünstige Wohnung, sind hinzuzurechnen, soweit sie entsprechende Eigenaufwendungen ersparen.

5. Bei Selbstständigen ist vom durchschnittlichen Gewinn während eines längeren Zeitraums von in der Regel mindestens drei aufeinanderfolgenden Jahren, möglichst den letzten drei Jahren, auszugehen.

Anstatt auf den Gewinn kann ausnahmsweise auf die Entnahmen abzüglich der Einlagen abgestellt werden, wenn eine zuverlässige Gewinnermittlung nicht möglich oder der Betriebsinhaber unterhaltsrechtlich zur Verwertung seines Vermögens verpflichtet ist.

Steuern und Vorsorgeaufwendungen sind nach Nr. 11a und 12 zu berücksichtigen.

Der Gewinn ist nicht um berufsbedingte Aufwendungen (Nr. 11b) zu kürzen.

6. Einkünfte aus Vermietung und Verpachtung werden durch eine Überschussrechnung ermittelt. Instandhaltungskosten können entsprechend § 28 der Zweiten Berechnungsverordnung pauschaliert werden.

7. Abschreibungen (Absetzung für Abnutzung, AfA) können insoweit anerkannt werden, als dem steuerlich zulässigen Abzug ein tatsächlicher Wertverlust entspricht. Dies ist bei Gebäuden in der Regel nicht der Fall. Zinsen für Kredite, mit denen die absetzbaren Wirtschaftsgüter finanziert werden, mindern den Gewinn. Wenn und soweit die Abschreibung unterhaltsrechtlich anerkannt wird, sind Tilgungsleistungen nicht zu berücksichtigen.

8. Der Wohnvorteil durch mietfreies Wohnen im eigenen Heim ist als wirtschaftliche Nutzung des Vermögens wie Einkommen zu behandeln, wenn sein Wert die Belastungen übersteigt, die unter Berücksichtigung der staatlichen Eigenheimförderung durch die allgemeinen Grundstückskosten und -lasten, durch Annuitäten und durch sonstige verbrauchsunabhängige Kosten entstehen (vgl. BGH, FamRZ 1998, 899,

901). Ob und inwieweit neben den Zinsen auch Tilgungsleistungen berücksichtigt werden können, ist eine Frage des Einzelfalls (vgl. einerseits BGH, FamRZ 1998, 899, 901; andererseits BGH, FamRZ 1998, 87, 88).

Auszugehen ist vom vollen Mietwert. Wenn es nicht möglich oder nicht zumutbar ist, die Wohnung aufzugeben und das Objekt zu vermieten oder zu veräußern, kann statt dessen die ersparte Miete angesetzt werden, die angesichts der wirtschaftlichen Verhältnisse angemessen wäre. Dies kommt insbesondere für die Zeit bis zur Scheidung in Betracht, wenn ein Ehegatte das Eigenheim allein bewohnt.

9. Einkommen sind auch:
- Renten, Pensionen und Kapitaleinkünfte;
- Arbeitslosengeld und Krankengeld;
- Arbeitslosenhilfe beim Verpflichteten, beim Berechtigten nicht, soweit der Unterhaltsanspruch wegen ihrer Gewährung übergeleitet ist oder noch übergeleitet werden kann (vgl. BGH, FamRZ 1987, 456, 458);
- Wohngeld, soweit es nicht erhöhte Wohnkosten abdeckt;
- BAföG-Leistungen (außer Vorausleistungen), auch soweit sie als unverzinsliches Darlehen gewährt werden;
- Erziehungsgeld nur in den Ausnahmefällen des § 9 S. 2 BErzGG;
- Leistungen aus der Pflegeversicherung, Blindengeld, Unfall- und Versorgungsrenten, Schwerbeschädigten- und Pflegezulagen nach Abzug eines Betrages für tatsächliche Mehraufwendungen; bei Sozialleistungen nach § 1610a BGB wird widerlegbar vermutet, dass sie durch Aufwendungen aufgezehrt werden;
- an die Pflegeperson weitergeleitetes Pflegegeld, soweit es deren Leistungen abgilt;
- Einkünfte aus Nebentätigkeit und unzumutbarer Erwerbstätigkeit im Rahmen der Billigkeit (vgl. § 1577 II BGB);
- die Vergütung für die Führung eines Haushalts eines leistungsfähigen Dritten; bei Haushaltsführung durch einen Nichterwerbstätigen kann in der Regel ein Betrag von 600 DM monatlich angesetzt werden.

10. Einkommen sind nicht:
- Sozialhilfe (jedoch kann die Geltendmachung von Unterhalt durch den Hilfeempfänger treuwidrig sein, wenn er

infolge des Ausschlusses des Anspruchsübergangs (vgl. § 91 I S. 3, II S. 1 und 2 BSHG) – insbesondere für die Vergangenheit – durch die Sozialhilfe und den Unterhalt mehr als seinen Bedarf erhalten würde (vgl. BGH, FamRZ 1993, 417, 419));

- Leistungen nach dem Unterhaltsvorschussgesetz;
- Kindergeld;
  Kinderzulagen und Kinderzuschüsse zur Rente; sie sind, wenn die Gewährung des staatlichen Kindergeldes entfällt (§ 65 EStG; § 270 SGBVI), in dessen Höhe wie Kindergeld, im übrigen wie Einkommen zu behandeln (BGH, FamRZ 1981, 28, 29);
- freiwillige Leistungen Dritter (z. B. Geldleistungen, mietfreies Wohnen), es sei denn, dass die Anrechnung dem Willen des Dritten entspricht.

11. Bereinigtes Einkommen:

Vom Bruttoeinkommen sind Steuern, Sozialabgaben und/oder angemessene Vorsorgeaufwendungen abzusetzen (Nettoeinkommen).

Für berufsbedingte Aufwendungen gilt Anm. A 3 der Düsseldorfer Tabelle. Als notwendige Kosten der berufsbedingten Nutzung eines Kraftfahrzeugs können 0,40 DM pro gefahrenen Kilometer (§ 9 III S. 1 ZSEG) angesetzt werden.

Für die Ausbildungsvergütung eines Kindes, das im Haushalt der Eltern oder eines Elternteils wohnt, gilt Anm. A 8 zur Düsseldorfer Tabelle. Lebt das Kind im eigenen Haushalt, ist Anm. A 3 zur Düsseldorfer Tabelle anzuwenden.

Vermögenswirksame Leistungen vermindern das Einkommen nicht. Jedoch sind etwaige Zusatzleistungen des Arbeitgebers für die vermögenswirksame Anlage zu belassen.

Schulden können je nach den Umständen des Einzelfalls (Art, Grund und Zeitpunkt des Entstehens) das anrechenbare Einkommen vermindern. Die Abzahlung soll im Rahmen eines Tilgungsplans in angemessenen Raten erfolgen. Dabei sind die Belange von Unterhaltsgläubiger, Unterhaltsschuldner und Drittgläubigern gegeneinander abzuwägen.

Kinderbetreuungskosten sind abzuziehen, soweit die Betreuung durch Dritte infolge der Berufstätigkeit erforderlich ist. Gegebenenfalls kann ein Betreuungsbonus gewährt werden.

12. Steuerzahlungen, -erstattungen und -nachzahlungen sind in der Regel in dem Jahr, in dem sie anfallen, zu berücksichtigen (In-Prinzip). Grundsätzlich ist jeder gehalten, ihm zustehende Steuervorteile in Anspruch zu nehmen; hierzu gehört auch das Realsplitting. Ob im laufenden Jahr von der Möglichkeit der Eintragung eines Freibetrages Gebrauch zu machen ist, richtet sich nach den Umständen des Einzelfalls.

## B. Kindesunterhalt

13. Der Kindesunterhalt ist der Düsseldorfer Tabelle unter Beachtung des Bedarfskontrollbetrages (Anm. A 6) zu entnehmen.

14. Bei minderjährigen Kindern, die bei einem Elternteil leben, richtet sich die Eingruppierung in die Düsseldorfer Tabelle nach dem anrechenbaren Einkommen des anderen Elternteils.

15. Der betreuende Elternteil braucht in der Regel keinen Barunterhalt für das minderjährige Kind zu leisten, es sei denn, sein Einkommen ist bedeutend höher als das des anderen Elternteils oder dessen angemessener Bedarf (§ 1603 II S. 3 BGB, Anm. A 5 Abs. 2 der Düsseldorfer Tabelle) ist bei Leistung des Barunterhalts gefährdet. Sind, z. B. bei auswärtiger Unterbringung des Kindes, beide Elternteile zum Barunterhalt verpflichtet, haften sie anteilig nach Nr. 19 für den Gesamtbedarf.

16. Der Unterhalt für volljährige Kinder, die noch im Haushalt der Eltern oder eines Elternteils wohnen, richtet sich nach der 4. Altersstufe der Düsseldorfer Tabelle. Dies gilt bis zur Vollendung des 21. Lebensjahres auch für unverheiratete volljährige Kinder, die sich in der allgemeinen Schulausbildung befinden. Ihr Bedarf bemisst sich, falls beide Elternteile leistungsfähig sind, in der Regel nach dem zusammengerechneten Einkommen ohne Höhergruppierung nach Anm. A 1 der Düsseldorfer Tabelle. Für die Haftungsquote gilt Nr. 19. Ein Elternteil hat jedoch höchstens den Unterhalt zu leisten, der sich

allein – unter Berücksichtigung von Anm. A 1 der Düsseldorfer Tabelle – nach seinem Einkommen ergibt.

17. Für ein volljähriges Kind mit eigenem Hausstand gilt Anm. A 7 Abs. 2 der Düsseldorfer Tabelle.

18. Das bereinigte Einkommen des Kindes wird in der Regel in vollem Umfang auf den Bedarf angerechnet. Jedoch ist das Einkommen eines minderjährigen Kindes, das von einem Elternteil betreut wird, nur teilweise, in der Regel zur Hälfte, auf den Barunterhalt anzurechnen; im übrigen kommt es dem betreuenden Elternteil zugute.

19. Sind beide Elternteile barunterhaltspflichtig, bemisst sich die Haftungsquote nach dem Verhältnis ihrer anrechenbaren Einkommen. Diese sind vorab jeweils um vorrangige Unterhaltspflichten und den angemessenen Eigenbedarf nach Anm. A 5 Abs. 2 der Düsseldorfer Tabelle zu kürzen. Sind die Eltern verpflichtet, alle verfügbaren Mittel zum Unterhalt eines minderjährigen unverheirateten oder eines diesem gleichgestellten volljährigen Kindes einzusetzen (§ 1603 II S. 1, 2 BGB), wird ihr Eigenbedarf auf den notwendigen Selbstbehalt (Anm. A 5 Abs. 1 der Düsseldorfer Tabelle) ermäßigt, wenn der Bedarf des Kindes andernfalls nicht gedeckt werden kann.

Der Verteilungsschlüssel kann bei verbleibendem Betreuungsaufwand wertend verändert werden.

20. Der Barunterhaltsanspruch des Kindes gegen den Elternteil, der das Kindergeld nicht bezieht, vermindert sich um die Hälfte des auf dieses Kind entfallenden Kindergeldes.

Der Barunterhaltsanspruch des Kindes gegen den Elternteil, der das Kindergeld bezieht, erhöht sich um die Hälfte des auf dieses Kind entfallenden Kindergeldes.

## C. Ehegattenunterhalt

21. Eine Unterhaltspflicht besteht nur, wenn der berechtigte Ehegatte seinen Bedarf nicht durch eigenes Einkommen decken kann und der Pflichtige leistungsfähig ist.

22. Der Bedarf der Ehegatten richtet sich nach den Einkommens- und Vermögensverhältnissen im Unterhaltszeitraum, soweit diese die ehelichen Lebensverhältnisse nachhaltig geprägt haben.

Einkommensveränderungen während der Trennungszeit sind zu berücksichtigen. Dies gilt jedoch nicht für zusätzliche Einkünfte, die infolge trennungsbedingter Aufnahme oder Ausweitung einer Erwerbstätigkeit erzielt werden, und für Veränderungen, die auf einer vom Normalverlauf erheblich abweichenden Entwicklung beruhen. Als nicht trennungsbedingt kann die Aufnahme oder Ausweitung einer Erwerbstätigkeit angesehen werden, wenn sie auf einem schon vor der Trennung gefassten Lebensplan beruht.

Entwicklungen nach der Scheidung sind zu berücksichtigen, wenn ihr Grund vorher gelegt und mit ihnen bei Scheidung zu rechnen war.

23. Das Einkommen ist um den Tabellenunterhalt für gemeinsame Kinder zu bereinigen. Auch Unterhalt für nachrangige volljährige Kinder ist abzusetzen, wenn den Eheleuten ein angemessener Unterhalt verbleibt. Unterhaltspflichten für nicht gemeinsame Kinder sind zu berücksichtigen, wenn sie die ehelichen Lebensverhältnisse geprägt haben.

Der Fortfall des Kindesunterhalts nach Trennung und Scheidung erhöht in der Regel den Bedarf.

24. Der Bedarf jedes Ehegatten ist grundsätzlich mit der Hälfte des Einkommens beider Ehegatten anzusetzen. Dem erwerbstätigen Ehegatten steht vorab ein Bonus von 1/7 seiner Erwerbseinkünfte als Arbeitsanreiz und zum Ausgleich derjenigen berufsbedingten Aufwendungen zu, die sich nicht nach objektiven Merkmalen eindeutig von den privaten Lebenshaltungskosten abgrenzen lassen.

Der Bonus ist vom Erwerbseinkommen nach Abzug berufsbedingter Aufwendungen, des Kindesunterhalts und berücksichtigungsfähiger Schulden zu errechnen.

25. Der Bedarf des berechtigten Ehegatten beträgt danach 3/7 der Erwerbseinkünfte des anderen Ehegatten und 4/7

der eigenen Erwerbseinkünfte sowie 1/2 des sonstigen Einkommens beider Eheleute. Der Bedarf des Verpflichteten beträgt 4/7 der eigenen Erwerbseinkünfte und 3/7 der Erwerbseinkünfte des anderen Ehegatten sowie 1/2 des sonstigen Einkommens beider Eheleute (Quotenbedarf). Zu berücksichtigen ist nur prägendes Einkommen.

Trennungsbedingte Mehrkosten erhöhen in angemessenem Umfang den Bedarf des Berechtigten oder des Verpflichteten, soweit sie aufgrund des Parteivorbringens festgestellt oder geschätzt werden können. Sofern die Berechnung nach Absatz 1 für den Berechtigten weniger als das Existenzminimum nach B V der Düsseldorfer Tabelle ergibt, wird der trennungsbedingte Mehrbedarf häufig die Differenz ausmachen (§ 287 ZPO; BGH, FamRZ 1987, 266).

Eigenes Einkommen des Berechtigten ist auf den Bedarf anzurechnen. Erwerbseinkommen, das die ehelichen Lebensverhältnisse nicht geprägt hat, ist um 1/7 zu kürzen (vgl. Nr. 24).

26. Die Erwerbsobliegenheit des Ehegatten, der ein oder mehrere minderjährige Kinder betreut, bestimmt sich nach den Umständen des Einzelfalls. Betreut er nur ein Kind, besteht in der Regel keine Verpflichtung, einer Erwerbstätigkeit nachzugehen, wenn das Kind noch nicht acht Jahre alt ist. Nach der Grundschulzeit wird im allgemeinen eine Teilzeitarbeit zumutbar sein. Hat das Kind das 16. Lebensjahr vollendet, kommt eine Vollzeittätigkeit in Betracht.

27. Der Pflichtige ist leistungsfähig, wenn sein Bedarf nach den ehelichen Lebensverhältnissen (Nr. 25) gewahrt bleibt. Wird sein Bedarf durch Leistung des vollen Unterhalts gefährdet, schuldet er Unterhalt nur nach Billigkeit (§ 1361 I S. 1, § 1581 BGB). In jedem Fall muss dem Schuldner der notwendige Selbstbehalt nach B IV der Düsseldorfer Tabelle verbleiben.

Trennungsbedingter Mehrbedarf ist in der Regel nur zu berücksichtigen, wenn der Berechtigte oder der Verpflichtete über zusätzliches nicht prägendes Einkommen verfügt, das die Zahlung des nach dem prägenden Einkommen berechneten Unterhalts sowie des trennungsbedingten Mehrbedarfs erlaubt.

28. Ist der eheangemessene Bedarf des Verpflichteten gefährdet (vgl. Nr. 25, 27), gilt folgendes:

Hat nur der Unterhaltspflichtige Einkommen, so schuldet er in der Regel nicht mehr als 3/7 seiner anrechenbaren Erwerbseinkünfte und 1/2 seines sonstigen Einkommens als Unterhalt.

Verfügen beide Ehegatten über Einkommen, so kommt als Unterhalt 3/7 der Differenz der beiderseitigen anrechenbaren Erwerbseinkünfte und 1/2 der Differenz sonstiger anrechenbarer Einkommen in Betracht (Differenzmethode).

Es kann auch unabhängig von Quoten eine Angemessenheits- und/oder Billigkeitskontrolle vorgenommen werden.

Alter oder Krankheit können auch bei nicht aus Erwerbstätigkeit stammenden Einkünften eine Abweichung von der hälftigen Aufteilung rechtfertigen (vgl. BGH, FamRZ 1990, 981, 982).

Die 3/7- bzw. ½-Grenze gilt nicht für Mangelfälle.

29. Beispiele zur Unterhaltsberechnung:

a) Nur ein Ehegatte hat Einkommen (B ist wegen Krankheit erwerbsunfähig (ohne Einkommen)):

| | |
|---|---|
| Erwerbseinkommen V: | 3.500 DM |
| Ehegattenunterhalt: 3.500 x 3/7 = | 1.500 DM |

b) Beide Ehegatten haben Einkünfte (prägend ist das Einkommen des V):

| | |
|---|---|
| Prägendes Erwerbseinkommen V: | 3.500 DM |
| Nicht prägendes Erwerbseinkommen B: | 1.400 DM |

Unterhalt nach der Anrechnungsmethode:

| | |
|---|---|
| Bedarf B: 3.500 x 3/7 = | 1.500 DM |
| anzurechnen: 1.400 x 6/7 = | 1.200 DM |
| Restbedarf: | 300 DM |

c) Beide Ehegatten haben prägendes Einkommen:

| | |
|---|---|
| Erwerbseinkommen V: | 3.500 DM |
| Erwerbseinkommen B: | 1.400 DM |

Unterhaltsberechnung nach der Quotenbedarfsmethode (Nr. 25):

| | |
|---|---|
| Bedarf B: 3.500 x 3/7 + 1.400 DM x 4/7 = | 2.300 DM |
| anzurechnen: 1.400 x 7/7 = | 1.400 DM |
| Restbedarf: | 900 DM |

Verkürzte Unterhaltsberechnung nach der Differenzmethode:

| | |
|---|---|
| (3.500 – 1.400) x 3/7 = | 900 DM |

Beide Ehegatten haben prägendes Einkommen, B zusätzliche nicht prägende Einkünfte:

| | |
|---|---|
| Prägendes Erwerbseinkommen V: | 3.500 DM |
| Prägendes Erwerbseinkommen B: | 1.050 DM |
| zusätzliches nicht prägendes Erwerbseinkommen B: | 350 DM |

Unterhaltsberechnung nach der Quotenbedarfsmethode (Nr. 25):

| | |
|---|---|
| Bedarf B: 3.500 x 3/7 + 1.050 DM x 4/7 = | 2.100 DM |
| anzurechnen: | |
| prägendes Einkommen B: 1.050 x 7/7 = | 1.050 DM |
| nicht prägendes Einkommen B: 350 x 6/7 = | 300 DM |
| Restbedarf: | 750 DM |

Unterhaltsberechnung nach der Additionsmethode:

| | |
|---|---|
| Bedarf B: 1/2 (3.500 x 6/7 + 1.050 DM 6/7) = | 1.950 DM |
| anzurechnen: | |
| Gesamteinkommen B: 1.400 x 6/7 = | 1.200 DM |
| Restbedarf: | 750 DM |

V hat prägendes, B nicht prägendes Einkommen. Bei B, nicht aber bei V ist trennungsbedingter Mehrbedarf zu berücksichtigen:

| | |
|---|---|
| Prägendes Erwerbseinkommen V: | 3.500 DM |
| Nicht prägendes Erwerbseinkommen B: | 560 DM |

Unterhaltsberechnung nach der Anrechnungsmethode:

| | |
|---|---|
| Bedarf B: 3.500 x 3/7 = | 1.500 DM |
| trennungsbedingter Mehrbedarf B: | 350 DM |
| Gesamtbedarf: | 1.850 DM |
| anzurechnen: 560 x 6/7 = | 480 DM |
| Restbedarf: | 1.370 DM |

V ist leistungsfähig, weil ihm mit 2.130 DM mehr als sein Bedarf von (3.500 x 4/7 =) 2.000 DM verbleibt (vgl. Nr. 25, 27).

30. Verlangt der Berechtigte neben dem Elementarunterhalt für Alter, Krankheit oder Pflegebedürftigkeit Vorsorgeunterhalt, den er aus seinen eigenen Einkünften nicht decken kann, sind grundsätzlich die vom Pflichtigen geschuldeten Beträge wie eigene Vorsorgeaufwendungen (vgl. Nr. 11 a) von seinem Einkommen abzuziehen.

Altersvorsorgeunterhalt wird nicht geschuldet, wenn das Existenzminimum des Berechtigten nicht gesichert ist.

Zur Ermittlung des Altersvorsorgeunterhalts wird zunächst ein vorläufiger Elementarunterhalt nach Nr. 25, 27, 28 bestimmt. Einkünfte des Berechtigten, die zu keiner Altersvorsorge führen, bleiben unberücksichtigt. Hinzu kommt ein Zuschlag entsprechend der jeweils gültigen Bremer Tabelle. Von dieser Bruttobemessungsgrundlage wird mit Hilfe des jeweiligen Beitragssatzes in der gesetzlichen Rentenversicherung (Arbeitgeber- und Arbeitnehmerbeitrag) der Vorsorgeunterhalt errechnet. Dieser wird vom bereinigten Nettoeinkommen des Verpflichteten abgezogen; auf dieser Basis wird der endgültige Elementarunterhalt errechnet.

Die zweistufige Berechnung und der Vorwegabzug des Vorsorgeunterhalts für Alter, Krankheit oder Pflegebedürftigkeit können unterbleiben, wenn und soweit der Verpflichtete über nicht prägendes Einkommen verfügt, das den Mehrbedarf übersteigt, oder wenn und soweit auf den Bedarf nicht prägendes Einkommen des Berechtigten angerechnet wird (vgl. BGH, FamRZ 1999, 372).

## II. Berliner Tabelle (01.01.2002)

Berliner Tabelle ab 1. Januar 2002 als Vortabelle zur Düsseldorfer Tabelle mit den Kindergeldabzugstabellen für das alte Bundesgebiet und für das Beitrittsgebiet

Die Tabelle geht aus von den in Art. 1 § 2 der Zweiten Verordnung zur Änderung der Regelbetrag-Verordnung vom 8. Mai 2001 festgesetzten Euro-Regelbeträgen ab 1. Januar 2002 für das *in Artikel 3 des Einigungsvertrages genannte Gebiet* (BGBl I 2001, 842) und nennt in Ergänzung der *Düsseldorfer Tabelle* (Stand: 1. Januar 2002) die monatlichen Unterhaltsrichtsätze der im Beitrittsteil des Landes Berlin wohnenden unverheirateten Kinder, deren Unterhaltsschuldner gegenüber insgesamt drei Personen (einem Ehegatten und zwei Kindern) unterhaltspflichtig ist und ebenfalls im Beitrittsteil wohnt.

Die Vomhundertsätze Ost ab Gruppe b) sind gemäß § 1612 a Abs. 2 S. 1 BGB zu errechnen (z.B. 254 EUR : 174 EUR = 145,9 %). Die 135 %-Grenze Ost für die Kindergeldanrechnung nach § 1612 b Abs. 5 BGB beträgt in den drei Altersstufen 235 EUR bzw. 285 EUR bzw. 337 EUR. Die 150 %-Grenze Ost für das Vereinfachte Verfahren (§ 645 Abs. 1 ZPO) beläuft sich in den drei Altersstufen auf 261 EUR bzw. 317 EUR bzw. 374 EUR.

**Berliner Tabelle**

| **Altersstufen in Jahren** (Der Regelbetrag einer höheren Altersstufe ist ab Beginn des Monats maßgebend, in den der 6. bzw. 12. Geburtstag fällt.) | | **0–5** (Geburt bis 6. Geburtstag) | **6–11** (6. bis 12. Geburtstag) | **12–17 [–20*]** (12. bis 18. Geburtstag) *[18. bis 21. Geburtstag, wenn noch in der allg. Ausbildung und im Elternhaus lebend] | **Vom-hundertsatz Ost** | **Vom-hundertsatz West** |
|---|---|---|---|---|---|---|
| Nettoeinkommen des Barunterhaltspflichtigen in Euro | | | | | | |
| Gruppe | | | | | | |
| a) | bis 1000 | 174 | 211 | 249 | 174 | |
| b) | 1000 – 1150 | 181 | 220 | 259 | | |
| | ab 1150 | wie in Düsseldorfer Tabelle (aber ohne 4. Altersstufe und ohne Bedarfskontrollbetrag) | | | | |
| Gruppe | | | | | | |
| 1 | bis 1300 | 188 | 228 | 269 | | 100 |
| 2 | 1300 – 1500 | 202 | 244 | 288 | | 107 |
| 3 | 1500 – 1700 | 215 | 260 | 307 | | 114 |
| 4 | 1700 – 1900 | 228 | 276 | 326 | | 121 |
| 5 | 1900 – 2100 | 241 | 292 | 345 | | 128 |
| 6 | 2100 – 2300 | 254 | 308 | 364 | | 135 |
| 7 | 2300 – 2500 | 267 | 324 | 382 | | 142 |
| 8 | 2500 – 2800 | 282 | 342 | 404 | | 150 |
| 9 | 2800 – 3200 | 301 | 365 | 431 | | 160 |
| 10 | 3200 – 3600 | 320 | 388 | 458 | | 170 |
| 11 | 3600 – 4000 | 339 | 411 | 485 | | 180 |
| 12 | 4000 – 4400 | 358 | 434 | 512 | | 190 |
| 13 | 4400 – 4800 | 376 | 456 | 538 | | 200 |
| | über 4800 | nach den Umständen des Falles | | | | |

## Anmerkungen zur Berliner Tabelle:

| | | | |
|---|---|---|---|
| I. | Der monatliche Selbstbehalt des Unterhaltspflichtigen beträgt gegenüber minderjährigen Kindern und gleichgestellten vollj. Schülern (s. o.*) | – | (West) |
| | 1. wenn der Unterhaltspflichtige erwerbstätig ist: | 775 EUR | (840 EUR) |
| | 2. wenn der Unterhaltspflichtige nicht erwerbstätig ist: | 675 EUR | (730 EUR) |
| II. | Der monatliche *Selbstbehalt* des Unterhaltspflichtigen beträgt gegenüber *volljährigen Kindern* | – | – |
| | 1. wenn der Unterhaltspflichtige erwerbstätig ist: | 925 EUR | (1000 EUR) |
| | 2. wenn der Unterhaltspflichtige nicht erwerbstätig ist: | 825 EUR | (890 EUR) |
| III. | Der monatliche *Selbstbehalt* des Unterhaltspflichtigen beträgt gegenüber dem *getrenntlebenden* und dem *geschiedenen Ehegatten* | – | – |
| | 1. wenn der Unterhaltspflichtige erwerbstätig ist: | 880 EUR | (950 EUR) |
| | 2. wenn der Unterhaltspflichtige nicht erwerbstätig ist: | 775 EUR | (840 EUR) |
| IV. | Der angemessene *Bedarf* (samt Wohnbedarfs und üblicher berufsbedingter Aufwendungen, aber ohne Beiträge zur Kranken- und Pflegeversicherung) eines *volljährigen Kindes,* welches nicht gemäß § 1603 Abs. 2 S. 2 BGB gleichgestellt ist, beträgt in der Regel monatlich: | 555 EUR | (600 EUR) |
| V. | Der angemessene *Selbstbehalt* des Unterhaltspflichtigen gegenüber *seinen Eltern* beträgt mindestens monatlich: | 1155 EUR | (1250 EUR) |
| VI. | Der angemessene *Selbstbehalt* des Unterhaltspflichtigen gegenüber der *Mutter* oder dem *Vater* (§ 1615 l BGB) beträgt mindestens monatlich: | 925 EUR | (1000 EUR) |

Die *Berliner Tabelle als Vortabelle zur Düsseldorfer Tabelle* ist anzuwenden, wenn sowohl der Unterhaltsgläubiger als auch der Unterhaltsschuldner im Beitrittsgebiet wohnen. Sie ist nur differenziert anzuwenden in den sog. Ost-West-Fällen, in denen nicht alle Beteiligten im Beitrittsgebiet wohnen. In diesen Mischfällen ist wegen der Regelbeträge der Kinder nach Gruppe a oder Gruppe 1 und wegen des Bedarfs laut Anmerkung IV auf den Kindeswohnsitz und wegen des Selbstbehalts des Unterhaltspflichtigen auf dessen Wohnsitz abzustellen. Die Bestimmung eines höheren Unterhaltsbedarfs des Kindes richtet sich – ohne einen Abschlag von den Sätzen der Tabelle – nach den allgemeinen Grundsätzen. Der besseren Übersicht halber sind oben in Klammern die West-Beträge der Düsseldorfer Tabelle bzw. bei den Anmerkungen II und III die West-Beträge des Kammergerichts genannt.

Die grundsätzlich hälftige Anrechnung von Kindergeld auf den Tabellenunterhalt erfolgt nur noch insoweit, als das hälftige Kindergeld zusammen mit dem geschuldeten Tabellenbedarfsbetrag der Düsseldorfer Tabelle (DT) bzw. der Berliner Tabelle (BT) den jeweils geltenden 135 %igen Regelbetrag (das Barexistenzminimum des minderjährigen Kindes) übersteigt (§ 1612 b Abs. 1 und 5 BGB). Der Kindergeldabzug kann mit folgender Formel berechnet werden:

Hälftiges Kindergeld (dieses beträgt nach dem Stand vom 15. Mai 2001 70 EUR für das 1. und 2. Kind, 77 EUR für das 3. Kind, 90 EUR für das 4. und jedes weitere Kind) + Unterhaltsbedarfsbetrag – 135 %iger Regelbetrag West bzw. Ost (nach dem Wohnsitz des Kindes und seiner Altersstufe) = anzurechnendes Kindergeld (bei einem Negativsaldo entfällt die Anrechnung).

Daraus ergibt sich als Anlage zur Berliner Tabelle die folgende Kindergeldabzugstabelle (Tabellenbedarfsbetrag – Kindergeldabzug = Zahlbetrag) für das alte Bundesgebiet bis zur Gruppe 6 der DT (135 %-Grenze West):

| *Kind* | *Gruppe der DT* | *1. Altersstufe* | *2. Altersstufe* | *3. Altersstufe* |
|---|---|---|---|---|
| 1. bis 3. Kind | 1 [bis 1300] | 188 – 11 = 177 | 228 – 0 = 228 | 269 – 0 = 269 |
| ab 4. Kind | 1 | 188 – 23,50 = 164,50 | 228 – 9,50 = 218,50 | 269 – 0 = 269 |
| 1. bis 3. Kind | 2 [1300 – 1500] | 202 – 25 = 177 | 244 – 13 = 231 | 288 – 1 = 287 |
| ab 4. Kind | 2 | 202 – 37,50 = 164,50 | 244 – 25,50 = 218,50 | 288 – 13,50 = 274,50 |
| 1. bis 3. Kind | 3 [1500 – 1700] | 215 – 38 = 177 | 260 – 29 = 231 | 307 – 20 = 287 |
| ab 4. Kind | 3 | 215 – 50,50 = 164,50 | 260 – 41,50 = 218,50 | 307 – 32,50 = 274,50 |
| 1. bis 3. Kind | 4 [1700 – 1900] | 228 – 51 = 177 | 276 – 45 = 231 | 326 – 39 = 287 |
| ab 4. Kind | 4 | 228 – 63,50 = 164,50 | 276 – 57,50 = 218,50 | 326 – 51,50 = 274,50 |
| 1. bis 3. Kind | 5 [1900 – 2100] | 241 – 64 = 177 | 292 – 61 = 231 | 345 – 58 = 287 |
| ab 4. Kind | 5 | 241 – 76,50 = 164,50 | 292 – 73,50 = 218,50 | 345 – 70,50 = 274,50 |
| 1. bis 3. Kind | 6 [2100 – 2300] | 254 – 77 = 177 | 308 – 77 = 231 | 364 – 77 = 287 |
| ab 4. Kind | 6 | 254 – 89,50 = 164,50 | 308 – 89,50 = 218,50 | 364 – 89,50 = 274,50 |

Die Kindergeldabzugstabelle für das Beitrittsgebiet bis zur 135 %-Grenze Ost als Anlage zur Berliner Tabelle ist:

| *Kind* | *Gruppe der BT* | *1. Altersstufe* | *2. Altersstufe* | *3. Altersstufe* |
|---|---|---|---|---|
| 1. bis 3. Kind | a) [bis 1000] | 174 – 16 = 158 | 211 – 3 = 208 | 249 – 0 = 249 |
| ab 4. Kind | a) | 174 – 28,50 = 145,50 | 211 – 15,50 = 195,50 | 249 – 1,50 = 247,50 |
| 1. bis 3. Kind | b) [1000 – 1150] | 181 – 23 = 158 | 220 – 12 = 208 | 259 – 0 = 259 |
| ab 4. Kind | b) | 181 – 35,50 = 145,50 | 220 – 24,50 = 195,50 | 259 – 11,50 = 247,50 |
| 1. bis 3. Kind | 1 [bis 1300] | 188 – 30 = 158 | 228 – 20 = 208 | 269 – 9 = 260 |
| ab 4. Kind | 1 | 188 – 42,50 = 145,50 | 228 – 32,50 = 195,50 | 269 – 21,50 = 247,50 |
| 1. bis 3. Kind | 2 [1300 – 1500] | 202 – 44 = 158 | 244 – 36 = 208 | 288 – 28 = 260 |
| ab 4. Kind | 2 | 202 – 56,50 = 145,50 | 244 – 48,50 = 195,50 | 288 – 40,50 = 247,50 |
| 1. bis 3. Kind | 3 [1500 – 1700] | 215 – 57 = 158 | 260 – 52 = 208 | 307 – 47 = 260 |
| ab 4. Kind | 3 | 215 – 69,50 = 145,50 | 260 – 64,50 = 195,50 | 307 – 59,50 = 247,50 |
| 1. bis 3. Kind | 4 [1700 – 1900] | 228 – 70 = 158 | 276 – 68 = 208 | 326 – 66 = 260 |
| ab 4. Kind | 4 | 228 – 82,50 = 145,50 | 276 – 80,50 = 195,50 | 326 – 78,50 = 247,50 |
| 1. bis 3. Kind | 135 %-Grenze Ost | 235 – 77 = 158 | 285 – 77 = 208 | 337 – 77 = 260 |
| ab 4. Kind | 135 %-Grenze Ost | 235 – 89,50 = 145,50 | 285 – 89,50 = 195,50 | 337 – 89,50 – 247,50 |

## III. Unterhaltsrechtliche Leitlinien der Familiensenate in Süddeutschland (01.01.2002)

– Oberlandesgerichte Bamberg, Karlsruhe, München, Nürnberg, Stuttgart und Zweibrücken –

Stand 1.1.2002

Die Familiensenate der Süddeutschen Oberlandesgerichte verwenden diese Leitlinien als Orientierungshilfe für den Regelfall unter Beachtung der Rechtsprechung des BGH, wobei die Angemessenheit des Ergebnisses in jedem Fall zu überprüfen ist.

Das Tabellenwerk der Düsseldorfer Tabelle ist eingearbeitet. Die Erläuterungen werden durch nachfolgende Leitlinien ersetzt.

### I. Unterhaltsrechtliches Einkommen

Bei der Ermittlung und Zurechnung von Einkommen ist stets zu unterscheiden, ob es um Verwandten- oder Ehegattenunterhalt sowie ob es um Bedarfsbemessung einerseits oder Feststellung der Bedürftigkeit/Leistungsfähigkeit andererseits geht.

Das unterhaltsrechtliche Einkommen ist nicht immer identisch mit dem steuerrechtlichen Einkommen.

Einkommen können auch aufgrund einer unterhaltsrechtlichen Obliegenheit erzielbare Einkünfte sein (fiktives Einkommen).

#### 1. Geldeinkünfte

a) Auszugehen ist vom Bruttoeinkommen als Summe aller Einkünfte einschließlich Weihnachts- und Urlaubsgeld sowie anderer Zulagen.

b) Soweit Leistungen nicht monatlich anfallen, werden sie auf ein Jahr umgelegt. Einmalige Zahlungen (z.B. Abfindungen) sind auf einen angemessenen Zeitraum (in der Regel mehrere Jahre) zu verteilen.

c) Überstundenvergütungen werden dem Einkommen voll zugerechnet, soweit sie berufstypisch sind und das in diesem Beruf übliche Maß nicht überschreiten.

d) Ersatz für Spesen und Reisekosten sowie Auslösungen gelten in der Regel als Einkommen. Damit zusammenhängende Aufwendungen, vermindert um häusliche Ersparnis. sind jedoch abzuziehen. Bei Aufwendungspauschalen (außer Kilometergeld) kann 1/3 als Einkommen angesetzt werden.

e) Bei Ermittlung des zukünftigen Einkommen eines Selbstständigen ist in der Regel der Gewinn der letzten drei Jahre zugrunde zu legen

## 2. Zum Einkommen gehören auch:

a) Arbeitslosengeld und Krankengeld,

b) Arbeitslosenhilfe beim Verpflichteten, beim Berechtigten nur, soweit der Unterhaltsanspruch nicht mehr übergeleitet werden kann oder feststeht, dass er nicht übergeleitet werden wird.

c) Wohngeld, soweit es nicht erhöhte Wohnkosten deckt,

d) BAföG-Leistungen, auch soweit sie als Darlehen gewährt werden, mit Ausnahme von Vorausleistungen nach §§ 36, 37 BAföG,

e) Erziehungsgeld nur in den Ausnahmefällen des § 9 S.2 BErzGG,

f) Leistungen aus der Pflegeversicherung, Blindengeld, Unfall- und Versorgungsrenten, Schwerbeschädigten- und Pflegezulagen nach Abzug eines Betrags für tatsächliche Mehraufwendungen; § 1610a BGB ist zu beachten,

g) der Anteil des Pflegegelds bei der Pflegeperson, durch den ihre Bemühungen abgegolten werden; bei Pflegegeld aus der Pflegeversicherung gilt dies nach Maßgabe des § 13 VI SGB XI.

3. **Geldwerte Zuwendungen aller Art** des Arbeitgebers, z.B. Firmenwagen oder freie Kost und Logis, sind Einkommen, soweit sie entsprechende Eigenaufwendungen ersparen.

## 4. Wohnwert

Der Wohnvorteil durch mietfreies Wohnen im eigenen Heim ist als wirtschaftliche Nutzung des Vermögens unterhaltsrechtlich wie Einkommen zu behandeln. Neben dem Wohnwert sind auch Zahlungen nach dem Eigenheimzulagengesetz anzusetzen.

Ein Wohnvorteil liegt nur vor, soweit der Wohnwert den berück-sichtigungsfähigen Schuldendienst, erforderliche Instandhaltungskosten und die verbrauchsunabhängigen Kosten, mit denen ein Mieter üblicherweise nicht belastet wird, übersteigt.

Auszugehen ist vom vollen Mietwert. Wenn es nicht möglich oder nicht zumutbar ist, die Wohnung aufzugeben und das Objekt zu vermieten oder zu veräußern, kann statt dessen die ersparte Miete angesetzt werden, die angesichts der wirtschaftlichen Verhältnisse angemessen wäre. Dies kommt insbesondere für die Zeit bis zur Scheidung in Betracht, wenn ein Ehegatte das Eigenheim allein bewohnt.

5. **Einkommen aus unzumutbarer Erwerbstätigkeit** kann nach Billigkeit ganz oder teilweise unberücksichtigt bleiben.

6. **Führt jemand einem leistungsfähigen Dritten den Haushalt**, so ist hierfür ein Einkommen anzusetzen; bei Haushaltsführung durch einen Nichterwerbstätigen geschieht das in der Regel mit einem Betrag von 200 bis 550 EUR.

7. **Freiwillige Zuwendungen Dritter** (z.B. Geldleistungen, kostenloses Wohnen) sind als Einkommen zu berücksichtigen, wenn dies dem Willen des Dritten entspricht.

8. **Kein Einkommen** sind Sozialhilfe und Leistungen nach dem UVG. Die Unterhaltsforderung eines Empfängers dieser Leistungen kann in Ausnahmefällen treuwidrig sein (BGH FamRZ 1999, 843 bzw. 2001, 619).

## 9. Kindergeld

Kindergeld wird nicht zum Einkommen gerechnet. Es wird nach § 1612b BGB ausgeglichen (siehe Verrechnungstabelle im Anhang).

## 10. Bereinigtes Einkommen

a) Vom Bruttoeinkommen sind Steuern, Sozialabgaben und/oder angemessene Vorsorgeaufwendungen abzusetzen (Nettoeinkommen).

b) Berufsbedingte Aufwendungen, die sich von den privaten Lebenshaltungskosten nach objektiven Merkmalen eindeutig abgrenzen lassen, sind im Rahmen des Angemessenen vom Nettoeinkommen aus unselbständiger Arbeit abzuziehen. Bei Vorliegen entsprechender Anhaltspunkte kann eine Pauschale von 5 % des Nettoeinkommens angesetzt werden. Übersteigen die berufsbedingten Aufwendungen diese Pauschale, so sind sie im einzelnen darzulegen.

c) Für die notwendigen Kosten der berufsbedingten Nutzung eines Kraftfahrzeugs kann der nach den Sätzen des § 9 Abs. 3 Nr. 1 ZSEG anzuwendende Betrag (derzeit 0,27 EUR) pro gefahrenen Kilometer angesetzt werden. Damit sind i.d.R. Anschaffungskosten erfasst.

d) Bei einem Auszubildenden sind i.d.R. 85 EUR als ausbildungsbedingter Aufwand abzuziehen.

e) Kinderbetreuungskosten sind abzugsfähig, soweit die Betreuung durch Dritte infolge der Berufstätigkeit erforderlich ist.

f) Berücksichtigungswürdige Schulden (Zins und Tilgung) sind abzuziehen; die Abzahlung soll im Rahmen eines vernünftigen Tilgungsplanes in angemessenen Raten erfolgen.

Bei der Bedarfsermittlung für den Ehegattenunterhalt sind grundsätzlich nur eheprägende Verbindlichkeiten abzusetzen.

Beim Verwandtenunterhalt sowie bei Leistungsfähigkeit/Bedürftigkeit für den Ehegattenunterhalt erfolgt eine Abwägung nach den Umständen des Einzelfalls. Bei der Zumutbarkeitsabwägung sind Interessen des Unterhaltsschuldners, des Drittgläubigers und des Unterhaltsgläubigers, vor allem minderjähriger Kinder, mit zu berücksichtigen.

g) Bei der Prüfung, ob Unterhaltsleistungen vorweg abzuziehen sind (vgl. Nr. 15 d, 16 d), ist zwischen Bedarfsermittlung und Leistungsfähigkeit zu unterscheiden.

h) Vermögensbildende Aufwendungen sind im angemessenen Rahmen abzugsfähig.

## Kindesunterhalt

11. Der Barunterhalt minderjähriger und noch im elterlichen Haushalt lebender volljähriger unverheirateter Kinder bestimmt sich nach den Sätzen der Düsseldorfer Tabelle (vgl. auch Nr. 21). Bei minderjährigen Kindern kann er als Festbetrag oder als Vomhundertsatz des Regelbetrags geltend gemacht werden.

Der Bedarfskontrollbetrag kann berücksichtigt werden. Er soll eine ausgewogene Verteilung des Einkommens zwischen dem Unterhaltspflichtigen und den unterhaltsberechtigten Kindern gewährleisten. Wird er unter Berücksichtigung des Ehegattenunterhalts unterschritten, ist der Tabellenbetrag derjenigen niedrigeren Gruppe anzusetzen, deren Bedarfskontrollbetrag nicht mehr unterschritten wird.

**Düsseldorfer Tabelle: Stand 1.1.2002**

| **Altersstufen in Jahren** (vgl. § 1612a Abs. 3 BGB) | | **0–5** | **6–11** | **12–17** | **ab 18** | **Vomhundertsatz** | **Bedarfskontrollbetrag** |
|---|---|---|---|---|---|---|---|
| Anrechenbares Einkommen des Unterhaltspflichtigen in Euro | | | | | | | |
| 1 | bis 1300 | 188 | 228 | 269 | 311 | 100 | 730/840 |
| 2 | 1300 – 1500 | 202 | 244 | 288 | 333 | 107 | 900 |
| 3 | 1500 – 1700 | 215 | 260 | 307 | 355 | 114 | 950 |
| 4 | 1700 – 1900 | 228 | 276 | 326 | 377 | 121 | 1000 |
| 5 | 1900 – 2100 | 241 | 292 | 345 | 399 | 128 | 1050 |
| 6 | 2100 – 2300 | 254 | 308 | 364 | 420 | 135 | 1100 |
| 7 | 2300 – 2500 | 267 | 324 | 382 | 442 | 142 | 1150 |
| 8 | 2500 – 2800 | 282 | 342 | 404 | 467 | 150 | 1200 |
| 9 | 2800 – 3200 | 301 | 365 | 431 | 498 | 160 | 1300 |
| 10 | 3200 – 3600 | 320 | 388 | 458 | 529 | 170 | 1400 |
| 11 | 3600 – 4000 | 339 | 411 | 485 | 560 | 180 | 1500 |
| 12 | 4000 – 4400 | 358 | 434 | 512 | 591 | 190 | 1600 |
| 13 | 4400 – 4800 | 376 | 456 | 538 | 622 | 200 | 1700 |
| | über 4800 | nach den Umständen des Falles | | | | | |

12. Die Tabellensätze der Düsseldorfer Tabelle enthalten keine Kranken- und Pflegeversicherungsbeiträge für das Kind, wenn dieses nicht in einer gesetzlichen Familienversicherung mitversichert ist. Das Nettoeinkommen des Verpflichteten ist um solche zusätzlich zu zahlenden Versicherungskosten zu bereinigen.

13. Die Tabellensätze sind auf den Fall zugeschnitten, dass der Unterhaltspflichtige einem Ehegatten und zwei Kindern Unterhalt zu gewähren hat. Bei einer größeren oder geringeren Anzahl Unterhaltsberechtigter sind i.d.R. Ab- oder Zuschläge durch Einstufung in eine niedrigere oder höhere Einkommensgruppe vorzunehmen. Durch Abschläge soll der Regelbetrag nicht unterschritten werden.

## 14. Unterhalt Minderjähriger:

a) Der Betreuungsunterhalt i.S. des § 1606 Abs.3 S.2 BGB entspricht wertmäßig in der Regel dem vollen Barunterhalt. Deshalb wird ein Einkommen des Kindes bei beiden Eltern hälftig angerechnet.

b) Der betreuende Elternteil braucht neben dem anderen Elternteil in der Regel keinen Barunterhalt zu leisten, es sei denn, sein Einkommen ist bedeutend höher als das des anderen Elternteils (§ 1606 III 2 BGB), oder der eigene angemessene Unterhalt des sonst allein barunterhaltspflichtigen Elternteils ist gefährdet (§ 1603 II 3 BGB). Im letzteren Fall kann jedoch nach der »Hausmann«-Rechtsprechung eine Haftung in Betracht kommen.

c) Sind bei auswärtiger Unterbringung beide Eltern zum Barunterhalt verpflichtet, haften sie anteilig nach § 1606 Abs. 3 S.1 BGB für den Gesamtbedarf (vgl. 15 d). Der Verteilungsschlüssel kann unter Berücksichtigung des Betreuungsaufwandes wertend verändert werden.

d) Bei Zusatzbedarf (Prozesskostenvorschuss, Mehrbedarf, Sonderbedarf) gilt § 1606 Abs. 3 S.1 BGB (vgl. 15 d).

## 15. Unterhalt Volljähriger:

a) Für volljährige Kinder, die noch im Haushalt der Eltern oder eines Elternteils wohnen, gilt die Altersstufe 4 der Düsseldorfer Tabelle.

Sind beide Elternteile leistungsfähig (vgl. Nr. 20 d), ist der Bedarf des Kindes i.d.R. nach dem zusammengerechneten Einkommen (ohne Anwendung von Nr.13) zu bemessen. Für die Haftungsquote gilt d). Ein Elternteil hat jedoch höchstens den Unterhalt zu leisten, der sich allein aus seinem Einkommen aus der Düsseldorfer Tabelle ergibt.

b) Der angemessene Bedarf eines volljährigen Kindes mit eigenem Hausstand beträgt in der Regel monatlich 600 EUR (ohne Beiträge zur Kranken- und Pflegeversicherung).

Von diesem Betrag kann bei erhöhtem Bedarf oder mit Rücksicht auf die Lebensstellung der Eltern abgewichen werden.

c) Auf den Unterhaltsbedarf werden Einkünfte des Kindes, auch BAföG-Darlehen und Ausbildungsbeihilfen (gekürzt um ausbildungsbedingte Aufwendungen, vgl. Nr. 10d) angerechnet. Bei Einkünften aus unzumutbarer Erwerbstätigkeit gilt § 1577 Abs. 2 BGB entsprechend.

d) Bei anteiliger Barunterhaltspflicht ist vor Berechnung des Haftungsanteils nach § 1606 Abs. 3 S.1 BGB das Nettoeinkommen jedes Elternteils gem. Nr.10 zu ermitteln. Außerdem ist vom Restbetrag ein Sockelbetrag in Höhe des angemessenen Selbstbehalts (1000 EUR/890 EUR) abzuziehen.

Der Haftungsanteil nach § 1606 Abs.3 S.1 BGB errechnet sich nach der Formel:

Bereinigtes Nettoeinkommen eines Elternteils (N1 oder N2) abzüglich 1000 EUR mal (Rest-)Bedarf (R), geteilt durch die Summe der bereinigten Nettoeinkommen beider Eltern (N1 + N2) abzüglich 2000 (= 1000 + 1000) EUR.

Haftungsanteil 1 = (N1 – 1000) x R : (N1 + N2 – 2000).

Der so ermittelte Haftungsanteil ist auf seine Angemessenheit zu überprüfen und kann bei Vorliegen besonderer Umstände (z.B. behindertes Kind) wertend verändert werden.

Bei volljährigen Schülern, die in § 1603 Abs. 2 S. 2 BGB minderjährigen Kindern gleichgestellt sind, wird der Sockelbetrag bis zum notwendigen Selbstbehalt (840 EUR/730 EUR) herabgesetzt, wenn der Bedarf der Kinder andernfalls nicht gedeckt werden kann.

## Ehegattenunterhalt:

### 16. Unterhaltsbedarf:

a) Bei der Bedarfsbemessung darf nur eheprägendes Einkommen berücksichtigt werden. Bei Aufnahme oder Erweiterung einer Erwerbstätigkeit nach Trennung/Scheidung gilt das (Mehr-)Einkommen als prägend (BGH FamRZ 2001, 986).

b) Es gilt der Halbteilungsgrundsatz, wobei jedoch Erwerbseinkünfte nur zu 90 % zu berücksichtigen sind (Abzug von 1/10 Erwerbstätigenbonus vom bereinigten Nettoeinkommen).

Leistet ein Ehegatte auch Unterhalt für ein Kind und hat dies die ehelichen Lebensverhältnisse geprägt, so wird sein Einkommen vor Ermittlung des Erwerbstätigenbonus um diesen Unterhalt (Tabellenbetrag) bereinigt. Erbringt der Verpflichtete sowohl Bar- als auch Betreuungsunterhalt, so gilt Nr. 5 entsprechend (BGH FamRZ 2001, 350).

c) Trennungsbedingter Mehrbedarf kann zusätzlich berücksichtigt werden.

d) Werden Altervorsorge-, Kranken- und Pflegeversicherungskosten vom Berechtigten gesondert geltend gemacht oder vom Verpflichteten bezahlt, sind diese vom dem Einkommen des Pflichtigen vorweg abzuziehen. Der Vorwegabzug unterbleibt, soweit nicht verteilte Mittel zur Verfügung stehen, z.B. durch Anrechnung nicht prägenden Einkommens des Berechtigten auf seinen Bedarf.

## 17. Bedürftigkeit (Restbedarf):

Eigene Einkünfte des Berechtigten sind auf den Bedarf anzurechnen, wobei das bereinigte Nettoerwerbseinkommen um den Erwerbstätigenbonus zu vermindern ist.

## 18. Unterhalt wegen Betreuung eines Kindes:

In der Regel besteht eine Erwerbsobliegenheit des berechtigt betreuenden Ehegatten erst, wenn das jüngste Kind in die dritte Grundschulklasse kommt. Ab Beginn der dritten Grundschulklasse bis zur Vollendung des 15. Lebensjahres des jüngsten Kindes besteht in der Regel eine Obliegenheit zur teilweisen, danach zur vollen Erwerbstätigkeit. Davon kann abgewichen werden, vor allem bei mehreren Kindern oder bei Fortsetzung einer bereits vor Trennung nicht wegen einer Notlage ausgeübten Tätigkeit.

19. In der Regel besteht für den Berechtigten im ersten Jahr nach der Trennung keine Obliegenheit zur Aufnahme oder Ausweitung einer Erwerbstätigkeit.

## Leistungsfähigkeit und Mangelfall

## 20. Selbstbehalt des Verpflichteten:

a) Es ist zu unterscheiden zwischen dem notwendigen (§ 1603 Abs. 2 BGB), dem angemessenen (§ 1603 Abs. 1 BGB)., dem eheangemessenen (§§ 1361 Abs. 1 ,1578 Abs. 1 BGB) sowie dem billigen Selbstbehalt (§ 1581 BGB).

b) **Der notwendige Selbstbehalt** gilt in allen Fällen der Inanspruchnahme als unterste Grenze. Er beträgt

- beim Nichterwerbstätigen 730 EUR
- beim Erwerbstätigen 840 EUR.

c) Für Eltern gegenüber minderjährigen Kindern und diesen nach § 1603 Abs. 2 S. 2 BGB gleichgestellten Kindern gilt im allgemeinen der notwendige Selbstbehalt.

Ist der Unterhaltspflichtigte verheiratet, werden für den mit ihm zusammenlebenden Ehegatten im Regelfall 615 EUR, wenn dieser erwerbstätig ist, ansonsten 535 EUR angesetzt.[3]

d) Im übrigen gilt beim Verwandtenunterhalt der **angemessene Selbstbehalt**. Er beträgt **gegenüber volljährigen Kindern, Enkeln und der Mutter/dem Vater eines nichtehelichen Kindes**

- beim Erwerbstätigen 1000 EUR
- beim Nichterwerbstätigen 890 EUR.

**gegenüber Eltern** beträgt er

- beim Erwerbstätigen 1250 EUR
- beim Nichterwerbstätigen 1130 EUR.

Ist das unterhaltspflichtige Kind verheiratet, werden für den mit ihm zusammenlebenden Ehegatten im Regelfall 950 EUR angesetzt.

e) Der jeweilige Selbstbehalt kann unterschritten werden, wenn der eigene Unterhalt des Pflichtigen ganz oder teilweise durch den Ehegatten gedeckt ist.

f) Gegenüber Ehegatten gilt grundsätzlich der **eheangemessene Selbstbehalt**. Er entspricht dem angemessenen Unterhaltsbedarf des Berechtigten (Nr. 16) zuzüglich des Erwerbstätigenbonus des Unterhaltspflichtigen, darf aber den notwendigen Selbstbehalt nicht unterschreiten. Übersteigt der eheangemessene Selbstbehalt den notwendigen Selbstbehalt und reicht das verfügbare Einkommen zur Deckung der Unterhaltslasten und des eheangemessenen Selbstbehalts nicht aus, braucht der Geschiedene Unterhalt nur nach Billigkeit zu leisten (§ 1581 BGB). Eine Begrenzung auf den notwendigen Selbstbehalt kommt insbesondere bei Betreuung gemeinschaftlicher minderjähriger Kinder in Betracht.

g) Im notwendigen Selbstbehalt (840 EUR / 730 EUR) sind Kosten für Unterkunft und Heizung in Höhe von 360 EUR, im angemessenen Selbstbehalt (1000 EUR / 890 EUR oder 1250 EUR / 1130 EUR) in Höhe von 440 EUR, im Familienbedarf bei Ansprüchen der Eltern gegen verheiratete Kinder (1250 + 950 EUR vgl.d) in Höhe von 770 EUR enthalten. Der Selbstbehalt erhöht sich, wenn konkret eine erhebliche und nach den Umständen nicht vermeidbare Überschreitung dieser Wohnkosten dargelegt ist.

Wird die Wohnung von mehreren Personen genutzt, ist der Wohnkostenanteil des Pflichtigen festzustellen. Bei Erwachsenen geschieht die Aufteilung in der Regel nach Köpfen. Kinder sind vorab mit einem Anteil von 20 % ihres Anspruchs auf Barunterhalt zu berücksichtigen.

Besteht für den Verpflichteten ein Anspruch auf Wohngeld, ist dieser wohnkostenmindernd zu berücksichtigen (vgl. im übrigen Nr. 2c).

## 21. Mangelfälle

Reicht das Einkommen des Verpflichteten zur Deckung seines notwendigen Selbstbehalts und der gleichrangigen Unterhaltsansprüche nicht aus, so bemisst sich der Einsatzbetrag minderjähriger Kinder im Mangelfall entweder

a) nach Gruppe 6 der Düsseldorfer Tabelle als Existenzminimum (OLG Stuttgart),oder

b) nach dem maßgebenden Einkommen des Unterhaltspflichtigen (OLG Bamberg, OLG München, OLG Zweibrücken, OLG Karlsruhe, dieses allerdings gegebenenfalls auch c) oder

c) bei Anwendung des Bedarfskontrollbetrags nach Gruppe 1 der Düsseldorfer Tabelle (OLG Nürnberg).

Der Einsatzbetrag für den getrenntlebenden/geschiedenen Ehegatten entspricht seinem Restbedarf (Nr. 16, 17). Der Vorwegabzug des Kindesunterhalts kann unterbleiben, soweit sich daraus ein Missverhältnis zum wechselseitigen Bedarf der Beteiligten ergibt.

Die nach Abzug des notwendigen Selbstbehalts des Unterhaltspflichtigen verbleibende Verteilungsmasse ist anteilig auf alle gleichrangigen Unterhaltsberechtigten im Verhältnis ihrer Unterhaltsansprüche zu verteilen.

Für einen eheangemessenen oder billigen Selbstbehalt ist nur Raum, wenn der volle Unterhalt der minderjährigen Kinder gewahrt ist.

Für die Kindergeldverrechnung gilt § 1612 b BGB.

Die Kürzung, die dem Vomhundertsatz nach § 1612a Abs. 2 BGB entspricht, berechnet sich nach der Formel:

Vhs = V : S * 100

Der proportional gekürzte Unterhalt ergibt sich aus der Multiplikation des Einsatzbetrags mit dem Vomhundertsatz.

Vhs = Vomhundertsatz

S = Summe der Einsatzbeträge aller Berechtigten

V = Verteilungsmasse (Einkommen des Verpflichteten abzüglich Selbstbehalt).

**Sonstiges:**

22. Der Bedarf nach § 1615 l BGB bemisst sich nach der Lebensstellung des betreuenden Elternteils. Er beträgt mindestens 730 EUR.[4]

23. Unterhaltsvereinbarungen:

Unterhaltsvereinbarungen regeln im Zweifel lediglich den gesetzlichen Unterhalt.

24. Der Unterhaltsbetrag ist auf volle EUR aufzurunden.

## Anhang:

## Kindergeldverrechnungstabelle in EUR

Anrechnung des (hälftigen) Kindergeldes für das 1. bis 3. Kind von je 77 EUR

| *Einkommensgruppe* | *1 – 5 Jahre* | *6 – 11 Jahre* | *12 – 17 Jahre* |
|---|---|---|---|
| 1 = 100 % | 188 – 11 = 177 | 228 – 0 = 228 | 269 – 0 = 269 |
| 2 = 107 % | 202 – 25 = 177 | 244 – 13 = 231 | 288 – 1 = 287 |
| 3 = 114 % | 215 – 38 = 177 | 260 – 29 = 231 | 307 – 20 = 287 |
| 4 = 121 % | 228 – 51 = 177 | 276 – 45 = 231 | 326 – 39 = 287 |
| 5 = 128 % | 241 – 64 = 177 | 292 – 61 = 231 | 345 – 58 = 287 |
| 6 = 135 % | 254 – 77 = 177 | 308 – 77 = 231 | 364 – 77 = 287 |

Anrechnung des (hälftigen) Kindergeldes für das 4. Kind von 89,50 EUR

| *Einkommensgruppe* | *1 – 5 Jahre* | *6 – 11 Jahre* | *12 – 17 Jahre* |
|---|---|---|---|
| 1 = 100 % | 188 – 23,5 = 164,5 | 228 – 9,5 = 218,5 | 269 – 0 = 269 |
| 2 = 107 % | 202 – 37,5 = 164,5 | 244 – 25,5 = 218,5 | 288 – 13,5 = 274,5 |
| 3 = 114 % | 215 – 50,5 = 164,5 | 260 – 41,5 = 218,5 | 307 – 32,5 = 274,5 |
| 4 = 121 % | 228 – 63,5 = 164,5 | 276 – 57,5 = 218,5 | 326 – 51,5 = 274,5 |
| 5 = 128 % | 241 – 76,5 = 164,5 | 292 – 73,5 = 218,5 | 345 – 70,5 = 274,5 |
| 6 = 135 % | 254 – 89,5 = 164,5 | 308 – 89,5 = 218,5 | 364 – 89,5 = 274,5 |

[1] Der 7. Senat des OLG Nürnberg wendet die Leitlinien mit Modifikationen an, die gesondert veröffentlicht werden

[2] OLG Zweibrücken zieht weiterhin 1/7 ab.

[3] Die OLGe Karlsruhe und Zweibrücken setzen den Betrag nach den jeweiligen ehelichen Lebensverhältnissen an

[4] Die OLGe Karlsruhe und Zweibrücken setzen keinen Mindestbetrag an

**Thüringer Tabelle (OLG Jena, 01.01.2002)**

| **Kindesunterhalt**<br>**I. Minderjährige**<br>Bedarf nach Altersstufen in Euro | | bis Vollendung des 6. Lebensjahres (Lbj.)[3] | vom 7. bis Vollendung des 12. Lbj.[3] | vom 13. bis Vollendung des 18. Lbj.[3] | ab 19. Lbj. |
|---|---|---|---|---|---|
| Gruppe | bereinigtes Nettoeinkommen[2] des Unterhaltspflichtigen in Euro | | | | |
| a) | bis 1000 | 174 | 211 | 249 | 174 |
| b) | 1000 – 1150 | 181 | 220 | 259 | |
| c) | ab 1150 | wie in Düsseldorfer Tabelle (aber ohne 4. Altersstufe und ohne Bedarfskontrollbetrag) | | | |
| Gruppe | | | | | |
| 1 | bis 1300 | 188 | 228 | 269 | 310 |
| 2 | 1300 – 1500 | 202 | 244 | 288 | 332 |
| 3 | 1500 – 1700 | 215 | 260 | 307 | 354 |
| 4 | 1700 – 1900 | 228 | 276 | 326 | 376 |
| 5 | 1900 – 2100 | 241 | 292 | 345 | 398 |
| 6 | 2100 – 2300 | 254 | 308 | 364 | 420 |
| 7 | 2300 – 2500 | 267 | 324 | 382 | 440 |
| 8 | 2500 – 2800 | 282 | 342 | 404 | 466 |
| 9 | 2800 – 3200 | 301 | 365 | 431 | 497 |
| 10 | 3200 – 3600 | 320 | 388 | 458 | 528 |
| 11 | 3600 – 4000 | 339 | 411 | 485 | 559 |
| 12 | 4000 – 4400 | 358 | 434 | 512 | 590 |
| 13 | 4400 – 4800 | 376 | 456 | 538 | 620 |
| | über 4800 | nach den Umständen des Falles | | | |

1) vgl. unter D, Anmerkung 2 2) vgl. unter D, Anmerkung 5 3) § 1612a Absatz 3 BGB

## II. Volljährige

1. Der Bedarf eines Volljährigen mit eigenem Hausstand beträgt in der Regel monatlich 550 Euro, soweit sich nicht aus dem zusammengerechneten bereinigten Nettoeinkommen der Eltern unter Anwendung der Tabelle ohne Höherstufung ein höherer Satz ergibt.

2. Für den im Haushalt der Eltern oder eines Elternteils lebenden Volljährigen ohne eigenes Erwerbseinkommen ist der Tabellenbetrag der 4. Altersstufe anzusetzen. Dabei ist von dem zusammengerechneten bereinigten Nettoeinkommen beider Eltern unter Anwendung der Tabelle ohne Höherstufung auszugehen.

3. Erzielt der bei den Eltern oder einem Elternteil lebende Volljährige eigenes Erwerbseinkommen, so ist wegen der sich anbahnenden eigenen Lebensstellung von einem festen Bedarfsbetrag auszugehen, der wegen der wirtschaftlichen Vorteile des Zusammenlebens mit den Eltern oder einem Elternteil auf 460 Euro zu bemessen ist, sofern sich nicht nach Ziffer U. 2 ein höherer Bedarf ergibt.

4. Der Bedarf des Volljährigen umfasst in der Regel den Wohnbedarf und übliche ausbildungsbedingte Aufwendungen. Eigenes Einkommen des Volljährigen ist nach Abzug konkret zu belegender berufsbedingter Aufwendungen anzurechnen.

5. Die Eltern haften anteilig nach ihren Einkommensverhältnissen für den Bedarf des Volljährigen. Vor Bildung der Haftungsquote sind der angemessene Selbstbehalt und der Unterhalt vorrangig Berechtigter vom bereinigten Nettoeinkommen jeden Elternteils abzusetzen. Die Haftung ist auf den Tabellen betrag ohne Höherstufung nach Maßgabe des eigenen Einkommens des Pflichtigen begrenzt.

## B. Ehegattenunterhalt

I. Gegen einen erwerbstätigen Unterhaltspflichtigen:

1. Wenn der Berechtigte kein eigenes Einkommen hat, 3/7 des bereinigten Nettoeinkommens zuzüglich 1/2 der anrechenbaren sonstigen Einkünfte des Verpflichteten.

2. Wenn der Berechtigte eigenes Einkommen hat, 3/7 der Differenz zwischen den anrechenbaren Nettoeinkommen BGB der (geschiedenen) Ehegatten bzw. 1/2 der anrechenbaren sonstigen Einkünfte, jeweils begrenzt durch den vollen Bedarf nach den ehelichen Lebensverhältnissen (§ 1578 BGB).

3. Maßgeblich sind jeweils die die ehelichen Lebensverhältnisse prägenden Einkünfte der (geschiedenen) Ehegatten. Verfügt der Berechtigte über die ehelichen Lebensverhältnisse nicht prägendes eigenes Einkommen, so kommt die sog. Anrechnungsmethode zur Anwendung. Hierbei wird das Erwerbseinkommen des Berechtigten mit 6/7 angerechnet.

II. Gegen einen nichterwerbstätigen Unterhaltspflichtigen: (z.B. Rentner, Pensionär oder einem aus Vermögenseinkünften Verpflichteten) 1/2 der verteilungsfähigen Einkünfte.

III. Der Unterhaltsbedarf (Elementarunterhalt) kann bis zu einem Betrag von 1.840 Euro als Quotenunterhalt ohne Nachweis des tatsächlichen Bedarfs geltend gemacht werden (sog. relative Sättigungsgrenze).

IV. Bei Ehegatten, die vor dem 3.10.1990 in dem Beitrittsgebiet geschieden worden sind, ist das FGB i.V.m. dem Einigungsvertrag zu berücksichtigen (Art. 234 § 5 EGBGB).

## C. Selbstbehalte der im Beitrittsgebiet wohnenden Unterhaltspflichtigen

Der monatliche Selbstbehalt beträgt:

I. gegenüber minderjährigen und gemäß § 1603 Abs. 2 S. 2 BGB privilegierten volljährigen Kindern sowie getrennt lebenden Ehegatten (sog. notwendiger oder kleiner Selbstbehalt):

a) für nicht erwerbstätige Unterhaltspflichtige 650 Euro

b) für erwerbstätige Unterhaltspflichtige 750 Euro

(darin enthalten ist ein Wohnanteil von 235 Euro Warmmiete bzw. 155 Euro Kaltmiete)

2. gegenüber volljährigen Kindern, die nicht gemäß § 1603 Abs. 2 Satz 2 BGB privilegiert sind, und geschiedenen Ehegatten (sog. angemessener oder großer Selbstbehalt):

a) für nicht erwerbstätige Unterhaltspflichtige 800 Euro

b) für erwerbstätige Unterhaltspflichtige 900 Euro
(darin enthalten ist ein Wohnanteil von 290 Euro Warmmiete bzw. 195 Euro Kaltmiete).

Dem geschiedenen Ehegatten ist nach Maßgabe des § 1581 BGB unter Umständen ein höherer Betrag zu belassen.

3. Der angemessene Selbstbehalt des Unterhaltspflichtigen gegenüber seinen Eltern beträgt mindestens monatlich: 1.125 Euro.

4. Der angemessene Selbstbehalt des Unterhaltspflichtigen gegenüber der Mutter oder dem Vater (§ 16151 Abs. 1 BGB) beträgt mindestens monatlich: 900 Euro.

## D. Anmerkungen

1. Die vorliegende Tabelle berücksichtigt die ab 1.1.2002 geltenden Regelbetragssätze (vgl. BGB1.1, S. 842) und die Steigerung der Lebenshaltungskosten in den neuen Bundesländern.

2. Die Tabelle weist monatliche Unterhaltsrichtsätze aus, bezogen auf einen gegenüber einem Ehegatten und zwei Kindern Unterhaltspflichtigen.

Bei einer größeren/geringeren Anzahl Unterhaltsberechtigter können Ab- oder Zuschläge durch Einstufung in niedrigere/höhere Gruppen angemessen sein.

3. a) Die Bedarfssätze der Thüringer Tabelle sind maßgeblich, wenn der Unterhaltsberechtigte in einem neuen Bundesland (einschließlich dem Beitrittsteil des Landes Berlin) wohnt.

b) Die Selbstbehaltssätze richten sich nach den für den Wohnort (Lebensmittelpunkt) des Unterhaltspflichtigen maßgeblichen Verhältnissen.

4. In den Unterhaltsbeträgen für minderjährige und volljährige Kinder sind Krankenkassen- und Pflegeversicherungsbeiträge nicht enthalten.

5. Bei der Bereinigung des Nettoeinkommens sind berufsbedingte Aufwendungen des Unterhaltspflichtigen nur auf konkreten Nachweis absetzbar, da eine pauschalisierende Berücksichtigung schon in der Unterhaltsquote enthalten ist. Eine Schätzung nach § 287 ZPO kann dabei erfolgen.

Nachgewiesene notwendige Fahrtkosten zur und von der Arbeitsstätte werden mit 0,22 Euro pro gefahrenem Kilometer berücksichtigt, wobei in der Regel eine einfache Entfernung von mehr als 40 Kilometern nicht mehr als angemessen angesehen werden kann. Hierin sind Anschaffung-, Reparatur- und sonstige Betriebskosten enthalten.

6. Die in den Selbstbehaltssätzen ausgewiesenen Wohnkosten können im Mangelfall als Maßstab für die Anrechnung mietfreien Wohnens herangezogen werden. Höhere Wohnkosten führen in der Regel nicht zu einer Erhöhung der Selbstbehaltssätze.

7. Die Führung des Haushaltes eines leistungsfähigen Dritten kann dem Nichterwerbstätigen als (fiktives) Einkommen zugerechnet werden. In der Regel kann ein Betrag von 280 Euro monatlich dafür angesetzt werden.

8. Geht ein Ehegatte einer Vollzeittätigkeit nach, obwohl er ein oder mehrere minderjährige Kinder betreut, so kann ihm gegenüber dem anderen Ehegatten wegen der Mehrbelastung ein Betrag in einer Größenordnung bis zu 155 Euro anrechnungsfrei belassen werden. Notwendige höhere Aufwendungen können auf Nachweis berücksichtigt werden.

## Verzeichnis der Musterbriefe und -formulierungen

(Die angegebenen Zahlen bezeichnen die Seiten des Buches)

Antragsvordruck (vereinfachtes Verfahren) 150
Einwendungsvordruck (vereinfachtes Verfahren) 151 ff.
Jugendamtsurkunde über Kindesunterhalt 145f.
Unterhaltsvereinbarung 142 f.
Unterwerfungserklärung zur Vollstreckung 144 f.
Verpflichtungserklärung zum Nachteilsausgleich bei Unterzeichnung der Anlage U zur Steuererklärung 168
Verpflichtungserklärung zur steuerlichen Veranlagung 166

## Stichwortverzeichnis

(Die angegebenen Zahlen bezeichnen die Seiten des Buches)


Abänderung von Unterhaltstiteln 159ff.
- Abänderung eines Titels aus vereinfachten Verfahren 162
- Abänderungsklage 159 ff.
- Beweislast 162
- Einstellung der Zwangsvollstreckung 161
- Erheblichkeitsschwelle 160
- Kindergeldänderung 163
- Zeitpunkt 161
- Zusammenhang mit Vaterschaftsfeststellungklage 162

Auskunftsanspruch zur Einkommensermittlung 59 ff.
- Bezug von Sozialhilfe 59
- gerichtliches Auskunftverlangen 60
- Umfang 59 f.
- Versicherung an Eides statt 61
- verspätete Auskunft 60
- Wiederholung 60

Ehegattenunterhalt 64 ff.

Eigenbedarf (Selbstbehalt) 54 ff.
- angemessener Selbstbehalt 54
- billiger Selbstbehalt 55
- eheangemessener Selbstbehalt 55
- Erhöhung wegen hoher Mietkosten 55
- notwendiger Selbstbehalt 54

Familienunterhalt 65 f.
- Art und Umfang 67 ff.
- Grundlagen des Familienunterhalts 65 f.
- Prozesskostenvorschuss 68 f.
- Taschengeldanspruch 67

Geltendmachung und Durchsetzung von Unterhaltsansprüchen 62, 141 ff.
- außergerichtliche Regelung 142
- bestimmter Klageantrag 155
- Beurkundung durch Jugendamt 145 f.
- familiengerichtliches Verfahren 154 ff.
- Festlegung durch Rechtspfleger 147 ff.
- Jugendamt 141, 145
- Kindesunterhalts 62 f.
- notarielle Beurkundung 144
- Stufenklage 155
- Titel 144
- Unterhalt für die Vergangenheit 156
- Unterhaltsvereinbarung (Muster) 142 f.
- Unterhaltsverzicht 143
- vereinfachtes Verfahren 147 ff.
- Verzug 156
- Vollstreckungsfähigkeit 143
- Vordrucke zum vereinfachten Verfahren 150 ff.
- Vollstreckung 157 f.

Kindergeldanrechnung 56 ff.
- Ausgleichsfunktion 56
- Beispiel 57
- hälftige Anrechnung 56
- Sicherungsfunktion 57
- Tabelle 58

Kindesunterhalt 17 ff.
- allgemeiner Lebensbedarf 22
- Anpassung der Regelbeträge 22

- ausbildungsbedingter Mehrbedarf 31
- Ausbildungsunterhalt 28
- Bedürftigkeit des minderjährigen Kindes 31
- Dynamisierung 21
- Einkünfte des Kindes 31
- Einstufung nach Tabelle 20
- Festbetrag 21
- gehobene Verhältnisse 19
- Grundlagen 17 f.
- Höhe des Kindesunterhalts 18
- Kindergeld 32
- Krankenversicherung 22
- Leistungsfähigkeit der Eltern 35 ff.
- Mehrbedarf 23
- privilegiert volljährige Kinder 25
- Rang 26, 136
- Regelbetrag 21
- Renteneinkünfte 32
- Sonderbedarf, Bespiele 24
- Tabellen und Leitlinien 19, 175 ff.
- Unterhaltsbedarf des minderjährigen Kindes 18
- Unterhaltsbedarf des volljährigen Kindes 25
- unvorhersehbare Zusatzkosten 23
- vorhersehbare Zusatzkosten 23

Lebenspartnerunterhalt 125 ff.
- Allgemeines zur eingetragenen Lebenspartnerschaft 125 f.
- Bedarf 130
- Bedürftigkeit 133
- Begrenzung 133
- Billigkeit 131
- Erwerbstätigkeit 130
- Getrenntleben 128f.
- Internethinweise 135
- Prozesskostenvorschuss 127
- Prozessuales 134
- Rang 134
- Schadenersatz bei Tötung eines Lebenspartners 127
- Taschengeldanspruch 127
- Unterhalt bei intakter Lebenspartnerschaft 126 f.
- Unterhalt nach Aufhebung der Lebenspartnerschaft 132
- Unterhalt nach Trennung der Lebenspartner 128 ff.
- vertragliche Regelung 132
- Verwirkung 133

Leistungsfähigkeit 35 ff.
- Abfindungen 37
- Abschreibungen 47
- Abzugspositionen 47 ff.
- Arbeitseinkommen 36
- Arbeitslosengeld 37
- Arbeitsmittel 47
- Auslösungen 37
- BAföG 43
- BAföG-Rückzahlung 48
- Beiträge zu Berufsverbänden 48
- berufsbedingte Aufwendungen 48, 52 ff.
- Büro- und Betriebsmaterial 48
- Diätkosten 48
- Eigenbedarf (Selbstbehalt) 52ff.
- Eigenheim 39
- Einmalzahlungen 37
- Erziehungsgeld 42
- Fachliteratur 48
- Fahrtkosten 48, 52 ff.
- fiktive Einkünfte 44
- Fortbildungskosten 49
- Gewerkschaftsbeiträge 49
- Gratifikationen 37
- Haftpflichtversicherung 49
- Haushaltshilfe 49
- Hauskosten 49
- Hausratanschaffung 49

- Kindergeld 42
- Kindesunterhalt 49
- Kosten für Daseinsvorsorge 47
- Krankengeld 37
- Krankheitskosten 50
- Lebenshaltungskosten 50
- Lebensversicherung 50
- Miet- und Pachteinnahmen 39
- nichteheliche Lebensgemeinschaft 44
- Pensionen 42
- Pflegegeld 43
- Prozesskostenhilferaten 50
- Reisekosten 37
- Renten 42
- Sachbezüge 37
- Schulden 50
- Selbständigkeit 38
- Spesen 37
- Steuerklasse 38
- Steuern 38
- Taschengeld 38
- Telefon- und Portokosten 51
- Überstunden 37
- Umgangskosten 51
- unzumutbare Tätigkeit 46
- Vermögen 39
- Vermögensbildung 51
- Vermögensverwertung 40
- vermögenswirksame Leistungen 51
- Versicherungen 49
- vorzeitige Beendigung des Arbeitsverhältnisses 46
- Wechsel in Selbständigkeit 46
- Werbungskosten 51
- Wohnwert 39
- Zinseinkünfte 40
- Zugewinnausgleich 51
- Zuwendungen Dritter 43

Nachscheidungsunterhalt 85 ff.
- Allgemeines 85
- Alter 102
- Altersgrenze 92
- Altersgrenzen beim Betreuungsunterhalt 90
- Altersunterhalt 91 ff.
- Arbeitslosigkeitsunterhalt 95 f.
- Art der Unterhaltsgewährung 107
- Aufstockungsunterhalt 97 f.
- Ausbildungsunterhalt 98 f.
- Bedürftigkeit 102 f.
- Begrenzung 106
- Beschränkung des Unterhalts 108ff.
- Billigkeitsunterhalt 100 f.
- eheliche Lebensverhältnisse 102, 104
- Eigenverantwortung 86
- Einkommensgefälle 98
- Einsatzzeitpunkte 87
- Erwerbsaufnahme nach Haushaltführung 105
- Erwerbsobliegenheit 90
- Fähigkeiten 102
- Fehlverhalten 113
- fiktive Anrechnung eigener Einkünfte 102
- Fortbildung 99
- gemeinsames Kind 89
- Gesundheit 102
- grobe Unbilligkeit 100
- Kinderbetreuungsunterhalt 88 ff.
- Krankheitsbegriff 94
- Krankheitsunterhalt 93 ff.
- kurze Ehedauer 110
- Leistungsfähigkeit 103
- Mitverantwortung 86
- mutwillige Herbeiführung der Bedürftigkeit 112
- Privilegierung des Betreuungsunterhalts 91
- Sättigung 104
- Tod 115 f.
- Umfang des Unterhalts 103f.

- Umschulung 99
- Unterhalt für die Vergangenheit 108
- Unterhaltsbestandteile 107
- Unterhaltskette 87
- Verbrechen oder Vergehen 110f.
- Verpflichtung zur Erwerbstätigkeit 101
- Verzug 108
- Wiederheirat 115
- zeitliche Begrenzung 106
- Zweitausbildung 99

Pfändung 157

Rang und Konkurrenz von Unterhaltsansprüchen 136 ff.
- Mangelfall 137
- Rang 136
- Zweitehe 138ff.

Steuern und Unterhalt 164 ff.
- Abzugsfähigkeit des Ehegattenunterhalts 167
- Abzugsfähigkeit des Kinderunterhalts 169 f.
- Änderungen zur Steuerklasse II 166 f.
- dauerndes Getrenntleben 164
- Haushaltsfreibetrag 166
- Jahr der Trennung 165
- Realsplitting 167 ff.
- Scheidungskosten 170
- Stichtag 164
- Unterhalt als außergewöhnliche Belastung 169
- Unterhalt als Sonderausgabe 166
- Versöhnungsversuche 165
- Zusammenveranlagung 164

Trennungsunterhalt 70 ff.
- Allgemeines 70 f.
- Anrechnung Einkommen aus unzumutbarer Tätigkeit 81
- Ausschluss des Unterhaltsanspruchs 83 ff.
- Bedarf des Unterhaltsberechtigten 75 ff.
- Bedürftigkeit des Unterhaltberechtigten 78 ff.
- Einkommensveränderungen 77
- Erwerbsobliegenheit des Berechtigten 78
- Erwerbstätigenbonus 76
- Erziehungsgeld 83
- fiktive Einkünfte 80
- freiwillige Zahlung 80
- Getrenntleben 72 f.
- Halbteilungsgrundsatz 75
- Haushaltsführung für neuen Partner 82
- Kindesbelange 84
- Leistungsfähigkeit des Unterhaltspflichtigen 83
- neuer Partner 82
- nichtprägende Einkünfte 75
- prägende Einkünfte 75
- Studium 80
- unzumutbare Tätigkeit 81
- Vermögen des Unterhaltsberechtigten 82
- Versöhnungsversuch 74
- Voraussetzungen 72 ff.
- Wohnvorteil 83

Unterhalt der Mutter oder des Vaters eines nichtehelichen Kindes 117 ff.
- Bedürftigkeit 119
- Dauer 123
- Durchsetzung 124
- Eigenbedarf 122
- Eigeneinkünfte 121
- Elternhaftung 124
- Entbindungskosten 118
- Höhe 120

- Konkurrenz der Unterhaltsansprüche 122
- Leistungsfähigkeit des Pflichtigen 122
- Rangfolge 122
- Schwangerschaftskosten 118
- Unterhaltsbedarf 118 ff.
- Verjährung 124
- weitere Kinder 120
- Zeitraum 118

Unterhaltsleitlinien und -tabellen 175ff.
- Düsseldorfer Tabelle 175 ff.
- Leitlinien des Oberlandesgericht Düsseldorf 183 ff.
- Berliner Tabelle 194 ff.
- unterhaltsrechtliche Leitlinien Süddeutschland 200 ff.

Unterhaltsvorschuss und Leistungen des Sozialamtes 171 ff.
- Arten der Sozialhilfe 173
- Dauer des Unterhaltsvorschusses 171
- Höhe des Unterhaltsvorschusses 172
- sozialstaatliche Unterstützung 173
- Übergang der Ansprüche 171, 173
- Unterhaltsvorschuss 171
- Voraussetzungen für Unterhaltsvorschuss 171
- zurückliegende Zeit 173

Verwirkung von Unterhaltsansprüchen 61 f.

Volljährigenunterhalt 25 ff.
- Arbeitsplatzsuche 34
- Ausbildungsunterhalt 28
- Barunterhaltspflicht der Eltern 26
- Bedarf des Volljährigen 25
- Bedürftigkeit des volljährigen Kindes 33
- Berechnung 34
- Berechnungsbeispiel 27
- Betreuung eines Kindes 34
- Eigenverantwortlichkeit 25
- Einkünfte aus Nebentätigkeit 33
- Haftungsanteile der Eltern 35
- Kindergeldanrechnung 28
- Kontrollrecht der Eltern 29
- privilegiert volljährige Kinder 25
- Rang 26, 136
- Schulausbildung 26
- Student 35
- Vermögensverwertung 33
- Wehrsold 34
- Weiterbildung 29
- zweite Ausbildung 29

Vollstreckung von Unterhaltstiteln 157

## Anschriften der Verbraucher-Zentralen

**Bundesverband der Verbraucherzentralen und Verbraucherverbände Verbraucher-Zentrale Bundesverband e. V.**
Markgrafenstraße 66
10969 Berlin
Telefon: 0 30 / 25 93 07-0
Telefax: 0 30 / 25 93 07-18

**Verbraucher-Zentrale Baden-Württemberg e. V.**
Paulinenstraße 47
70178 Stuttgart
Telefon: 07 11 / 66 91-10
Telefax: 07 11 / 66 91-50
e-mail: info@verbraucherzentrale.de

**Verbraucher-Zentrale Bayern e. V.**
Mozartstraße 9
80336 München
Telefon: 0 89 / 53 98 70
Telefax: 0 89 / 53 75 53
e-mail: info@
verbraucherzentrale-bayern.de

**Verbraucher-Zentrale Berlin e. V.**
Bayreuther Straße 40
10787 Berlin
Telefon: 0 30 / 2 14 85-0
Telefax: 0 30 / 2 11 72-01
e-mail: mail@
verbraucherzentrale-berlin.de

**Verbraucher-Zentrale Brandenburg e. V.**
Templiner Straße 21
Haus B und C
14473 Potsdam
Telefon: 03 31 / 2 98 71-0
Telefax: 03 31 / 2 98 71-77
e-mail: vz.brb@t-online.de

**Verbraucher-Zentrale des Landes Bremen e. V.**
Altenweg 4
28195 Bremen
Telefon: 04 21 / 16 07 77
Telefax: 04 21 / 1 60 77 80
e-mail: verbraucherzentrale_bremen
@t-online.de

**Verbraucher-Zentrale Hamburg e. V.**
Kirchenallee 22
20099 Hamburg
Telefon: 0 40 / 2 48 32-0
Telefax: 0 40 / 2 48 32-290
e-mail: info@
verbraucherzentralehamburg.de

**Verbraucher-Zentrale Hessen e. V.**
Große Friedberger Straße 13–17
60313 Frankfurt / Main
Telefon: 0 69 / 97 20 10-0
Telefax: 0 69 / 97 20 10-50
e-mail: vzh@verbraucher.de

**Verbraucher-Zentrale Mecklenburg-Vorpommern e. V.**
Strandstraße 98
18055 Rostock
Telefon: 03 81 / 4 93 98-0
Telefax: 03 81 / 4 93 98-30
e-mail: info@
verbraucherzentrale-mv.de

**Verbraucher-Zentrale Niedersachsen e. V.**
Herrenstraße 14
30159 Hannover
Telefon: 05 11 / 9 11 96-01
Telefax: 05 11 / 9 11 96-10
e-mail: vzn@compuserve.com

**Verbraucher-Zentrale**
**Nordrhein-Westfalen e. V.**
Mintropstraße 27
40215 Düsseldorf
Telefon: 02 11 / 38 09-0
Telefax: 02 11 / 38 09-172
e-mail: vz.nrw@vz-nrw.de

**Verbraucher-Zentrale**
**Rheinland-Pfalz e. V.**
Ludwigstraße 6
55116 Mainz
Telefon: 0 61 31 / 28 48-0
Telefax: 0 61 31 / 28 48-66
e-mail: vz_rheinland-pfalz
@t-online.de

**Verbraucher-Zentrale**
**des Saarlandes e. V.**
Hohenzollernstraße 11
66117 Saarbrücken
Telefon: 06 81 / 5 00 89-0
Telefax: 06 81 / 5 00 89-22
e-mail: vz-saar@t-online.de

**Verbraucher-Zentrale**
**Sachsen e. V.**
Bernhardstraße 7
04315 Leipzig
Telefon: 03 41 / 6 88 80 80
Telefax: 03 41 / 6 89 28 26
e-mail: vzs@vzs.de

**Verbraucher-Zentrale**
**Sachsen-Anhalt e. V.**
Steinbockgasse 1
06108 Halle
Telefon: 03 45 / 2 98 03-0
Telefax: 03 45 / 2 98 03-26
e-mail: vz-sa@t-online.de

**Verbraucher-Zentrale**
**Schleswig-Holstein e. V.**
Bergstraße 24
24103 Kiel
Telefon: 04 31 / 5 90 99-0
Telefax: 04 31 / 5 90 99-77
e-mail: info@
verbraucherzentrale-sh.de

**Verbraucher-Zentrale**
**Thüringen e. V.**
Eugen-Richter-Straße 45
99085 Erfurt
Telefon: 03 61 / 5 55 14-0
Telefax: 03 61 / 5 55 14-40
e-mail: vz-thueringen@t-online.de